ITINÉRAIRE

ET SOUVENIRS

D'UN VOYAGE EN ITALIE.

ITINÉRAIRE

ET SOUVENIRS

D'UN VOYAGE EN ITALIE

EN 1819 ET 1820.

> Salve, magna parens frugum, Saturnia tellus,
> Magna virûm : tibi res antiquæ laudis et artis
> Ingredior.
> <p align="right">Virg., <i>Georg.</i>, liv. ii.</p>

TOME DEUXIÈME.

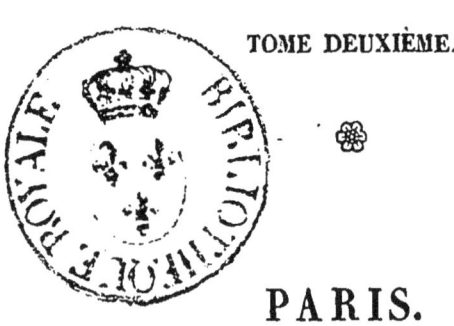

PARIS.

IMPRIMERIE DE DONDEY-DUPRÉ,
Rue Saint-Louis, N° 46, au Marais.

M. DCCC. XXIX.

ITINÉRAIRE

ET SOUVENIRS

D'UN VOYAGE EN ITALIE.

BORGHETTO. — SOUVENIRS HISTORIQUES.
CIVITA-CASTELLANA. — LE MONT ORESTE. — NÉPI. — BACCANO.
ASPECT DE LA CAMPAGNE DE ROME. — LA STORTA. — LE TOMBEAU DE NÉRON.
PONTÉ-MOLLÉ. — LA PORTE DU PEUPLE. — LA PLACE D'ESPAGNE.
ASPECT DE L'INTÉRIEUR DE ROME. — LE PONT SAINT-ANGE.
APERÇU DE LA BASILIQUE DE SAINT-PIERRE.
LES THÉATRES DE ROME.

Rome, 13 novembre 1819.

Combien est long et fatigant le passage de l'Apennin ! Voyager ainsi est une occupation sérieuse. Les soins, les prévoyances, l'arrangement des couchées, rien n'est indifférent pour éviter les accidens, à travers des pays inhabités où il serait presque impossible de les réparer. A la voir sur la carte, à compter même les lieues, la distance qui sépare Rome d'Ancône, ne paraît pas considérable; mais les sinuosités et les inégalités du terrain, la prolongent au-delà de toute patience. Cependant, en quittant Otricoli, les relais se parcourent avec rapidité. On n'attend point aux stations de la poste. L'attelage est renouvelé avec une dextérité sans égale. Le postillon de rang sort aussitôt. Il s'approche, jette un coup d'œil exercé sur les harnais, sur les traits, saisit les guides et la crinière du porteur, met le pied à l'étrier, et jette un cri perçant que répètent à l'envi tous ceux qui l'entourent. A ce bruit, les chevaux prennent le galop. Il les suit un moment dans une attitude de voltige. Puis, quand il les juge suffisamment lancés, il saute sur la selle avec une promptitude, une souplesse et un aplomb dont on finit par s'amuser, après s'être inquiété d'abord des préliminaires de son hasardeux départ. En vain, essayez-vous de le modérer. Si votre voix parvient jusqu'à son oreille, il se retourne, rit, siffle, presse la marche ; et vous arrivez au relais suivant, du même train que vous étiez parti.

A Borghetto, l'on passe le Tibre sur un pont hardi et solide. Il se nomme Pont-Félix, du nom de Sixte-Quint dont il est l'ouvrage. Sous le règne d'Auguste, il en avait été bâti un à la même place. Là finit l'Umbrie et commence le pays des Sabins. Les hommes ont l'air farouche : les femmes sont hideuses. Leur ressemblaient-elles donc, ces Sabines que les Romains convoitaient et qu'ils enlevèrent? Où est le chemin qu'elles prirent pour se rendre aux jeux offerts par Romulus? La ville fut déserte. Tous s'acheminaient gaîment, sur la foi des vertus hospitalières. Rome naissante, un peuple nouveau, une solennité inconnue, que de motifs de curiosité! L'histoire a raconté comment ce jour de fête fut changé en un jour de deuil, quels combats, quelles vengeances s'ensuivirent, et l'héroïsme que montrèrent les Sabines devenues Romaines. La sculpture, la peinture, se sont emparées de ces sujets, propres au développement des passions; et, pour nous, leur souvenir est inséparable de celui du Poussin et de David, honneur et modèles de l'école française.

Trois rivières, ou plutôt trois torrens, se réunissent au pied des murs de Civita-Castellana. L'un d'eux, la Tréia, bondit, écume et retentit en se brisant contre un amas de roches, dans le fond d'un ravin. Le pont, jeté sur ce passage, est comme ébranlé par la vitesse et la force des courans. On sort de la ville par la porte Romaine. A gauche est une citadelle dont les abords sont presque inaccessibles. A droite, vers l'antique Étrurie, le mont *Soracte*, aujourd'hui Saint-Oreste, dresse sa cime que les hivers blanchissent de neige :

> Vides ut altâ stet nive candidum
> Soracte [1].

Ici s'interrompt la voie flaminienne que l'on a prise à Rimini. Ses dégradations ont forcé à l'abandonner. On se rend à Népi par un chemin de lave, impénétrable à l'eau, et sur lequel les roues des voitures ne laissent aucune trace. La présence d'un sol volcanique commence à se manifester. Voisine de la plaine, Népi, quoique située sur un monticule comme Civita-Castellana, n'a pas un aspect si sauvage. Cette ville est fortifiée. Un aqueduc moderne l'abreuve. La misère y est extrême. Jusqu'à Montérossi, quelques bosquets de chênes verts apparaissent dans la campagne. La riante végétation des environs de Spolette a disparu, quoique la terre

---

[1] Hor. liv. 1, od. 9.

> Vois l'Apennin chargé de la neige brillante,
> Qu'ont sur ses vastes flancs soufflé les aquilons.
> (*Trad. de* Daru.)

soit encore cultivée avec soin. On découvre de loin à loin quelques maisons délabrées, quelques fermes qui tombent en ruines. Puis toute culture, toute habitation, tout indice de population disparaissent. De vastes pelouses qui s'étendent jusqu'à l'horizon, ne sont interrompues que par des halliers ou des buissons d'épines, et par de misérables bergeries couvertes de roseaux. On y voit errer les bestiaux qui s'étaient réfugiés sur les montagnes pendant la saison des chaleurs, et qui en descendent à l'automne. Ils ont quitté les plantes odorantes et fleuries dont ils se nourrissaient, pour l'herbe noirâtre qui les attend. Leurs bergers, vêtus uniformément, portent, en guise de manteau, un lambeau d'étoffe grossière et de couleur sombre, jeté négligemment sur leurs épaules. Ils sont coiffés d'un feutre grossier, terni par la pluie et par le soleil; et des chiffons ou des morceaux de cuir, retenus par des ficelles, leur tiennent lieu de chaussure. La plupart montent un cheval aussi pauvrement harnaché. Ce ne sont point des bergers de Virgile. Ils n'ont ni pipeaux, ni houlette, et ne se reposent sous aucun ombrage pour chanter les abeilles et leur maîtresse.

> Ils ne sont point formés sur le brillant modèle
> De ces pasteurs galans qu'a chantés Fontenelle.
> Ce n'est point Timarette et le tendre Tircis,
> De roses couronnés, sous des myrtes assis,
> Entrelaçant leurs noms sur l'écorce des chênes,
> Vantant avec esprit leurs plaisirs et leurs peines [1].

Ils marchent armés d'une carabine cachée sous leur manteau, affectant d'en laisser apercevoir le bout, qui est destiné plutôt à l'attaque qu'à la défense. Leur carnation n'a rien perdu encore, des couleurs de vie et de santé que leur a données l'air pur qu'ils respiraient naguère; mais la crainte les a déjà saisis, car ils connaissent l'atmosphère empestée qui pèse sur les tristes pâturages où ils vont passer l'hiver. La vivacité de leurs regards commence aussi à s'amortir. Si elle se ranime par intervalles, c'est lorsque, se croisant avec un voyageur, ils semblent le menacer de se venger sur lui, des rigueurs de leur destinée. Rien n'annonce la proximité de l'antique maîtresse des nations. Pour s'abriter, on ne trouve que les relais de poste, et les huttes des soldats déguenillés et valétudinaires, qui sont chargés de veiller à la sûreté publique.

---

[1] Volt., *Disc. en vers sur l'homme;* 1ᵉʳ disc. *De l'origine des conditions.*

Enfin, l'on ne rencontre d'autres passans, que des malfaiteurs conduits par une escorte de carabiniers; et d'autre objet de curiosité, que de longues perches fichées en terre, au bout desquelles flottent au gré du vent, des débris de voleurs et d'assassins, accrochés à des clous.

Tel est le spectacle que présente le trajet des onze lieues qui restent à parcourir avant d'arriver à Rome. De Baccano, l'on aperçoit la croix et la coupole de Saint-Pierre, qui se dessinent dans le ciel. Le terme du voyage approche. Mais comment se livrer au plaisir de l'arrivée? Le maître de poste se présente. Il est enflé, bouffi, flétri. Appuyé sur un bâton, il donne, d'une voix éteinte, l'ordre de vous servir promptement; et, retenu sur le seuil de sa porte, il vous regarde partir avec envie. Le profit que lui laisse votre passage, lui est presque indifférent. Depuis neuf mois la fièvre s'est emparée de sa demeure, et le dévore, lui et ses serviteurs. Après avoir passé la belle saison, dans les angoisses de son attente, de ses accès et de ses redoublemens, ils craignent que l'hiver n'en puisse pas arrêter les ravages. Celui qui va nous conduire, arrive d'un air languissant. « Vous ne pourrez, lui dis-je, supporter la fatigue de cette course. — *Perdono, Signore*. Nous sommes ici pour attendre et servir les curieux et les riches qui visitent Rome. Ne faut-il pas gagner sa vie? » Le malheureux! sa vie! et il se meurt! Combien son costume brillant et léger contraste avec ses yeux ternes, et la lenteur de ses mouvemens! Néanmoins il monte à cheval, et part comme un trait. Peu à peu ses forces se raniment. Le courage ou l'ardeur du gain supplée à celles qui lui manquent; et le voyageur, ni l'attelage surtout, ne s'aperçoivent qu'ils soient menés par des mains affaiblies.

Qui le croirait, que l'on parcoure cette campagne, témoin des plus nobles faits inspirés par l'amour de la patrie? Elle fut couverte de légions valeureuses; des combats mémorables y furent livrés : rien n'indique les champs de bataille où campèrent tant de héros, et qu'ils rougirent de leur sang. D'illustres révoltés, des proscrits célèbres s'y réfugièrent : quels lieux furent témoins de leurs desseins sacriléges? quelle retraite entendit leurs plaintes, leurs menaces, et les conseils de leurs vengeances? Tous les monumens de la gloire et de la magnificence romaines, n'étaient pas renfermés dans l'enceinte de la capitale du monde; que sont devenus ceux dont ses approches étaient décorées? Aucune ruine ne s'offre pour aider ou confirmer les souvenirs de l'histoire. Des arcs, des trophées, des camps, des tombeaux, qui couvrirent cette terre classique, il ne reste qu'un sol stérile, abandonné, désert. Les vapeurs qu'il exhale sont mortelles. Rome elle-même en est infectée pendant l'été; et les Romains modernes en redoutent tellement l'influence, que, pour la fuir, ils se retirent à cette époque de l'année, sur les coteaux ou dans le voisinage de la mer. Comment se fait-il que le patrimoine de Saint-Pierre soit comme maudit? Un gouvernement, purement mondain, neutraliserait peut-être cette peste annuelle, par l'encouragement de l'agriculture et quelques travaux d'assainissement. La double mission du pape, le rend probablement plus étranger aux affaires de cette vie que de l'autre. Loin de prévenir par des précautions, le fléau qui désole ses sujets; loin d'en faire étudier les causes et d'y remédier, il abandonne à chacun le soin d'y échapper comme il peut. La culture des environs de Rome n'est que partielle et alternative. Une récolte abondante passe pour une calamité. C'est, pour ainsi dire, à la dérobée et par surprise que se font les labours, les semences et les moissons. Les habitans des villages lointains, des montagnes et de la ville même, se livrent par bandes à ces divers travaux. Leur nombre en abrège la durée ; et chacun s'éloigne immédiatement après, pour fuir une mort inévitable. La jachère tient lieu d'engrais. Dans cet état, les champs deviennent, en quelque sorte, une propriété publique. Le bouvier que l'heure du repas y surprend, dételle ses bœufs et les y laisse paître, sans que personne songe à lui en contester le droit.

Le relais de la Storta conduit à Rome. Sur le bord du chemin, à droite, se trouve un tombeau antique d'une grande dimension. Les angles de sa base et les arêtes de sa partie supérieure sont oblitérés. On veut qu'il ait renfermé les cendres de Néron. Qu'elles seraient dignement placées dans ce lieu empesté, près du cloaque qui y touche, loin de toute habitation humaine, et parmi les fourches patibulaires qui pointent à l'entour ! Rome paraît enfin. Le désert va finir. On traverse le Tibre sur le pont *Milvius*, aujourd'hui Ponté-Mollé. La route se prolonge entre des jardins. De distance en distance s'élèvent quelques maisons d'une architecture élégante. On entre par la porte du Peuple; et, prenant à gauche la rue du Babouin, on arrive à la place d'Espagne, où sont situés les hôtels les plus fréquentés. Celui d'Angleterre, tenu par des Français, est un des meilleurs. Avec quelle joie je me suis senti délivré des soins du voyage! Que l'idée du repos a de charmes, après plusieurs semaines d'une vie errante et agitée! Comme on savoure l'espérance de se livrer à une douce paresse! Demain il ne faudra donc ni devancer le lever du soleil, ni réveiller l'hôtellerie, ni s'apprêter au départ, ni régler des comptes, ni disputer, ni surveiller le bagage, ni courir la poste! Enfin, il sera permis de sentir le bien-être du logis, d'en goûter les douceurs, de s'en créer du moins quelques illusions!

Au premier aspect, Rome est une ville triste; l'automne y est froid et pluvieux. On la croit peuplée de cent mille ames. Courons à la basilique de Saint-Pierre. Que les rues où nous passons, sont étroites, tortueuses, obscures, encombrées d'immondices et de boue! Voilà bien quelques palais, plus imposans par leur masse, qu'on n'a mis de recherches et de luxe dans leur construction; mais le plus grand nombre d'entre eux n'annoncent ni richesse, ni aisance. Il n'y a aucune propreté dans les boutiques, dans les ateliers. Du linge déchiré et à moitié blanchi, sèche suspendu aux fenêtres. On dirait que la ville n'est habitée que par des prêtres, des moines, des étrangers, des mendians et des blanchisseuses. Si quelques femmes du peuple viennent à passer, leur ajustement est si sale et si désordonné, que vous détourneriez involontairement vos regards, lors même qu'elles seraient belles et bien faites, ce qui est rare. Quant aux autres, elles ne sortent qu'à des heures fixes. On ne les voit qu'aux promenades, aux spectacles, et quelquefois dans les églises. Traversons le pont Saint-Ange. Il a cinq arches, et fut construit par l'empereur Adrien. Clément VII l'orna des statues de saint Pierre et de saint Paul. Sous le pontificat de Clément IX, le Cavalier Bernin le répara, et y fit placer des statues représentant des anges qui tiennent les instrumens de la mort de Jésus-Christ. Celle qui montre l'inscription de la croix est son ouvrage ; on y remarque trop de prétention aux formes légères et aériennes. Au-delà, suivons la rive droite du Tibre dont les eaux jaunâtres semblent toujours salies par un orage. Des masures, des murs en ruines bordent le quai. Tournons à droite dans une rue misérablement peuplée. Elle débouche sur un espace informe, après lequel viennent deux places longues ensemble de mille soixante-treize pieds, et qui se terminent par le frontispice de Saint-Pierre. La première de ces places a la forme d'une ellipse. Aux extrémités de son grand axe se développent deux portiques demi-circulaires, supportés par des colonnes et des pilastres, et surmontés de statues. Dans le milieu s'élève un obélisque de granit égyptien, accompagné de deux fontaines de forme pyramidale, dont les eaux abondantes jaillissent dans les airs, et se nuancent des plus brillans reflets. La deuxième place est un quadrilatère régulier de dimensions inégales, bordé latéralement de deux portiques rectilignes, décorés comme les premiers et communiquant avec eux. Cette double avenue couverte aboutit aux deux côtés de la façade de Saint-Pierre, sous le péristyle, en face des statues équestres de Charlemagne et de Constantin-le-Grand. On monte par un escalier de marbre divisé en trois rampes. Cinq portes donnent entrée dans le temple. L'une, nommée la Porte Sainte, est murée : elle ne s'ouvre qu'à de longs intervalles et pour des cérémonies presque séculaires. Celle du milieu est en bronze, et enrichie de sculptures qui représentent les martyres de saint Pierre et de saint Paul, le couronnement de l'empereur Sigismond par Eugène IV, et l'audience que ce pape donna aux envoyés des diverses nations de l'Orient. Au-dessus, dans un bas-relief du Cavalier Bernin, Jésus-Christ remet à saint Pierre le soin de son église.

Quelque surprise qu'excitent l'immensité de ces places, les monumens qui les décorent, les constructions somptueuses dont elles sont environnées, l'étendue et la richesse de la façade de Saint-Pierre, elle redouble à l'aspect des dimensions colossales qu'offre l'intérieur de la basilique. En effet, on compte cinq cent soixante-onze pieds dans sa plus grande longueur, quatre cent dix-sept dans sa largeur, et quatre cent vingt-quatre du niveau du sol au sommet de la coupole. La nef principale est large de quatre-vingt-cinq pieds, et haute de cent cinquante-deux. Les enfans ailés qui portent les bénitiers, ont six pieds de hauteur. Le diamètre de la coupole principale est de cent trente-deux pieds. Les piliers sur lesquels elle s'appuie, hauts de cent soixante-six pieds, en ont deux cent six de circonférence; et le baldaquin qui couronne le

grand autel, est élevé de quatre-vingt-six pieds.
Jaloux de ces proportions, les Romains ont tracé
au milieu de la nef et sur une même ligne, les
longueurs comparatives de la mosquée de Ste.-
Sophie de Constantinople, de la cathédrale de
Milan, et de l'église Saint-Paul de Londres.
La première n'est que moitié de celle de Saint-
Pierre; la seconde s'arrête aux deux tiers, et la
troisième aux trois quarts. Cependant tel est
l'accord des parties de ce vaste ensemble, que,
pour juger de leur immensité, il faut approcher de chacune d'elles et presque les mesurer.
Mais ce qui surpasse toute imagination, c'est la
multitude de mausolées, de bronzes, de statues, de mosaïques, qui parent les nefs, les
chapelles, les autels. On ne sait ce qu'il faut le
plus admirer, du génie des artistes ou de la richesse de la matière. L'attention se fatigue
promptement à examiner tant de chefs-d'œuvre.
Il y faut revenir pour apprendre à les connaître.
Je dirais presque que tant de magnificence nuit
à la majesté de cette église. Moins de décorations
lui siéraient mieux. Il me semble que les temples grecs, dans leur noble simplicité, dans leur
sobriété d'ornemens, s'accordaient mieux avec
le recueillement qu'exige la prière; que l'esprit

y était moins distrait du culte de la divinité, et que la pompe des cérémonies religieuses y avait plus de solennité et imposait davantage.

Le cirque de Néron était sur le mont Vatican. Un grand nombre de chrétiens y reçut la mort. On jetait leurs corps dans cette terre arrosée de leur sang. De saintes chroniques veulent que les restes de Saint-Pierre y aient été déposés après son martyre. Constantin choisit cet emplacement pour y bâtir une église qui dura onze siècles. Quand elle menaça ruine, Nicolas V résolut d'en construire une nouvelle à la même place, qui pût rivaliser, disait-il, avec le temple de Salomon. Paul II la continua. En 1503, Jules II consulta le Bramante, et adopta les plans de cet architecte célèbre, qui consistaient à donner à cet édifice la forme d'une croix latine, et à la couronner d'une coupole dont les piliers furent aussitôt commencés. Ni l'un ni l'autre n'eurent le tems de beaucoup avancer leur ouvrage. Léon X le continua sous la direction de Péruzzi, qui, par économie, changea la croix latine en une croix grecque. Sangallo, sous Paul III, revint aux dessins du Bramante. A la mort de cet artiste, Michel-Ange, dont la renommée remplissait l'Europe, fut consulté. Les plans de Péruzzi lui parurent préférables. Il commença l'exécution de la coupole, sur les dimensions de celle du Panthéon. Son projet était également de prendre la façade de ce dernier monument, pour modèle du frontispice de Saint-Pierre. Il mourut. Jacques de la Porte eut la suite de ses travaux. Il acheva la coupole sous le pontificat de Sixte-Quint. Après lui, Paul V employa Charles Maderne, qui, en avançant la façade, rétablit la forme d'une croix latine. Sous Alexandre VII, le Cavalier Bernin entreprit les portiques demi-circulaires qui entourent la première place. Enfin, Pie VI termina ces constructions, et y ajouta une sacristie qui jusquelà avait été omise. Ainsi plusieurs pontifes, et des architectes entre lesquels on distingue le Bramante et Michel-Ange, ont attaché leurs noms à cette basilique. Son édification a duré trois siècles et demi ; et en 1694, elle avait déjà coûté deux cent cinquante millions de livres romaines. Des ouvriers, que l'on nomme *sanpiétrini*, sont exclusivement employés aux réparations continuelles qu'elle exige. Quoique nombreux, ils ont peine à y suffire; et il est permis de craindre que tous les efforts humains ne parviennent pas à la conserver, tant il a été difficile de proportionner les appuis aux masses qu'ils devaient porter.

Mais si, à Rome, les temples du culte catholique sont embellis, enrichis par les chefs-d'œuvre des arts, il n'en est pas de même des théâtres. Le gouvernement papal ne fait que les tolérer. A plusieurs époques religieuses on les ferme. Le moindre saint leur impose un long relâche. La plupart sont situés dans des quartiers obscurs : on dirait qu'ils ont été cachés pour en éviter le scandale. L'un, nommé le théâtre *Aliberti*, ne sert qu'en tems de carnaval pour les bals masqués. On joue la comédie et l'opéra sur le théâtre *Valle*. *L'Argentina, la Pace, Tordinone* et de petites salles pour les jeux de marionnettes, ont aussi leurs assidus. Aucun de ces théâtres ne peut être cité pour son architecture. La plupart menacent ruine. On ne les répare point. Le séjour et l'administration des Français ont peu innové à cet égard. Les corridors sont infects et dégoûtans. On craint de s'asseoir sur les banquettes. Les draperies des loges et les rideaux tombent en lambeaux. La mauvaise huile dont on se sert pour l'éclairage, répand une fumée épaisse qui prend au nez et à la gorge. L'exiguité de la scène ne permet aucun développement théâtral, et force les acteurs de s'embarrasser dans leurs mouvemens. A demi effacées, les décorations nuisent plus à l'illusion qu'elles ne la secondent. Les costumes des premiers sujets, presque toujours éclatans mais peu exacts, ne servent qu'à faire ressortir la pauvreté de tous les accessoires. Cependant, le goût du spectacle est général. Chaque classe de la société a le sien. La foule y court. L'absence de la *prima donna*, n'empêche point les *dilettanti* des deux sexes, d'assister à une représentation de *Valle* ou d'*Argentina*; et la populace ne manque aucune occasion d'aller à *La Pace*, se livrer à sa joie grossière et licencieuse. L'opéra adopté pour cette saison, est *l'Italiana in Algieri*, de Rossini. Le sujet a de la gaîté et se prête à la bouffonnerie, genre préféré des Italiens. La musique est originale et appropriée au sujet. Quelques situations graveleuses ou comiques et la liberté du dialogue, sont gazées par un chant gracieux et des accompagnemens charmans. La Monbelli joue le rôle de l'Italienne. Elle unit à une voix étendue et mordante, la méthode la plus parfaite. Son jeu a de la finesse, de l'enjouement; et quelques nuances de sensibilité ne lui sont pas étrangères. Elle corrige, par son maintien, les familiarités orientales auxquelles sa position l'expose. Son talent la fait beaucoup rechercher, car tous les salons de Rome sont ouverts aux virtuoses du premier ordre. Au milieu d'un cercle choisi, un cardinal n'est pas moins empressé auprès d'une cantatrice célèbre qu'envers une marquise; et il n'y a point de si grande dame romaine qui n'approuve cette galanterie, et ne l'encourage par ses propres prévenances et ses égards. Ici, le plaisir n'est soumis à aucun préjugé social, politique ou religieux. Il est la base d'un système d'égalité dont nul ne se plaint, et auquel personne n'oserait contrevenir. Nous approuvons cela en France; nous mettons même une sorte d'amour-propre à l'imiter. Cependant il est de certains rangs, où ce genre de familiarité prend je ne sais quel air de hauteur, de protection, de condescendance, qui, sans être précisément offensant pour ceux à qui il s'adresse, cause une gêne dont j'ai entendu des artistes distingués se plaindre, et à laquelle ils n'ont plus voulu s'exposer.

LA FONTAINE DE TRÉVI. — LA FONTAINE PAULINE.
LE PANTHÉON D'AGRIPPA. — L'ENSEIGNEMENT MUTUEL DU CATÉCHISME.
LES BUSTES DE DIVERS ARTISTES.
CELUI DU PEINTRE SUVÉE — LES VÊPRES DE SAINT-PIERRE.
LA PROMENADE DU COURS ET DU MONT PINCIUS.

Rome, 14 novembre 1819.

Sous le règne des empereurs, on comptait à Rome treize cent cinquante-deux fontaines, dont le plus grand nombre est détruit. Parmi celles qui restent, deux se font remarquer par la beauté de leur dessin et l'abondance de leurs eaux. La première prend sa source à huit milles de Rome, entre Tivoli et Palestrina. Une jeune Sabine l'indiqua à des soldats altérés. Ils la nommèrent l'eau vierge. M. Agrippa l'amena dans ses thermes, par un conduit souterrain que Claude et Trajan restaurèrent dans la suite. Ce conduit passait au pied du mont Quirinal. Le pape Nicolas V l'ouvrit, et construisit une fontaine à laquelle il donna le nom de *Trevi*, parce qu'elle s'épanchait par trois ouvertures. Clément XII résolut d'en changer la forme. N. Salvi fut chargé d'exécuter ce projet. D'un amas de rochers en désordre, il fit jaillir l'eau, comme d'une multitude de sources, et la rassembla dans un grand bassin de marbre. Une figure colossale de l'Océan, domine cet ensemble. Elle est debout, sur un char traîné par des chevaux marins que guident des Tritons, et se détache en avant-corps sur une des faces du palais Conti, que décorent des colonnes, des pilastres, des niches et des sculptures. Deux figures, représentant la Salubrité et l'Abondance, occupent les niches latérales. Des camées retracent l'image de la jeune fille et celle de M. Agrippa. Le reste fait allusion à l'influence de l'eau sur la végétation. Les statues et les bas-reliefs étaient en stuc. Clément XIII les fit exécuter en marbre. — La seconde des plus belles fontaines de Rome, est située au-delà du Tibre, sur le mont Janicule. Ses eaux vives, mais peu salubres, viennent du lac de Bracciano et d'Anguillara. Trajan les fit conduire à Rome pour l'usage de la région trastévérine, et leur donna son nom. Cette fontaine se nomme aujourd'hui Pauline, de Paul V, qui, en 1612, la reconstruisit sur de nouveaux plans, avec les débris du forum de

Nerva. Elle a la forme d'un arc triomphal d'ordre ionique, à cinq portes, dont trois servent d'issues à des torrens qui tombent dans une large vasque, et deux donnent passage à d'énormes dragons qui jettent l'eau par les naseaux et par la bouche. Pendant l'été, ses bords, comme ceux de la fontaine de Trévi, sont le but des promenades nocturnes. On y vient respirer l'air qu'elles rafraîchissent. Le bruit de leurs cascades inspire la rêverie. C'est près de celle de Trévi que la brûlante Corinne de Mme de Staël, retrouve son froid amant, s'en saisit comme d'une proie, l'entraîne et n'en obtient qu'une vaine promesse de le revoir : dénouement ridicule que les Romaines de nos jours, plus passionnées et moins romanesques, ne vont chercher nulle part, pas même au clair de la lune et le long de l'eau, et dont surtout elles s'accommoderaient moins complaisamment.

Rien ne nous guide encore. Une curiosité vague nous porte de côté et d'autre, sans choix comme sans objet. Depuis si long-tems soumis à une marche régulière, nous jouissons de notre liberté, et ne songeons pas même à en tirer avantage pour satisfaire notre ardent désir de voir et de connaître. Le hasard nous a conduits au Panthéon.

Que ce frontispice a de majesté! quelles belles proportions! que ces colonnes ont d'élégance et sont bien espacées! que de noblesse dans le fronton qu'elles soutiennent! L'assortiment des moulures, la pureté des profils, le choix des ornemens, la richesse des chapiteaux, se réunissent pour former un tout harmonieux et grandiose. Pourquoi l'édilité papale ne veille-t-elle pas mieux à la conservation de cet antique monument, et n'épargne-t-elle aucun dégoût aux curieux qui le visitent? Le mot *immondezzaio*, écrit sur celle de ses façades latérales qui longe la rue de Minerve, a établi contre ses murs un dépôt d'immondices. La place sur laquelle il donne sert de marché au poisson. Elle est embarrassée d'échoppes, d'auvens, d'étaux. Des débris infects et sanglans y séjournent. Il y en a jusque sur les degrés du temple et sous le parvis. La classe la plus grossière du peuple en obstrue l'entrée, comme elle en salit les approches. Ce n'est qu'à travers cette foule, et l'ordure dans laquelle elle s'agite, qu'il est permis d'y pénétrer. Entrons cependant. Une vaste rotonde se déploie. A l'entour, règne un portique fermé par une colonnade; au-dessus, se dessine une coupole ornée de caissons, jadis lamés en argent, et dont le centre ouvert donne passage à la lumière, comme si l'on eût voulu ne laisser aucun obstacle entre la prière et le ciel. Dans le milieu, un égoût qui communique avec le Tibre, sert pour l'écoulement des eaux pluviales. L'inscription, tracée sur l'entablement, attribue cet édifice à M. Agrippa qui le dédia à Jupiter Vengeur, en mémoire du triomphe d'Auguste sur Marc-Antoine et Cléopâtre. Plus tard, il fut consacré à tous les dieux de l'Olympe, ce qui lui fit donner le nom de Panthéon. On voyait leurs statues dans l'intérieur du temple; et à l'extérieur, celles d'Auguste et d'Agrippa. Septime-Sévère et Antonin Caracalla le restaurèrent. Les métaux les plus précieux, les marbres les plus rares, étaient entrés dans sa construction. Tout concourait à le rendre digne de la gloire et de la magnificence romaines.

A la chute de ses dieux, il fut menacé d'une destruction complète. Lorsque les chrétiens cessèrent d'être persécutés, leur zèle ne se borna pas à des actions de grâces. Il leur suggéra des vengeances, qui s'étendirent jusqu'aux temples et aux images du culte aboli. Dès lors la tolérance n'était pas au nombre de leurs vertus.

Pour soustraire le Panthéon à la barbarie de la secte nouvelle, l'empereur Phocas le donna à Boniface IV, qui y rassembla des reliques, et le mit sous l'invocation de la Vierge et des martyrs. Sans respect pour cette dédicace, l'empereur Constant II s'empara de la riche toiture qui en couvrait le péristyle. Dans la suite, Grégoire IV le voua à tous les saints. Enfin, une grande partie des bronzes qui y étaient restés fut enlevée par Urbain VIII, pour décorer le grand autel de Saint-Pierre ; et l'on convertit le reste en canons pour la défense du château Saint-Ange. Des autels remplissent aujourd'hui le pourtour de la rotonde. Aux images des dieux ont succédé celles des saints. Les fidèles portent à la plupart de ces idoles une grande dévotion. Elles sont surchargées d'offrandes et de pieux emblêmes. Le service paroissial de cette église est fait par de nombreux desservans. L'enseignement des dogmes de la religion catholique y attire journellement la jeunesse et l'enfance des deux sexes. Les garçons se réunissent entre eux et à découvert ; une clôture de serge verte cache les groupes des jeunes filles : un seul prêtre surveille tout le troupeau. L'instruction a lieu par l'enseignement mutuel. Le moniteur, placé au centre du cercle formé autour de lui, explique, le mieux qu'il peut, les mystères qu'il comprend médiocrement. Il faut en convenir : de toutes les études, celle du catéchisme est la dernière à laquelle cette méthode puisse être utilement appliquée. Comment en confier les questions épineuses à l'enfance dont la raison est si difficile à satisfaire, pour qui les sens sont presque toute la pensée, et à qui la nécessité de la foi n'est pas aisée à concevoir ? Que de méprises ne doit pas commettre le plus exercé de ces jeunes instructeurs, lorsque, pour n'en point faire, toute la subtilité de l'esprit, toutes les ruses de l'argumentation, tout l'art de tourner les difficultés, suffisent à peine aux plus érudits ! Combien de doutes peuvent s'élever dans cette jeune école ! Toujours est-ce un hommage rendu au siècle ; et il faut regretter, que le but qu'on s'est proposé, soit peu susceptible d'être atteint par un semblable moyen, et puisse entraîner plus tard l'abandon de cette innovation.

Le génie des arts est honoré dans le Panthéon. Souhaitons que ce culte profane n'en soit jamais banni. Des peintres, des sculpteurs, des architectes, des musiciens, de simples amateurs se sont associés, pour décerner aux artistes célèbres une sorte d'apothéose, et offrir leurs traits à la vénération publique. Canova est le chef de cette congrégation. Déjà un grand nombre de bustes a été inauguré : plusieurs sont l'ouvrage de Canova lui-même. Cette galerie d'hommes célèbres excite le plus vif intérêt. Le Dante, Pétrarque, le Tasse, Alfiéri, Goldoni, Métastase, y représentent tout ce que la poésie italienne a de gracieux, de touchant ou d'énergique. A la vue d'Annibal Carrache, de Léonard de Vinci, du Titien, du Corrège, de Jules Romain, de Mengs, de N. Poussin, d'Ang. Kauffmann, on partage l'enthousiasme qui a reconnu leurs droits à l'immortalité. Entre les sculpteurs, on se plaît à distinguer Bracci, Vacca, Rapini ; parmi les musiciens, Sacchini, Paësiello, Cimarosa, Corelli ; et au premier rang des architectes, Palladio et le Bramante. Enfin, le célèbre antiquaire Winkelmann termine dignement cette glorieuse légende.

Suvée, peintre français né à Bruges, y a obtenu une place. Peut-être ne fut-elle pas donnée à son talent seulement, dont la correction ne rachetait pas la froideur ; mais il la méritait par ses rares qualités, l'aménité de son caractère et sa parfaite modestie : ses émules s'intéressaient à ses succès; il était estimé de ses amis et chéri de ses élèves. Je l'ai connu. Il se dérobait aux éloges, et prévenait par sa propre censure, la critique de ses ouvrages. Nommé par Napoléon pour rétablir l'académie française à Rome et la diriger, son zèle, son amour pour les arts, et son esprit de sagesse et de conciliation nous ramenèrent les suffrages, que nos mœurs révolutionnaires avaient aliénés. Il mourut pendant la durée de ses fonctions. Son buste reçut les honneurs du Panthéon; et quelques-uns de ses compatriotes firent placer au-dessous l'inscription suivante :

MEMORIÆ

EQUITIS JOSEPHI BENEDICTI SUVÉE BRUGENSIS

PICTORIS EXIMII REGIÆ ACADEMIÆ BON. ART. PAR.

QUONDAM SOCII, POSTEA ILLIUS QUÆ ROMÆ EST

ACAD. GALL. MODERATORIS INDEFESSI, QUI CUM

HANC TEMPORUM CALAMITATE PERCUSSAM, AC FERE

JACENTEM INVENERIT, IMPER. NAPOLEONIS MAGNI

JUSSU AC MUNIFICENTIA A SE RESTITUTAM

AC MIRIFICE AUCTAM RELIQUIT.

VIX. ANN. LXIV. MENS. I. DIES VI.

OBIIT ROMÆ D. IX. FEB. MDCCCVII.

A. DE MUYNCK. J. DUCQ. J. ODEVAERE. D. STOCHOVE.

J. DE MEULEMESTER. J. CALOIGNE.

BRUGENSES POSUERE.

Ce furent, disent ces lignes, un ordre et la munificence de l'Empereur Napoléon-le-Grand qui rétablirent l'académie française à Rome. Alors son nom remplissait l'Europe et le monde. L'enthousiasme pour son génie, la crainte de ses armes, la flatterie des courtisans, l'amour aussi et la reconnaissance des peuples l'avaient écrit partout : partout il est maintenant effacé. Avec quelle joie je le retrouve ici, dans l'ancien temple des dieux de Rome, au milieu de noms immortels, et recommandé à la postérité pour la protection qu'il accordait aux arts ! Entre toutes ses gloires, celle-là sera-t-elle aussi calomniée ? Ah ! puisse le marbre qui en rend témoignage, échapper aux coups de l'envie et à la faux du tems [1] !

Les vêpres de Saint-Pierre sont un spectacle auquel les étrangers manquent rarement d'assister. On les chante dans une chapelle qui se nomme le chœur. Des bronzes dorés et des glaces garnissent la grille qui la ferme. Les mu-

[1] Ce vœu n'a point été exaucé. Un des premiers actes du pontificat de Léon XII, a été de faire ôter du Panthéon, les bustes d'artistes qui y avaient été placés. Ils sont maintenant au Capitole, dans des salles particulières, et forment un musée à part. Celui de Suvée est dans le vestibule ; et l'inscription tracée en son honneur par ses compatriotes, a été brisée.

siciens occupent deux tribunes opposées. Il y a dans celle de droite un ancien orgue du facteur célèbre Mosca. Sur l'autel, une mosaïque retrace la copie fidèle de la Conception de la Vierge par Bianchi, peintre romain qui perfectionna les imitations anatomiques en cire. Les murs et la coupole ovale qu'ils soutiennent, sont couverts de mosaïques, de sculptures et de bas-reliefs en stuc dorés. Trois rangs de stalles de noyer, en forme de gradins, reçoivent les membres du chapitre. Sur le devant, sont des bancs pour les clercs et les chantres. Au milieu, des banquettes attendent les curieux et les dévots; elles sont presque toujours occupées par des étrangères, et surtout par des Anglaises.

Lorsque l'heure de la cérémonie approche, les chanoines, les bénéficiers arrivent isolément par diverses issues. Après une courte prière faite à genoux sur les marches de l'autel, ils vont prendre leur place. Les anciens ouvrent et parcourent leur bréviaire avec plus ou moins d'attention. Quant aux jeunes, ils s'accueillent réciproquement d'un signe de tête ou d'un léger sourire. Les voisins causent entre eux, arrangent les diverses parties de leur costume, raccordent d'une main blanche et soignée les boucles de leurs cheveux, ou jouent nonchalamment avec un petit livre d'église richement relié. Qu'une femme survienne, tous les regards s'attachent sur elle. Sa toilette, ses traits animent la conversation ; et sur ces visages de prêtres fort expressifs, et dans leurs yeux indiscrets, il est facile de deviner les sensations qu'ils éprouvent, le sentiment qui les agite. Un clergé nombreux arrive processionnellement, précédé de la croix et de deux cierges allumés, portés par deux acolytes. Chacun se place selon son rang. Quel mélange alors d'élégance mondaine et de pompe sacrée ! Le camail de soie rouge et violette doublé de fourrure dont se drapent les membres du chapitre, la blancheur de leur surplis, le noir pur de leur soutane, la dorure et l'éclat des chapes et des autres ornemens d'église ; les plumes, les fleurs, la toilette entière des femmes; le recueillement des uns, la frivolité des autres, la coquetterie qui se mêle à cette cérémonie, composent un tableau piquant de coloris et d'expression. L'office commence. Les premiers psaumes sont récités en plain-chant. Viennent ensuite des hymnes et des motets en musique : la plupart sont chantés par des *soprani*. Leur voix est touchante, pure, flexible, pleine d'onction et de mélancolie. Quelque prix qu'elle leur coûte, ceux qui les entendent n'y sauraient avoir aucun regret. Espérons qu'elle leur procure à eux-mêmes, des jouissances qui nous sont heureusement inconnues. C'est par respect pour les mœurs et pour la décence, qu'on les a substitués aux chanteuses dans les chapelles de Rome : cependant, plus on admire leur talent, et moins il est facile de détourner sa pensée, de la cause secrète qui leur a valu cette triste préférence. Pendant leurs concerts angéliques, les rites du culte s'accomplissent : le haut clergé n'y prend aucune part; les assistans n'y jouent d'autre rôle que celui de spectateurs. Des bedeaux, des suisses ne viennent point, comme en France, commander un extérieur hypocrite. Chacun garde celui qui lui convient; et nul n'est tenté d'abuser de la liberté qu'on lui laisse. Le clergé inférieur se charge des dernières prières qu'il ne fait que psalmodier. Quelques vieillards seulement attendent qu'elles soient finies, et n'abandonnent point

A des chantres gagés le soin de louer Dieu [1].

[1] Boileau, *le Lutrin*, ch. 1er.

Ce n'est plus le tems de remplir légèrement les devoirs de leur état. Ils ne traitent plus l'église comme une maîtresse généreuse et indulgente. Le souvenir de leur négligence passée les inquiète. Ils en sollicitent ardemment le pardon. Peut-être même s'oublient-ils assez, pour joindre à leur repentir, la promesse de ne plus pécher qu'il n'est plus en leur pouvoir d'enfreindre.

En même tems la foule se rend dans la rue du Cours. Là, jusqu'à la chute du jour, circule une double rangée de voitures. Des curieux les suivent à pied, ou, pour les voir passer, s'arrêtent sur les trottoirs. C'est un rendez-vous général. On n'y étale point de luxe. Il y règne une grande familiarité. Cet usage ne s'interrompt pas même dans la saison la plus rigoureuse. Quelquefois la file se prolonge jusqu'à la promenade publique du mont Pincius, *monte Pincio*, création des Français, que Napoléon avait consacrée à la mémoire de César. Au centre, un obélisque était destiné à rappeler l'époque à laquelle la capitale de la moderne monarchie romaine avait reçu cet embellissement, le nom de celui à qui elle le devait, et la dédicace qu'il en avait faite. La cour de Rome n'a pas voulu que le pape, à sa restauration, fût blessé par aucun souvenir du règne qu'il avait sacré. Une nouvelle inscription a remplacé la première. Elle dit en latin, que S. S. Pie VII, voulant procurer à ses sujets une récréation salutaire, a fait planter les allées et adoucir la pente de cette colline : mensonge ridicule aux yeux des contemporains, et qui, tout romain qu'il est, n'a pas même le mérite d'une adulation adroite. Au reste, dans ce jardin, les piétons sont confondus avec les cavaliers et les voitures, sans abri contre les écarts des chevaux ou la maladresse des cochers ; et ils n'ont pour se dédommager de l'ennui de cette cohue, ni les plaisirs de l'ombrage, ni la vue des fleurs, car les arbres ont peu grandi, et les plate-bandes, incultes et comme abandonnées, ne produisent que de mauvaises herbes.

L'ACADÉMIE DE FRANCE A ROME.
SON DIRECTEUR ACTUEL. — LE BANQUIER T......
LA BASILIQUE DE SAINT-PIERRE. — QUELQUES-UNES DE SES SCULPTURES.
SES MAUSOLÉES. — LA STATUE DE SAINT-PIERRE. — SON AUTEL.
SA CONFESSION. — L'AUTEL DE LA CHAIRE DE SAINT-PIERRE.
LE PALAIS DU VATICAN. — LES CHAPELLES SIXTINE ET PAULINE.
LA GALERIE DES INSCRIPTIONS. — LE MUSÉE.
SOUVENIRS DE RAPHAEL.

Rome, 15 novembre 1819.

En 1666, Colbert suggéra à Louis XIV, la pensée de fonder à Rome une académie française des beaux-arts. Un palais situé à l'extrémité du Cours, fut acheté pour loger un directeur et vingt-quatre élèves. Les premiers prix de peinture, de sculpture et d'architecture, distribués à Paris, ouvraient, à ceux qui les avaient remportés, l'entrée de ce séminaire libéral. L'état en faisait les frais. La durée des travaux était triennale; et leur but, l'étude des chefs-d'œuvre de l'antiquité, du Bramante, de Michel-Ange et de Raphaël. Chaque année les pensionnaires devaient envoyer quelque essai qui fit connaître leurs progrès, et pût fonder leur renommée. La plus ardente émulation les animait. Transportés sur une terre étrangère, rapprochés par l'amour de la patrie, ils se liaient entre eux d'une amitié durable. L'envie n'empoisonnait ni leurs efforts ni leurs succès : elle n'est point un vice de la jeunesse. Tous les nobles sentimens se rattachaient à cette institution digne du siècle qui la vit naître. Il en sortit des artistes distingués; et le génie y prit quelquefois son essor. Interrompue par nos troubles politiques, elle fut, comme nous l'avons vu, rétablie par Napoléon. Il la plaça dans la villa Médicis, sur le mont Pincius. L'air pur de ce coteau, l'eau vierge qui y passe, déterminèrent le choix de ce nouveau local. L'étendue des bâtimens et des jardins, comportait des distributions convenables pour les logemens et pour les ateliers. On y forma une galerie de plâtres moulés sur les statues de la Grèce et de Rome. Des lauréats y furent successivement envoyés de Paris; et les travaux de cette école de perfectionnement recommencèrent. Bonaparte voulut qu'on y adjoignît les musiciens couronnés par le Conservatoire français. On ne saurait expliquer la cause de cette assimilation. La musique n'est point un art dont les productions ne puissent se déplacer. Le ciel de l'Italie ne lui est pas plus favorable qu'un autre. Les partitions n'y sont pas exécutées avec plus de verve qu'ailleurs; et les compositeurs, capables de guider ceux qui entrent dans la carrière, ont moins de motifs de se fixer à Rome que dans toute autre grande ville d'Europe, puisque les occasions d'y exercer leur talent y sont beaucoup plus rares.

Le directeur de l'académie n'est point chargé de continuer ou d'achever l'instruction de ceux qu'on lui adresse. Hors le goût dont les règles sont générales, on conçoit qu'un seul individu réunirait difficilement des connaissances assez variées et assez sûres, pour que ses avis devinssent utiles : après avoir produit un Michel-Ange, la nature se reposa long-tems. Mais de jeunes artistes, ivres d'un premier laurier, indépendans, éloignés tout-à-coup de leur maître et de leur famille, ont besoin d'un guide dont l'âge, l'expérience et la sagesse exercent sur eux quelqu'empire, qui leur parle le langage de la raison, modère leurs passions, et les empêche d'abuser de leur liberté. Aux prodigues, il fera sentir le prix de l'économie; aux dissipés, celui de l'étude; aux laborieux, la nécessité des distractions : il inspirera à tous le besoin de se tenir unis par des liens fraternels, qui leur adoucissent les rigueurs de l'absence et leur rendent toutes les illusions de la patrie. Il doit donc être leur protecteur, leur ami, le chef de leur ménage. Que si la fougue de la jeunesse amène des écarts répréhensibles, et que la voix du mentor soit méconnue, l'autorité du gouvernement français viendra à son secours. Sur le rapport qu'il adressera au ministre de l'intérieur, dans les attributions duquel il est placé, S. E. retirera au coupable le brevet qu'il avait obtenu, et le rappellera. Telle est la mission du directeur de l'académie. Ses fonctions sont fastidieuses et délicates. Elles exigent une humeur égale, un esprit conciliant, de l'indulgence et une exacte justice.

M. Th......, directeur actuel, réunit ces qualités à un degré éminent. Sa nomination fut la récompense d'un tableau qui lui avait été commandé par Napoléon. Il s'agissait de représenter le Passage du Saint-Bernard, que couronna la victoire de Marengo. On croyait cette expédition téméraire. Le courage et surtout la gaîté des soldats français, n'en firent, en quelque sorte, qu'un épisode aventureux et romanesque de l'histoire imposante qui allait commencer, qui n'a duré que quatorze ans, et qui est tellement pleine de faits héroïques et de grandes leçons, qu'elle nous semble, à nous ses contemporains, renfermer plusieurs siècles. Le peintre pouvait opter entre trois sujets. La marche de l'armée du pied de la montagne à son sommet, son séjour de quelques heures sur le plateau de l'hospice, le moment où elle descendait dans les plaines de la Lombardie. Chacun offrait le même ensemble d'hommes, de chevaux, de mulets, de bagages, de canons, d'obusiers, d'affûts, de traîneaux à roulettes ou glissans : que sais-je encore? La diversité des uniformes, l'éclat des armes, le désordre de la marche, les groupes pittoresques si communs dans les mouvemens des soldats, les accidens, gais ou tristes, inséparables d'une pareille entreprise, la variété des sites, la sinuosité des chemins, la sombre verdure des forêts, les rochers, la neige qui se confondait avec les nuages, prêtaient à la composition et au coloris. L'expression même trouvait à se développer sur les premiers plans.—Si le peintre choisissait la descente vers l'Italie, l'impatience des soldats multipliait les scènes de son tableau. Alors les Français, plus fatigués

encore de la lenteur de leurs pas que de la difficulté du voyage, s'abandonnaient à la neige amollie et descendaient ainsi rapidement jusqu'à Étronbles, tantôt emportés malgré eux, tantôt se dirigeant avec adresse. Le doux climat de l'Italie, ses parfums, ses beautés, ses merveilles, les appelaient. A tant de voluptés, exagérées par les récits de ceux qui les avaient goûtées, ardemment désirées par ceux à qui elles étaient inconnues, se mêlaient le pressentiment d'une victoire certaine, et un amour insatiable de cette gloire militaire dont il semble que le peu de durée augmente l'ivresse. L'enthousiasme éclatait dans tous les rangs. Chacun se livrait au délire des espérances que le génie du capitaine s'était chargé de réaliser.
—La halte au sommet de la montagne eût offert des détails touchans, en même tems que guerriers. Napoléon avait d'avance envoyé de l'argent aux ermites. Ils s'étaient approvisionnés de pain, de vin, de fromage et d'eau-de-vie. En arrivant, l'armée trouva des distributions préparées. Elle ne s'y attendait point. Quelle joie! quels transports! quels accens de reconnaissance pour le général qui, à de si rudes travaux, faisait succéder cette agréable surprise!

Le camp de chaque division fut assis momentanément et par échelons, sur toutes les hauteurs prochaines. Qui ne voit l'ordre ramené tout-à-coup parmi les différens corps, les parcs d'artillerie formés, les armes en faisceaux, les convives pressés autour de leur frugal repas, où les propos joyeux manquaient aussi peu que l'appétit? Qui ne voit ces masses éparses, nuancées de mille couleurs, étincelantes des reflets de leurs armes, se dessinant au milieu des neiges, sur la cime des monts et dans l'azur des cieux; et les pieux cénobites de la montagne, surpris d'un si grand nombre d'hôtes, admirant leur hardiesse autant que le succès qui l'avait couronnée, les servant avec empressement, et faisant même des vœux en leur faveur, car Napoléon les avait convertis à ses desseins?

Ce fut le départ de France que M. Th......eut à peindre ou qu'il préféra. Les divers degrés de température plus prononcés que vers l'Italie, offraient des oppositions plus tranchantes. Les plans se distinguaient mieux. Le ton local, les arbres, les aspects, changeaient davantage, à mesure que le sol s'élevait. Voici le programme du tableau : « L'armée est en marche et monte » à l'hospice du mont Saint-Bernard. Une pièce

» de canon encaissée dans un tronc d'arbre, est
» traînée par des soldats. L'Empereur, au mi-
» lieu du tableau, entouré de l'état-major, des
» généraux Bessières, Duroc, etc., les encou-
» rage par sa présence et ses discours. Il leur
» montre le haut du passage, comme le but de
» leurs travaux et le chemin de leur gloire. Près
» d'un canon, le général Marmont, commandant
» en chef de l'artillerie, donne des ordres aux
» canonniers qui, avec des leviers, dirigent les
» mouvemens de la pièce. Le prince Eugène-
» Beauharnais est sur le devant, à la tête d'un
» détachement des guides. Des officiers du 12ᵉ ré-
» giment de hussards sont près de lui. Le maré-
» chal Berthier, faisant fonction de général en
» chef, arrêté par la file des soldats qui tirent
» une pièce de canon, admire l'ensemble de cette
» marche extraordinaire. A la gauche de l'Empe-
» reur, le prince Murat donne des ordres à un
» grenadier de la garde, dont un détachement
» passe par derrière. On aperçoit plus loin deux
» petites cabanes, dont l'une sert d'abri aux voya-
» geurs surpris par la tourmente; et l'autre, de
» sépulture à ceux qui périssent sur la monta-
» gne. L'armée, marchant sur une seule ligne,
» ou se divisant lorsque le sol le permet, oc-

» cupe le haut du tableau, et après de nom-
» breuses sinuosités arrive enfin à l'hospice. » Ce
doit être dans le voisinage du tertre où l'artiste
a placé Napoléon, que, voyant des soldats tom-
bés de fatigue se faire battre la charge pour
reprendre des forces, et les engageant à se reposer un moment, ils lui répondirent : « Ne
vous mettez point en peine de nous, tâchez
seulement de nous suivre. »

Tel est le sujet peint par M. Th...... La fidélité du site, l'exactitude des détails, le choix
des épisodes, distinguent son ouvrage. Peut-
être la couleur manque-t-elle de ces contrastes admirables, de ces tons fins et hardis, de
ces effets de lumière, de ce clair obscur sédui-
sant, si communs dans les montagnes. N'y cherchez pas non plus un vif élan de cet amour du
beau, de cette admiration passionnée dont on
se sent pénétré au seul récit de ce passage mé-
morable. Le génie eût animé cette toile. On
aurait cru entendre la joie des soldats, leurs
rires, leurs acclamations en l'honneur de leur
chef. Non, non : ce n'est point là une œuvre
d'inspiration. L'esprit, l'ame, n'ont point été
émus. L'art n'a rien créé. Un copiste exercé et
habile a écrit sous la dictée.

Le séjour de M. Th...... à Rome, n'a pas plus ajouté à sa renommée qu'à son talent. Aussi, soit timidité naturelle, soit méfiance de sa capacité, il ne montre ses compositions qu'avec une sorte d'embarras qui appelle les éloges, par le soin même qu'il prend de s'y soustraire. Mais s'agit-il des travaux de ses pupilles? alors il parle avec assurance. Sa modestie qu'on ne saurait trop louer, fait place à une sorte d'orgueil. Une ambition patriotique s'empare de lui. Il ne veut pas que l'école française perde ses droits au rang élevé qui lui est dû. C'est un père enthousiaste éclairé des progrès de ses enfans. Il vous mène dans leurs ateliers, fait remarquer les qualités qui les distinguent. Sans dissimuler leurs défauts, il avertit que déjà une plus juste appréciation de la nature et des grands maîtres, commence à les atténuer. Les tableaux de l'année venaient de partir pour la France. Parmi les sculptures, il ne restait qu'une figure en marbre du jeune R...., qui donne de grandes espérances. Nous l'avons trouvé dessinant des appuis propres à la préserver de tout accident, durant le long voyage qu'elle va entreprendre. Il a levé le voile qui la couvrait : c'est l'Innocence. Une jeune fille nue, assise sur une borne, pleure la mort d'un serpent. La tunique dont elle était vêtue, est tombée; et un bout de draperie, arrêté sur ses genoux, se déroule jusqu'à terre. Elle porte une main à ses yeux en signe de douleur. L'autre, posée sur sa cuisse, tient le serpent dont elle regrette la mort. Quoi de plus naturel que son attitude, de plus souple que ses contours, de plus ingénu que sa tristesse! Elle sort de l'enfance. La nature vient d'ébaucher en elle, les charmes de la jeunesse et de la beauté. Sa poitrine est à peine élevée. Ses bras commencent seulement à s'arrondir. Le développement de sa taille n'est pas complet encore. Cette incertitude de formes, ce vague d'une perfection naissante, ont permis à l'artiste des négligences qu'on prendrait pour un artifice de son talent. Elle sera belle. Elle aura de la grâce. Elle sera voluptueuse, passionnée. On le devine : seule elle n'en sait rien encore. Il n'était pas possible de rendre avec plus d'esprit, de finesse, de vérité, une pensée tant soit peu mêlée d'afféterie. L'exécution est heureuse, autant que le sujet l'exigeait. Un beau marbre moëlleusement ciselé et poli complète l'illusion.

Il n'en est point des voyageurs comme des

héros de romans. Ceux-ci n'éprouvent aucun des besoins du ménage. Les trésors de la fortune les suivent dans leurs courses comme dans leurs aventures. Un voyageur, au contraire, doit quelques momens aux soins vulgaires de son existence, et du bien-être qu'il veut trouver, au moins en partie, loin de ses foyers. Entre les banquiers romains, qui pourvoient d'argent les étrangers, le duc T. marquis de B. est le plus achalandé. C'est à lui que nous sommes adressés. Après avoir réglé avec ses bureaux nos affaires de finance, et accepté l'invitation banale de nous rendre aux soirées qu'il donne, rien ne nous convient mieux que de continuer nos promenades.

Retournons à Saint-Pierre, dont les masses nous ont tellement frappés hier, que nous n'avons pu en examiner aucun détail. Comme la lumière éclaire d'une manière pittoresque les colonnades de ces portiques! Elles sont tellement en harmonie avec le reste de l'édifice, que leur élévation ne paraît pas considérable. Le soldat armé d'une hallebarde, qui se promène tout auprès, est d'une grande taille : eh bien! il n'atteint pas à la dixième partie de la hauteur des colonnes; et les statues qu'elles portent, et qui paraissent à peine de grandeur naturelle, sont hautes de près de deux toises. Entrons dans la basilique. A droite, près de la porte, voyez ce groupe en marbre blanc, engagé dans le mur. C'est le premier ouvrage de Michel-Ange, qui n'avait que vingt-quatre ans quand il le termina. Le Christ vient d'être descendu de la croix. Marie, assise, cherche à retenir et à soulever ce corps inanimé, étendu sur ses genoux. Les yeux tournés vers le ciel, elle l'offre en holocauste. La douleur maternelle, peinte sur son visage, contraste énergiquement avec l'immobilité des traits de son fils. Cet ensemble sublime offre dans ses moindres détails, une puissance de création, une science anatomique, une verve d'exécution qui n'appartiennent qu'au génie.

La statue colossale de Saint-André, logée dans la niche inférieure du premier des deux piliers de droite qui soutiennent la coupole, n'excitera pas moins votre admiration. Elle est l'ouvrage de François Duquesnoy, sculpteur flamand du seizième siècle. Le saint martyr s'appuie contre sa croix. Il y a dans ses regards, comme dans son attitude, un mouvement surprenant d'exaltation. Le jeu des draperies qui l'enveloppent, lui donne de la vie. Il a vaincu la mort et va recevoir le prix de ses souffrances. Les voûtes célestes lui sont ouvertes.

Examinons rapidement les nombreux mausolées qui garnissent le pourtour des nefs latérales. Il en est trois qui ne sont point érigés à des papes. Commençons par eux.

Le premier de ces monumens renferme les restes de Christine de Suède. Née en 1626, elle fut reine en 1632, et abdiqua en 1654. Son enfance avait révélé en elle des qualités royales. On citait dès-lors l'élévation de son caractère, son courage et la capacité de son esprit. Dans sa première jeunesse, elle connaissait déjà les huit langues anciennes et modernes les plus utiles. La raison réglait le choix de ses lectures. Elle avait appelé à sa cour, plusieurs savans qu'elle étonnait par ses aperçus profonds et par la sagacité de ses réparties. Arrivée au trône, elle gouverna avec sagesse. Par elle fut affermie la paix de son pays. Ses talens et son équité, qui rappelaient le règne glorieux de son père Gustave-Adolphe, la rendaient chère aux Suédois. Cependant, le goût de l'étude, l'amour des arts, son éloignement pour le mariage, l'originalité qui se montrait dans toutes les habitudes de sa vie, et jusque dans son costume, joints aux défauts qu'elle se reconnaissait, lui inspirèrent, dès l'âge de vingt ans, la résolution d'abdiquer. A vingt-sept ans elle descendit du trône. Ni les instances du sénat, ni la gloire que déjà elle s'était acquise, ni l'amour de ses sujets, ni les charmes d'une cour remarquable par son instruction, peut-être un peu pédantesque, ne purent la retenir. Elle quitta la Suède peu de jours après avoir remis son sceptre et sa couronne à Charles-Gustave, son cousin-germain. Ses pas se tournèrent d'abord vers le Danemark, puis vers l'Allemagne. De là, elle passa en Flandre. A Bruxelles, elle embrassa la religion catholique, et, peu de tems après, à Inspruck, elle abjura solennellement le luthéranisme. Présentée à la cour de France, elle y fut ridiculisée pour la bizarrerie de ses manières. On les eût trouvées moins étranges en Angleterre, où tant de choses nouvelles se passaient alors ; mais Cromwell refusa de la recevoir. Elle se dirigea vers l'Italie, seul centre des arts et de la politesse, jusqu'au siècle de Louis XIV, et se fixa à Rome, où elle mourut le 19 avril 1689. Voulez-vous la voir? écoutez Voltaire traçant son image à la princesse Ulrique de Prusse.

A sa jupe courte et légère,
A son pourpoint, à son collet,
Au chapeau garni d'un plumet,
Au ruban ponceau qui pendait
Et par devant et par derrière,
A sa mine galante et fière
D'amazone et d'aventurière,
A ce nez de consul romain,
A ce front altier d'héroïne,
A ce grand œil tendre et hautain,
Moins beau que le vôtre et moins fin,
Soudain je reconnus Christine,
Christine des arts le soutien,
Christine qui céda pour rien
Et son royaume et votre église ;
Qui connut tout et ne crut rien,
Que le Saint Père canonise,
Que damne le luthérien,
Et que la gloire immortalise [1].

N'allez pas croire que ce soit là son épitaphe. Son titre de reine savante et fantasque, l'aurait sans doute peu recommandée auprès du Saint-Siége. Ce fut sa conversion à l'église romaine qui lui ouvrit le sanctuaire de la catholicité. Le pape Innocent XII Pignatelli, lui en fit les honneurs. Le tombeau modeste qu'il lui a élevé, fut dessiné par Ch. Fontana. Jean

[1] VOLT., *Lett. en vers et en prose*, c. 1, à S. A. R. Madame la princesse Ulr. de Prusse, depuis reine de Suède.

Tendon, sculpteur français, est l'auteur du bas-relief qui représente l'abjuration d'Inspruck. Plus ces exemples étaient rares, plus il importait de les célébrer par des hommages publics. Déjà une autre abjuration non moins éclatante, avait été inaugurée dans le même lieu : celle de notre Henri IV. Elle se trouve consignée dans un bas-relief du mausolée de Léon XI. L'alliance du roi de France avec la famille de Médicis, servit de prétexte pour consacrer la mémoire d'un acte où la politique n'eut pas moins de part que la grâce; car, ici, l'on est peu scrupuleux sur les causes, quand les effets tendent à l'accroissement de la puissance. Les débats de Clément VIII avec le Béarnais, touchant la sincérité de sa conversion, étaient encore récens. Jean Chatel n'avait-il pas dit qu'il avait fait une bonne action, et que le roi, n'étant pas encore absous par le pape, il pouvait le tuer en toute sûreté de conscience? Les cardinaux du Perron et d'Ossat n'avaient-ils pas reçu cette absolution pour le roi, et même la discipline de la propre main de Sa Sainteté? n'avait-il pas été difficile aux ambassadeurs français d'obtenir la suppression de la formule usitée : *Nous réhabilitons Henri dans sa royauté?* Le procès avait été instruit. L'avantage des formes était à peu près demeuré à la cour de Rome. On se hâta d'y prendre possession d'une ame, sur le don de laquelle des doutes s'étaient élevés et pouvaient subsister encore.

Après ces souvenirs où le pouvoir spirituel des papes a la plus grande part, nous en trouvons un de leur pouvoir temporel, dans la décoration du tombeau de la comtesse Mathilde de Toscane. On y voit l'empereur Henri IV, ceint d'un cilice, environné d'une cour nombreuse, demi-nu, prosterné devant Grégoire VII, sollicitant le pardon de sa résistance à l'autorité papale; et le pontife orgueilleux qui va l'absoudre, appuyant un de ses pieds sur cette tête couronnée qu'il s'efforce d'enfoncer dans la poussière. Mathilde était morte en 1115, après avoir donné au Saint-Siége, la presque totalité des possessions qui composent maintenant le patrimoine de Saint-Pierre. Par ses intrigues, elle avait contribué à amener Henri IV aux pieds de Grégoire VII. Dans le dix-septième siècle, Urbain VIII se chargea de payer le tribut de reconnaissance dû à des générosités et à un service qui remontaient à six cents ans. Les cendres de Mathilde étaient obscurément déposées auprès de

Mantoue, dans un monastère de Saint-Benoît. Il les fit transporter à Rome, et leur érigea un mausolée qui fut dessiné et exécuté par le Cavalier Bernin. Si, pour rappeler l'humiliation d'un empereur, l'époque n'était pas bien choisie, le lieu du moins et l'occasion autorisaient cette réminiscence. Chaque jour le souverain pontife peut voir, en passant, ce tableau d'une puissance éclipsée, lui donner quelques regrets, en espérer peut-être le retour, et se bercer d'illusions dont la réalisation a déjà été plus douteuse qu'elle ne l'est maintenant. On le fit remarquer à Joseph II, lors de son passage à Rome. Indigné de cette humiliation infligée à sa couronne, il se détourna en rougissant, et se contenta de dire que les tems étaient bien changés. — Ainsi soit-il !

Nous avons encore à visiter un tombeau profane. Celui-ci a été élevé aux derniers Stuarts. On prétend que le prince régent d'Angleterre en a payé les frais. Cet hommage de l'usurpation à la légitimité, semble plutôt inspiré par l'ostentation britannique, que par le respect dû au malheur. Il y a de la part d'un Anglais quelque moquerie à décorer, dans l'église des papes, la sépulture d'une famille que son papisme a précipitée du trône. Qu'un successeur de Saint-Pierre eût couronné ainsi le dévouement du monarque déchu, cette récompense était digne de tous les deux, et ne tirait à aucune conséquence ; mais permettre à son successeur, hérétique et illégitime, de mêler son nom à cet honneur funèbre, ni les Grégoire VII, ni les Urbain VIII, ni beaucoup d'autres n'eussent eu la même condescendance. Canova est l'auteur de ce mausolée, qui n'a aucun des caractères propres à ce genre de monument. C'est un fragment de pyramide, d'une hauteur disproportionnée à sa base, et engagé dans un pilier. Deux génies éplorés en sont les supports. Plusieurs camées, appliqués à sa surface, offrent les traits des héritiers déchus de la triple couronne. Cet agencement mesquin et d'une exécution médiocre, serait mieux placé le long des murs d'un cimetière public.

On dirait qu'à la mort de ses chefs, l'Eglise ait voulu les dédommager de l'humilité dans laquelle elle suppose qu'ils ont vécu. Le tombeau de Clément XIII est un exemple de ce luxe funéraire. Deux lions d'une proportion colossale en gardent l'entrée, dont les lignes appartiennent à la plus riche architecture. L'un pleure : la douleur a vaincu sa férocité. Son regard est éteint ; sa crinière ombrage son front, et tombe le long de son col abaissé. L'autre rugit ; sa tête se dresse, ses yeux étincellent, ses crins se hérissent : il fait frémir. Des bas-reliefs allégoriques de la Force et de la Charité remplissent les panneaux latéraux. En avant des marches au-dessus desquelles le sarcophage est placé, deux figures se détachent. Celle de droite est debout, imposante sans roideur : c'est la Religion. On la reconnaît à son port majestueux, à la douceur, à la fermeté de sa contenance. Elle est vêtue d'une longue robe arrêtée par une ceinture. La croix est dans ses mains. Une auréole céleste la couronne. Le génie de la mort occupe la droite : il est assis. De sa main défaillante s'échappe un flambeau qui vient de s'éteindre. Sa tête s'incline légèrement en signe de résignation. L'élégance de ses formes, son profil surhumain, rappellent l'Apollon. Que c'est une heureuse hardiesse d'avoir ainsi embelli la Mort ! pourquoi lui donner un aspect hideux ? n'est-elle point le commencement d'une vie nouvelle ? Il y a dans cette fiction quelque chose de touchant. On y sent je ne sais quoi d'antique et de consolant, qui se prête aux méditations philosophiques. La statue de Clément XIII domine ce monument. Il est à genoux, prosterné à moitié. Ses ornemens pontificaux accompagnent noblement cette humble attitude. Il joint ses mains avec ferveur. Sa belle tête est penchée vers la terre. Ses traits expriment la piété, la foi, l'onction. On y retrouve la mansuétude qui formait la base de son caractère. C'est un portrait ressemblant; et il pourrait passer pour une création idéale, tant le ciseau de l'artiste a su s'affranchir de la contrainte de l'imitation, et faire ressortir de ce marbre, les vertus qui distinguaient celui qu'il représente. Le pontife prie; le ciel n'a pas encore exaucé sa prière : mais l'espérance est déjà dans son cœur. Canova a déployé tout son génie, dans cette vaste composition qu'on ne se lasse pas d'admirer.

Le tombeau de Paul III Farnèse est d'un genre moins grandiose : il fut exécuté par Jacques et Guillaume de la Porte, sous la direction de Michel-Ange. La statue du pape est en bronze. Au-dessous on voit deux figures en marbre, la Prudence et la Justice. — La première est une matrone vénérable. Assise, la tête haute, l'air réservé, elle médite. Quoique vieille, elle n'a rien de la décrépitude. Parmi les rides de son visage, on trouve des traces de beauté. Son front épanoui exprime le repos d'une ame qui sut toujours choisir le bien, repousser le mal, et jouir modérément de ce rare présent du ciel. Ses amples draperies ajoutent à la gravité de son maintien. — La Justice est de même exempte de passions. Ainsi sa physionomie doit être immuable. Ses formes comportent à la fois, de la force et de la grâce. Comme la Vérité, tout vêtement la déparerait. Telles furent les règles que se prescrivit Guillaume de la Porte. Aveuglé par l'innocence de ses intentions, il ne s'était pas aperçu qu'une femme belle, dans la vigueur de l'âge, nue, couchée dans un mol abandon, serait déplacée dans un lieu saint. Il comptait trop sur l'empire de la religion et sur l'austérité de ses ministres. Un pape moins confiant et mieux instruit des faiblesses de l'humanité, chargea le Cavalier Bernin de cacher cette nudité séduisante. Celui-ci la couvrit d'une chemise de bronze, qui excite plus la curiosité qu'elle ne la décourage. Sous ce voile, chacun cherche les attraits qu'on a voulu lui dérober. C'est un spectacle amusant que de se trouver là avec des Anglaises, à qui le cicérone ne manque pas de raconter ces détails. Elles rougissent, lancent des regards obliques et pénétrans, sourient, et ne s'éloignent qu'après avoir pris le tems de se bien assurer, que la décence commandait les précautions qui viennent de leur être expliquées.

Au milieu de la grande nef, vers la droite, un bronze de Jupiter Capitolin est offert sous le nom de Saint-Pierre à la vénération publique. Les baisers des dévots à cette statue sanctifiée, ont usé l'un de ses orteils.—Une ouverture circulaire pratiquée au centre de la basilique, et devant le grand autel, permet de voir dans une église souterraine, le sarcophage qui renferme la dépouille mortelle du premier vicaire de Jésus-Christ. Des lampes y brûlent constamment. Les fidèles se succèdent sans interruption à l'entour de la balustrade qui domine ce sanctuaire, et ne cessent d'invoquer les précieux restes qui y reposent. — Enfin, dans le fond de la basilique se déploie l'apothéose du Saint-Siége. Chargé par Alexandre VII d'ériger au trône du saint apôtre, un monument digne de cette relique, le Cavalier Bernin la revêtit d'une enveloppe de bronze doré, et lui donna pour supports quatre statues, représentant des docteurs de l'église grecque et latine. Sur les côtés, il plaça deux figures ailées qui semblent affirmer son identité. Au-dessus, des anges élèvent les clefs de Saint-Pierre et la tiare. Cet ensemble est couronné par des essaims de chérubins, qui voltigent sur des nuages d'une brillante couleur orangée.

Le palais du Vatican, ainsi nommé du mont sur lequel il est construit, touche à la basilique de Saint-Pierre, comme on voit, dans les campagnes, le presbytère auprès de l'église paroissiale. Deux ou trois chambres, un petit verger, quelques carrés de plantes potagères, suffisent au pasteur du village : celui-là remplit les devoirs qu'il enseigne. Son exemple console les pauvres; et la modestie de sa demeure s'accorde avec celle de l'autel sur lequel il sacrifie. Au contraire, un pape ne doit pas s'astreindre uniquement aux vertus de la religion dont il est le chef. On le compte aussi au nombre des têtes couronnées. Il a des soldats, des tribunaux, des ambassadeurs. Après avoir abaissé son front dans la poussière du temple, il peut le relever au milieu de sa cour. Ainsi, à la simplicité religieuse il joindra le luxe d'un palais; et moins il se montrera sensible à l'éclat de cette magnificence, plus il édifiera son siècle, dût-il en jouir secrètement avec toute la sensualité dont les faibles humains ont tant de peine à se préserver, en présence même de l'éternité des récompenses célestes. C'est sur ce modèle que se règle partout le haut clergé. Celui d'Angleterre n'est pas à cet égard plus discret que celui de Rome ou de France.

Ouvrage de plusieurs papes, le Vatican a subi dans ses plans diverses modifications. Il n'offre aucun ensemble d'architecture monumentale. Chacune de ses parties a des beautés et des décorations qui lui sont propres. C'est une réunion de palais, irrégulièrement construits l'un à côté de l'autre. En y comprenant l'église de Saint-Pierre, il a deux lieues et demie de circonférence. Un nombre considérable de salles, de galeries, plusieurs chapelles, douze mille chambres distribuées en appartemens plus ou moins complets, d'immenses corridors, une bibliothèque, un vaste musée, vingt cours, huit grands escaliers, deux cents autres escaliers de service et un jardin fort étendu, partagent cet espace. Tout y est disposé pour la représentation et la pompe convenables à un souverain. Néanmoins, il est des papes à qui il en coûte de passer d'une cellule à tant de somptuosité. D'ailleurs, l'air est malsain dans ce quartier de Rome : il l'était dès le tems des empereurs. La proximité du Tibre y occasionne de fréquentes mortalités. Pie VII en craint l'influence, autant que le faste de cette résidence l'importune. Il n'y va que dans les jours solennels où sa présence est indispensable. De sa part, cette modestie n'est point feinte. Sans famille et sans amis, comme vivent les moines, il s'est appliqué à chercher dans la religion, des adoucissemens aux tribulations de son règne. Vieilli dans une agitation aussi étrangère à son rang qu'à son caractère, il ne se livre qu'avec méfiance à des tems plus calmes et plus heureux, et n'ose se sevrer entièrement des habitudes de la médiocrité, ni des privations dont il a fait un long apprentissage. Il occupe une seule chambre au palais Quirinal, dans la région la plus saine et la plus belle de la ville.

Les deux principales chapelles du Vatican ont été fondées, l'une par Sixte IV, l'autre par Paul III. Celle-ci est tellement enfumée, qu'on n'y peut distinguer les peintures dont l'ornèrent Michel-Ange, Sabbatini et Zuccari. Il n'en est pas tout-à-fait ainsi de la chapelle Sixtine. Bien que le tems et l'humidité dégradent journellement les fresques dont Michel-Ange l'a décorée, il en reste encore assez pour exciter la plus vive admiration. Sans doute le coloris est éteint; quelques contours s'effacent; d'autres sont affaiblis : mais le spectateur remplit aisément ces lacunes. La voûte retrace la scène de la Création. Le peintre a été inspiré par l'histoire juive. Le Dieu d'Israël vient de manifester sa volonté. Par sa seule parole, le monde sort du chaos; les élémens se classent; la lumière se répand; l'homme, les animaux peuplent la terre ; et la femme naît enfin, moins pourvue d'attraits fragiles et légers comme elle, qu'éblouissante de beauté et d'innocence. Cependant les desseins de l'Éternel ne sont pas accomplis. La désobéissance enfantera le vice et le crime. Les passions agiteront les humains. En proie à la corruption, le peuple de Dieu méconnaîtra son protecteur, et le guide qu'il lui aura donné. La justice divine s'appesantira sur lui. Des prophètes, des sibylles lui en annonceront les arrêts terribles. Tels sont les accessoires du sujet principal : c'est le livre de l'Ancien Testament mis en action. Il a coûté à son auteur vingt mois de travail.

Un grand nombre d'années après, Michel-Ange fut chargé par Paul III de compléter la décoration de cette chapelle ; et il peignit le Jugement dernier, sur le mur auquel l'autel est adossé. Jésus-Christ apparaît parmi des nuages. Marie est près de lui. Il préside à la séparation des élus et des réprouvés. Les humains se réunissent, et s'élancent pour recevoir la vie ou la mort éternelle. On distingue Adam à sa face vénérable, Eve à son air timide, Saint-Pierre à sa sécurité, Moïse à la noblesse de ses traits, les patriarches à leur mâle vieillesse, les prophètes à la vivacité, à l'énergie de leurs regards. Des groupes divers se détachent autour de cette grande masse. Ici sont des femmes dont les formes gracieuses se marient harmonieusement : la pudeur, la modestie, une sorte d'anxiété se montrent dans leurs attitudes. Là, des martyrs font éclater une joie pure : chacun d'eux se pare de l'instrument de son supplice. Les pécheurs, inquiets de leurs fautes, viennent plus lentement ; d'autres tardent à s'éveiller. Des anges les appellent : les yeux fixes, les joues enflées, ces messagers célestes soufflent dans leurs trompettes, dont on croit entendre les sons éclatans. A ce retentissement terrible, les morts, qui craignaient encore de sortir du tombeau, soulèvent la pierre qui les couvre, hasardent de paraître secouent leur linceul, n'envisagent qu'avec effroi l'éternité qui trouble leur dernier sommeil. Puis ce grand drame se dénoue par la chute des damnés, leur désespoir, quelques efforts d'une résistance impuissante, et l'allégresse hideuse des démons qui s'en saisissent, les lancent et les pressent dans une barque d'où ils sont précipités aux enfers. Aux vices qui trouvaient place dans ce dernier épisode, Michel-Ange a prêté les traits de quelques-uns de ses ennemis. Sans affaiblir l'horreur que leur vue devait inspirer, il sut leur donner des poses grotesques, et mêler ainsi le ridicule à la satire. C'est surtout à peindre les bourreaux infernaux, que son imagination se joue et enfante les créations les plus burlesques. Il ose même emprunter le secours de la fable. Caron, métamorphosé en ange rebelle, est chargé de passer les réprouvés au fatal rivage; et comme si sa barque, qui ne s'arrête jamais, n'allait pas assez vite, il lui donne des ailes pour gouvernail. Dans le haut du tableau, des chérubins portent au ciel les instrumens de la passion. La partie inférieure montre les portes du purgatoire, gardées par des démons irrités que toute espérance ne soit pas perdue en y entrant. Cette fresque, de quarante-deux pieds de large et cinquante-deux pieds de haut, fut terminée dans l'espace de trois années.

On vient d'exposer dans l'appartement Borgia, les tableaux enlevés au Musée-Napoléon. Je jette avec regret un regard sur la Transfiguration, l'Assomption et la Vierge de Foligno par Raphaël; la Communion de saint Jérôme par le Dominiquin; la Fortune, du Guide; la Madeleine, du Guerchin. Que citerais-je encore? et dois-je m'arrêter? Quel Français, digne de ce nom, ne s'irriterait de voir ces précieuses dépouilles si vaillamment acquises, ravies si traitreusement? Ah! leur perte excite bien plus de douleur qu'il n'y avait eu de joie à les posséder. Passons rapidement; et que de nouveaux objets nous distraient de cette pénible vue. Voici le Musée. Quoi! ces galeries d'un demi-mille de longueur, cette multitude de salles qui se succèdent à perte de vue, ces vastes couloirs, ces nombreux cabinets sont remplis de fragmens antiques, de sculptures, de monumens grecs et romains! Quelle mémoire en pourrait retenir la seule nomenclature? Chacun de ces emplacemens a pris le nom de sa forme particulière, de l'objet principal qui y est exposé, et des papes qui l'ont créé et enrichi. Ainsi, l'on dit le Musée Pie-Clémentin, de celui qui est dû à Clément XIV et à Pie VI; le Musée Chiaramonti, de celui qui a été commencé par Pie VII, et auquel on continue de travailler. L'on dit de même la chambre du Méléagre, celle de la Bigue, la salle des Bustes, celle des Statues, celle des Candélabres, etc.

Parcourons la galerie des Inscriptions. La vue se perd dans le lointain. Les murs sont incrustés de pierres tumulaires, arrangées selon l'ordre des tems. Les noms païens ont été séparés de ceux qui appartiennent à la chrétienté. A droite, figurent les débris des tombeaux qui renfermèrent de grands citoyens et des matrones célèbres de l'ancienne Rome. Sur quelques-uns, sont gravés les titres et les insignes de ses prêtres. D'autres, rappellent les noms d'enfans chéris et pleurés amèrement. A gauche, sont les restes des catacombes qui furent en même tems l'asile, le temple et le cimetière des premiers chrétiens. Avant que le dogme de l'immortalité de l'ame eût prévalu, les lois protégeaient les morts. On croyait qu'en quittant cette vie, le corps n'était pas anéanti; qu'il conservait quelque sentiment. De là, les devoirs religieux rendus aux mânes, et le respect pour les ombres. Alors, les peines les plus sévères étaient infligées à ceux qui violaient les sépultures.

> Sed improvisa leti
> Vis rapuit rapietque gentes [1].

Dans sa course rapide, le torrent des générations a tout entraîné. Les précautions, suggérées par l'amour filial, paternel, conjugal, pour conserver des restes précieux, ont été inutiles. Les honneurs même, décernés par la patrie à la vertu, à la valeur, au dévouement civique, n'ont pu garantir la dépouille mortelle de celui qui les avait obtenus. La cendre des morts anciens s'est confondue avec la terre à laquelle elle fut confiée. La pierre, le marbre qui les couvraient, sont seuls restés, dépositaires d'un nom, de quelques regrets, d'éloges trop fréquens peut-être, et ne servent plus aujourd'hui qu'à faire naître ou dissiper les doutes des antiquaires, à résoudre des questions historiques,

---

[1] Hor., liv. II, od. 13.

> Mais toujours imprévu, l'impétueux trépas
> Ravit et ravira sa proie.
> (*Trad. de* Daru.)

ou bien à augmenter la richesse de quelques collections. Néanmoins, un attrait indéfinissable vous retient dans ce cimetière désert. Vous vous y promenez avec intérêt. Ces inscriptions sépulcrales inspirent une mélancolie profonde. On se surprend à les relire, à en réunir les caractères, à étudier ceux que le tems a effacés. Les siècles qu'elles ont traversés, renaissent à la mémoire. Il vous semble y assister; et vous recherchez avec curiosité, les traces de ces antiques souvenirs, et du culte que l'on rendait aux morts.

Tous les arts ont concouru à l'embellissement des musées du Vatican. On ne marche que sur des mosaïques d'un travail parfait. Il en est qu'on prendrait pour de la peinture, telles qu'un Paysage avec des bergers et des chèvres, et le Combat des Centaures, trouvés à la Villa-Adria et à Otricoli. Sur les murs, des bas-reliefs retracent les hauts faits de l'antiquité, ses mystères et les cérémonies de sa religion. L'Apollon et le torse du Belvédère, le groupe de Laocoon, le Méléagre, l'Antinoüs, les Muses, ont repris la place qu'ils occupaient avant de devenir le prix de nos victoires. Parmi les statues, les images de Titus, de Trajan, de Marc-Aurèle, consolent de celles de Tibère, de Caligula et de Néron. Il s'en faut que ces marbres, rares ou précieux, aient un prix égal aux yeux des connaisseurs. Tous les âges de la sculpture sont mêlés. On la voit, dans l'ancienne Grèce, prodiguer les chefs-d'œuvre, conserver à Rome quelque prééminence, puis dégénérer au tems de Constantin, et n'éprouver plus jusqu'à nos jours que des alternatives, modifiées par le génie et le goût de chaque siècle. Canova ne serait-il pas destiné à lui rendre son premier lustre? Deux pugillateurs nés de son ciseau, ont été admis dans le Musée Chiaramonti. Trouveriez-vous qu'ils ne justifient pas cette inauguration? Ils sont d'une stature qui surpasse la grandeur naturelle et s'accorde avec la profession qu'ils exercent. Leurs muscles, dit-on, ne sont pas fortement accusés. On y voudrait cette vigueur que révèlent des veines gonflées et apparentes, des tendons saillans, des articulations prononcées. Mais quelles nobles proportions! c'est la force mêlée à la grâce; c'est le beau idéal du genre. Si, en se mettant en garde, ils ne montrent que de la souplesse et de l'élégance, on juge des coups terribles qu'ils porteront dès que le combat sera engagé. Ne serait-ce pas un grossier contre-sens que de donner à des figures en repos, l'énergie qu'elles ne doivent montrer qu'au moment de l'action?

Je n'ai fait que passer, et vous vous en apercevez au peu de notes que j'ai recueillies. Souffrez pourtant que je vous arrête un moment dans les chambres de Raphaël. On a donné à chacune d'elles le nom du tableau principal qui la décore. Les sujets de la première sont l'Incendie du bourg Saint-Esprit, la Justification de Léon III devant Charlemagne, la Victoire de Léon IV sur les Sarrazins à Ostie, le Couronnement de Charlemagne dans l'église de Saint-Pierre. Dans la seconde, à côté de la simple et sublime école d'Athènes, on voit la Dispute sur le Saint-Sacrement, le Mont Parnasse et une allégorie de la Justice. Les peintures de la troisième chambre, sont la Punition céleste d'Héliodore envoyé par Séleucus Philopator pour piller le temple de Jérusalem, la Fuite d'Attila devant l'apparition de saint Pierre et de saint Paul, le Miracle de Bolséna, et l'Ange qui brise les liens de saint Pierre dans la prison. Raphaël commençait dans la quatrième, le tableau de la Victoire de Constantin-le-Grand sur Maxence au pont Milvius. Il en avait fait les esquisses. Deux figures étaient à peine terminées que la mort le frappa, et mit fin à des travaux dont l'immensité se conçoit à peine, quand on considère qu'il mourut à l'âge de trente-sept ans. Quelque secours que lui donnassent ses élèves, l'empreinte de son génie et la magie de ses pinceaux brillent dans tous ses ouvrages. Les principaux caractères de ses compositions sont un emplacement bien proportionné, une ordonnance simple, un dessin correct; l'expression vive et vraie des sentimens, des passions; un ensemble complet, où l'on reconnaît la puissance d'une vaste pensée dont aucun obstacle n'arrête l'exécution. Ce sont des créations d'un seul jet. On y trouve à la fois le charme de Racine et l'élévation de Corneille. Quel mélange surprenant de sujets dictés par l'histoire, puisés dans les mystères de la religion, inspirés par la fable ou conseillés par la philosophie! Et sa riche imagination suffisait à tout. L'action se passe-t-elle en plein air? le site sera spacieux, pittoresque; si c'est dans un temple, dans un palais, le genre de l'architecture y sera approprié; et la rareté des ornémens aidera à faire ressortir le sujet. Les draperies sont larges et motivées. Un goût délicat préside au choix des airs de têtes. Les figures ont un naturel inexprimable : elles vivent, se meuvent, agissent. L'ame ardente de Raphaël les animait du feu divin qui le consuma si rapidement. Il était beau. L'amour et les faveurs des femmes abrégèrent ses jours. Trompés sur la cause de son mal qu'il leur cachait, les médecins ne purent prolonger leur durée. Léon X et François Ier, Rome et la France le réclamaient, se le disputaient ; sa renommée commençait à peine, que déjà il appartenait à l'immortalité.

LA BASILIQUE DE SAINT-PIERRE. — SA COUPOLE.
SON ÉGLISE SOUTERRAINE. — LA BIBLIOTHÈQUE DU VATICAN.
SES JARDINS. — ASPECT DE LA RÉGION SACRÉE.

Rome, 16 novembre 1819.

Retournons encore à la basilique de Saint-Pierre : il nous reste à voir sa partie supérieure et l'église souterraine sur laquelle elle est construite. Un escalier de cent quarante-deux marches, large et facile, conduit à la première plate-forme. On est là au niveau des statues qui couronnent le frontispice. Ce ne sont que des masses à peine dégrossies ; et, vues d'en bas, elles semblent avoir le fini le plus parfait. Des couloirs ouverts dans l'épaisseur des murs, introduisent dans l'intérieur de la coupole. Une galerie règne à l'entour. Elle est garnie d'une barrière en fer, destinée à préserver de tout danger, les curieux qui la parcourent. Mais l'élévation est telle, une si grande profondeur se présente tout-à-coup, qu'on n'ose d'abord avancer. J'ai connu un voyageur qui, avec un jeune ménage, s'y était engagé sans précaution. Ils n'avaient pas atteint le quart de la circonférence, que le mari fut pris de vertige. Tourné vers le mur, il refusait également d'avancer ou de reculer. Une force inconnue, invincible le poussait à une chute certaine. Aucun raisonnement ne le dissuadait. Sa femme ne tarda pas à partager son effroi : des convulsions la saisirent. Seul, ne pouvant ni les rassurer, ni les ramener au point du départ, leur ami courut chercher du secours. Ignorant qu'ils se fussent arrêtés, un guide avait, en descendant, fermé la porte de la galerie. La nuit approchait. L'heure avancée ne permettait pas d'espérer que de nouveaux visiteurs vinssent les délivrer. Leurs voix se perdaient dans l'espace. Celui qui était resté maître de ses sens, écrivit quelques mots au crayon sur un morceau de papier, et l'attacha à son habit qu'il laissa tomber. Par hasard, un des sacristains passa, ramassa l'habit, lut le billet, et s'empressa d'aller mettre fin à leurs angoisses.

Pour éviter un accident semblable, il convient de se familiariser avec ce danger apparent, avant de s'y hasarder. Quelques momens suffisent pour dissiper les craintes imaginaires qu'il fait naître. La voûte est divisée en plusieurs compartimens, incrustés de mosaïques qui représentent des têtes d'enfans ailés, les Évangélistes, les Apôtres, Marie, Jésus-Christ, l'Éternel. De près, les pierres coloriées dont elles se composent, semblent comme jetées au hasard, et ne donnent qu'une idée confuse des peintures qu'elles imitent : tandis qu'à la distance pour laquelle elles sont calculées, leurs nuances se marient, se fondent; les lignes du dessin se rapprochent; l'harmonie des couleurs s'établit : et la plume, longue de dix-neuf pieds, que Saint-Mathieu tient dans ses doigts, n'a plus que des proportions naturelles. Partout les mêmes déceptions se reproduisent; et la surprise du spectateur se renouvelle à chaque pas.

Plus haut, la coupole se dédouble. Une seconde voûte enveloppe la première. A mesure que leur courbure augmente, l'intervalle qui les sépare, se rétrécit. Après avoir parcouru un long corridor, on monte par un escalier en charpente, à la lanterne qui domine tout l'édifice; et de là, à l'aide d'une échelle perpendiculaire en fer, on atteint le globe qui porte la croix. Treize personnes peuvent tenir à l'aise dans cette chambre sphérique, bien que, du niveau des cours, elle ne paraisse pas avoir un pied de diamètre. La croix est haute de treize pieds. Des échelons servent aux intrépides pour parvenir à son sommet et montrer une témérité inutile ; et aux ouvriers, pour aller faire des réparations périlleuses.

L'église souterraine de Saint-Pierre mérite également qu'on la visite. La crainte de troubler la cendre des martyrs de la foi, la fit respecter. Les murs, les voûtes, les arcs, les piliers, imposent par leurs dimensions colossales. Quelques chapelles sont ornées de marbres rares, de fresques, de tableaux en mosaïque. Au milieu reposent les reliques de Saint-Pierre. Des tombeaux épars renferment les restes de plusieurs papes, et de quelques rois ou empereurs morts à Rome. Néanmoins on se hâte de parcourir ces caves obscures, dont l'air est infecté de miasmes terreux qu'on n'aspire qu'avec dégoût.

Le tems nous a manqué hier pour entrer dans la bibliothèque du Vatican. Six interprètes, préposés au service public, se tiennent dans le cabinet qui la précède. Puis viennent les salles dont elle se compose. La première est tellement bigarrée de dorures, d'arabesques et de dessins bizarres, qu'on la prendrait pour le boudoir d'une Chinoise riche et coquette. Chacune des autres a une décoration particulière. Toutes les richesses de ce dépôt précieux sont soigneusement enfermées dans des armoires. Ici se trouvent réunis des manuscrits qui remontent à la plus haute antiquité; là, des livres dont le plus grand nombre date des premiers tems de l'imprimerie; plus loin, des médailles, des monnaies, des recueils considérables d'estampes anciennes et modernes; ailleurs, des collections de terres cuites antiques, curieuses pour l'élégance de leurs formes ou le dessin de leurs ornemens; enfin divers ustensiles de métal à l'usage des Grecs et des Romains, des images de leurs dieux, leurs amulettes, leurs colliers, leurs anneaux, leurs agrafes; plus tout ce que les catacombes contenaient d'objets appartenant aux premiers chrétiens et à leurs bourreaux. Ceux-ci, par un respect religieux, ont été mis à part. Dans le nombre sont les instrumens des supplices des martyrs. On ne peut concevoir le raffinement de cruauté qui les a inventés. L'art de prolonger les souffrances les plus aiguës, y est porté au plus haut degré de perfection. Les custodes mettent à montrer tout ce qui est confié à leur garde, une complaisance infatigable. Savans, artistes, élèves, regnicoles, étrangers, y ont les mêmes droits. Venez-vous les consulter? ils vous éclairent. Ne voulez-vous que voir? ils arrêtent votre attention sur les objets qui la méritent le plus. On a joint quelques tableaux à ces collections précieuses. Il en est aussi qui n'y figurent que comme ornemens des boiseries. Parmi ces derniers, j'en remarque plusieurs qui rappellent les principaux traits de l'histoire de Pie VI et de celle de Pie VII. L'une et l'autre se peuvent diviser en deux grands chapitres : les embellissemens du Vatican et les voyages des deux pontifes. Dans le premier, on les voit sans cesse recevant des plans de constructions, dirigeant des déblais, des fouilles, des travaux relatifs à l'étude de la terre classique soumise à leur empire. Le desséchement des marais pontins, est la seule entreprise d'intérêt public, qui ait trouvé place dans la vie peinte de Pie VI. Le trouble jeté par la révolution française dans l'existence des deux derniers papes, sert de texte au deuxième chapitre de leur histoire. On ne pouvait les montrer, ni sur les champs de bataille où ils n'allaient point, ni dans leurs conseils dont les résolutions ne s'exécutaient plus, ni dans la coalition des rois presque tous hérétiques dont la vraie foi répugnait sans doute à s'étayer. Ils sont représentés près de leurs carrosses gothiques, prêts à y monter ou à en descendre; partant pour leurs fréquentes migrations, ou revenant de leurs courses lointaines; résignés ou heureux, selon qu'ils quittent ou retrouvent leur résidence; enfin, l'un mourant à Valence, en odeur de sainteté, l'autre triomphant à la Romaine avec toute l'humilité d'un chrétien. Ces peintures, dépourvues d'expression et de coloris, dans lesquelles la vérité historique est le plus souvent sacrifiée à la haine minutieuse de la cour de Rome, sont indignes du lieu où on les a placées.

L'ordre et la magnificence qui ont présidé à l'arrangement des salles du Vatican, rendent plus sensible l'abandon où on en laisse les jardins. La rencontre des forçats préposés à leur entretien, n'y donne que des sensations désagréables. De grandes haies d'arbres verts bordent les allées, et offusquent la vue de toutes parts. Des ronces, des orties embarrassent les sentiers et dévorent les plate-bandes. Le spectacle de la nature embellie par l'art, serait-il donc au nombre des jouissances, dont la privation deviendrait méritoire? Voici cependant une fabrique ornée avec quelque goût. Au-devant coule une cascade alimentée par les eaux d'une fontaine voisine. C'est dans ce pavillon entièrement ouvert, que le Saint-Père donne, dit-on, audience aux dames; car il ne se permet jamais de les recevoir dans l'intérieur de ses appartemens.

Le mont Vatican ne faisait point partie de l'ancienne Rome. Il n'était pas même compris dans l'enceinte d'Aurélien. Celle qui le renferme est moderne. Ce n'est pas là que se passèrent les scènes mémorables de la république et de l'empire. Le théâtre de la grandeur et de la décadence des Romains, est au-delà du Tibre, dans le faubourg méridional de la ville nouvelle. Dirigeons-nous vers le Capitole, les forums de Trajan, de César et d'Auguste. Allons voir la région sacrée, témoin de tant de fêtes, de jeux, de combats, de triomphes et de proscriptions. Chemin faisant, reconstruisons en idée, les monumens décrits par les historiens, célébrés par les poètes. Il nous semble qu'à chaque issue, à chaque détour, nous devons nous trouver en leur présence. En avant d'un humble carrefour, s'étend un champ encombré de déblais, inégal, planté de quelques arbres rabougris qui croissent à regret entre ces fragmens de pierres, de chaux, de marbres et de briques. Il se nomme *il Campo Vaccino*, le marché aux bœufs. De loin à loin s'élèvent quelques colonnes réunies ou isolées, auxquelles sont suspendues des portions d'entablemens. Celles-ci appartenaient à un temple de Jupiter; celles-là, au temple de la Fortune. Cette autre fut érigée en l'honneur de l'empereur Phocas. En arrière, est l'arc presque entier de Septime-Sévère. Ailleurs, quel désordre! quelle confusion! la voilà pourtant cette voie sacrée qui conduisait du temple de Vénus et de Rome au Capitole! A droite étaient le temple de Junon Monéta, le forum, la basilique et le temple de Jules César; plus près, des constructions consacrées à Janus, le temple de Castor et Pollux, l'arc de Fabius, le palais des pontifes; et à l'extrémité, l'arc de Titus. Sur la gauche, on voyait les arcs de Germanicus et de Drusus, le temple de Mars-Vengeur, l'arc de Tibère, l'ærarium de Saturne, la basilique de Paul Émile, les municipes, le temple d'Antonin et Faustine, celui de Romulus et Rémus, et enfin celui de la Paix.

Ces monumens remplissaient l'espace compris entre les monts Capitolin, Palatin et Esquilin, dont les escarpemens, couverts jadis d'habitations somptueuses, de jardins magnifiques, sont nus maintenant, déchirés, amoindris par les éboulemens, et abandonnés à la culture de la vigne et au jardinage. Par cet amas de terre et de décombres, l'ancien sol se trouve élevé à une hauteur de quatorze à vingt pieds. Quelques-uns des nombreux édifices qui s'y pressaient, ont prêté leurs fondations ou l'appui des restes de leurs murailles, à des églises et à des couvens bâtis de leurs débris. Cependant c'était sur leur durée qu'Horace voulait mesurer celle de sa renommée. Ne disait-il pas?

> Usquè ego posterà
> Crescam laude recens, dùm Capitolium
> Scandet cum tacitâ virgine pontifex [1].

Ces temples, ces arcs triomphaux, ces palais,

---

[1] Hor., liv. III, od. 30.

> Mon nom, toujours plus grand, croîtra chez nos neveux,
> Tant que Rome verra la Vestale en silence
> Suivre, les yeux baissés, le prêtre qui s'avance
> Aux pieds du roi des dieux.
> (*Trad. de* Daru.)

sont détruits; et le nom du poète philosophe leur survit, environné d'une gloire immortelle. Plusieurs causes ont contribué à leur destruction : les dégâts occasionés par la succession des siècles, les ravages des barbares et des chrétiens, l'usage et l'abus des matériaux, les dissentions intestines des Romains. Toutefois le petit nombre de ruines qui avait échappé à ces dévastations, devint, dans les tems modernes, l'objet d'une surveillance particulière. Une sorte de respect s'y attacha. Pour les conserver, des papes amis des arts, combattirent d'abord par elle-même, la superstition qui les menaçait. Les temples du paganisme qui n'avaient pas été renversés, furent voués au culte des catholiques. Ceux-ci les défendirent alors, avec autant de zèle qu'ils en eussent mis à les détruire. Des fouilles commencèrent. La curiosité de l'Europe les encouragea par les profits que répandait dans Rome, l'affluence des étrangers. Elles durent une plus grande activité à la présence momentanée du gouvernement français, et se continuent maintenant avec ardeur. On déblaye les anciens niveaux. Des inscriptions découvertes nouvellement, rectifient des faits jusque-là controuvés. Aux conjectures des érudits succèdent des notions positives; et des clartés imprévues pénètrent les obscurités de l'histoire. Aussi est-ce un concours continuel d'allans et de venans dans ce marché immonde. Ni la difficulté des sentiers, ni la fatigue des recherches, ni l'importunité des mendians, ni la brutalité des bouviers, ni le passage de leurs bestiaux, ne rebutent les curieux. Romains et étrangers de tous les âges, prêtres et moines de toutes les robes, le parcourent à l'envi dans tous les sens. Les savans y viennent étudier; les instituteurs, donner des leçons à leurs élèves. Celui-ci mesure des distances; celui-là transcrit des noms et des dates; un troisième recompose des dimensions oblitérées : tous interrogent ces témoins muets d'un empire célèbre. C'est à qui fera revivre quelque souvenir échappé aux ravages du tems, comme s'il était donné aux hommes d'en préserver ni eux, ni leurs ouvrages. Quant à nous, Français, qui avons vu dans une si courte période, toutes les vertus et tous les crimes du fanatisme républicain; que tant de trophées militaires ont illustrés; à qui le génie de Napoléon a prodigué tous les triomphes; d'autres pensées nous viennent, dans ces lieux où se passèrent des faits non moins mémorables. Pourquoi nous étonnerions-nous qu'après tant de siècles, il en reste si peu de traces, lorsqu'il ne s'en trouve déjà presque plus de ceux qui sont arrivés de nos jours, si ce n'est dans quelques écrits timidement hasardés, et sur quelques monumens tolérés à regret? Les pays que nous avions conquis, sont devenus comme la rançon d'une gloire criminelle. Nos temples érigés en l'honneur de la patrie et de la victoire, ont été, comme ceux de Rome, livrés aux prêtres. Une aristocratie ennemie proscrit notre sainte liberté, notre égalité tutélaire. Nos mœurs publiques se corrompent. Avec elles nos lois changent : et de la grande nation, dont la renommée a un moment rempli le monde, il ne restera bientôt plus qu'une mémoire incertaine, confuse, qui aura, comme celle du peuple-roi, ses prodiges et ses incrédules.

Qui sait cependant? Un autre Montaigne viendra peut-être, et dira de nous ce que le nôtre se plaisait à dire de Rome : « Ie suis si emba-
» bouïné d'un autre siècle, que l'estat de cette
» vieille Rome, libre, iuste et florissante (car
» ie n'en aime ny la naissance, ny la vieillesse)
» m'interesse et me passionne. Parquoy ie ne

» sçaurois reveoir si souvent l'assiette de leurs
» rues et de leurs maisons, et ces ruynes pro-
» fondes iusques aux antipodes, que ie ne m'y
» amuse. Est ce par nature ou par erreur de fan-
» tasie, que la veuë des places que nous sçavons
» avoir esté hantees et habitees par personnes
» desquelles la memoire est en recommendation,
» nous esmeult aulcunement plus, qu'ouïr le
» recit de leur faict ou lire leurs escripts. *Tanta*
» *vis admonitionis inest in locis. Et id quidem in*
» *hâc urbe infinitum : quacumque enim ingredi-*
» *mur, in aliquam historiam vestigium ponimus.*
» Il me plaist de considerer leur visage, leur
» port et leurs vestements: ie remasche ces grands
» noms entre les dents, et les fais retentir à mes
» aureilles. *Ego illos veneror, et tantis nominibus*
» *semper assurgo.* Des choses qui sont en quel-
» que partie grandes et admirables, i'en admire
» les parties mesmes communes. Ie les veisse
» volontiers deviser, promener, et souper. Ce
» seroit ingratitude de mespriser les reliques et
» images de tant d'honnestes hommes et si va-
» leureux, lesquels i'ay veu vivre et mourir; et
» qui nous donnent tant de bonnes instructions
» par leur exemple, si nous les sçavions suyvre.
» Et puis cette mesme Rome que nous voyons,

» merite qu'on l'aime. Sa ruyne mesme est glo-
» rieuse et enflee :

Laudandis pretiosior ruinis.

» Encores retient elle au tumbeau des marques
» et image d'empire [1]. »

[1] Montaigne, *Essais*, liv. III, ch. 9, *De la vanité*.

LE PONT MILVIUS.
LA FONTAINE ACIDE. — L'ÉGLISE DE SAINTE-MARIE DU PEUPLE.
EMPLACEMENT DE LA SÉPULTURE DE DOMITIUS. — LA PLACE DU PEUPLE.
LES ÉGLISES DE SAINTE-MARIE DES MIRACLES
ET DE SAINTE-MARIE DE MONTÉ-SANTO.
LA RUE DU COURS. — LA PLACE COLONNE. — CELLE DE MONTÉ-CITORIO.
LE SECRÉTAIRE DE LA LÉGATION FRANÇAISE. — LE CAPITOLE.
LE MUSÉE DU CAPITOLE. — LA ROCHE TARPÉIENNE.

Rome, 17 novembre 1819.

Après avoir jeté un coup d'œil rapide sur l'ancienne Rome, et sur la basilique de Saint-Pierre, ornement principal de Rome moderne, mettons de l'ordre dans nos explorations : suivons l'itinéraire le plus renommé. Soumettons-nous, sinon à la distribution de ses journées, du moins à la marche qu'il indique. C'est du nord qu'abondent les voyageurs ; c'est aussi là qu'il les accueille, sur cette voie flaminienne par où ils arrivent, et où nous n'avons fait que passer. Il nous ramène au pont Milvius, à l'entrée duquel on lit sur le frontispice d'un arc, qu'il vient d'être réparé par Pie VII. Sur la gauche, à l'horizon, se dessine la chaîne des montagnes sabines, dont le sommet est parsemé de neige. A droite, s'élève le mont Marius, jadis *clivus Cinnæ*. Peu de détails historiques s'y rattachent. L'air qu'on y respire passe pour être malsain. Son site est mélancolique. Les étrangers y vont pour jouir de l'aspect de la ville et de ses environs. Lors de sa défaite, Murat s'y retrancha avec les siens, et n'y tint pas long-tems. A quel titre pouvait-il exiger du dévouement et de la fidélité?

A un demi-mille du pont Milvius, vers l'orient, coule une source peu abondante et légèrement acidulée. Alexandre VII la fit clore et embellir par le Cavalier Bernin. L'accès en est difficile, à cause des débordemens fréquens du Tibre qui l'envasent. Dans la belle saison même, cette fontaine est peu fréquentée. Aucune promenade agréable ne l'avoisine. On n'en peut citer ni les prés fleuris, ni les bords heureux, ni les riantes approches. Puisque rien ne nous y arrête, dirigeons-nous vers la porte du Peuple, qui se nommait autrefois la porte Flaminienne. Elle emprunte son dernier nom, soit des peupliers qui entouraient le mausolée d'Auguste, situé dans son voisinage, soit, ce qui est plus probable, de sa dédicace au peuple romain. A

gauche, en entrant, est l'église de Sainte-Marie-du-Peuple. Les dévots y vont visiter un portrait de la Vierge, peint sur bois, et qu'ils attribuent à Saint-Luc. La sépulture des Domitiens y appelle les curieux. On veut que le tombeau jeté par l'ordre de Pascal II sur le bord de la voie flaminienne, en ait fait partie, et que les cendres de Néron y aient été déposées. Néron mourut en effet à quatre milles de Rome, dans une petite maison de campagne appartenant à Phaon, son affranchi, entre les voies Salaria et Nomentana. Le sénat triomphait : il échappait à un despotisme sanglant; ou plutôt il sortait de son avilissement et de sa stupide servitude. Ivres de joie et d'espérance, les proscrits, les exilés, leurs familles, commençaient à respirer. La populace et les courtisans donnaient des regrets à l'empereur; mais on laissait à l'abandon, sa dépouille mortelle. Tout mort qu'il était, ses ennemis en avaient horreur; et il inspirait une sorte de terreur à ses propres familiers. Des femmes de sa maison lui gardèrent seules quelque affection et quelques égards. Suétone dit que « ses funé-
» railles coûtèrent 200 mille sesterces (40 mille
» livres). On y employa une étoffe blanche bro-
» chée d'or, qu'il avait portée le jour des ca-

» lendes de janvier. Ses nourrices, Ecloge et
» Alexandra, et sa concubine Acté, renfermè-
» rent ses restes dans le tombeau de Domitius,
» que l'on aperçoit du Champ de Mars, placé
» dans les jardins sur une hauteur. »

Après avoir soumis l'Égypte, Auguste fit transporter d'Héliopolis à Rome, un obélisque de granit rouge chargé d'hiéroglyphes, et plaça dans le grand cirque, ce trophée de sa victoire. Vers la fin du seizième siècle, la place du Peuple en fut décorée par Sixte-Quint. Il est haut de soixante-quatorze pieds, et posé sur un piédestal de vingt-cinq pieds d'élévation. La rue du Cours lui fait face. Elle s'ouvre par deux églises, Sainte-Marie-des-Miracles et Sainte-Marie *di Monte-Santo*, dont les façades uniformes se composent chacune d'un péristyle, surmonté d'un fronton et couronné par une coupole. Après avoir traversé la partie la plus peuplée de Rome, elle débouche par la rue Marforio, dans le *Campo Vaccino*. Sa direction est du nord au midi. Plusieurs églises, des couvens, de nombreux palais à plusieurs étages, dont les soubassemens sont convertis en boutiques, la bordent dans toute sa longueur : elle est d'une largeur médiocre. La teinte rembrunie des murs augmente son obscurité; et, quoique très-fréquentée, elle n'obtient pas plus de soins des édiles romains, que les quartiers de la ville les plus déserts. Vers le milieu, elle est interrompue par la place Colonne, prise sur le forum d'Antonin-le-Pieux. Le temple consacré par le sénat et le peuple à cet empereur, n'en était pas éloigné. Cette place est ainsi nommée d'une colonne qui en occupe le centre, érigée d'abord à Marc-Aurèle, dont les faits d'armes sont retracés sur la spirale en marbre qui l'enveloppe, puis dédiée par ce dernier, à son beau-père Antonin-le-Pieux. Bien que Sixte-Quint ait fait placer à son sommet une statue de saint Paul, elle conserve le nom de Colonne Antonine. La chrétienté n'a pu effacer ou anéantir toutes les gloires du paganisme. Il est des renommées que le tems lui-même respecte, quand il ne les agrandit pas. Ce n'était pas sans raison que les anciens Romains donnaient à des empereurs éclairés, sages, tolérans, philosophes, le surnom de *divins*. Ils les qualifiaient ainsi, non pour être arrivés au trône par la grâce de Dieu, mais parce que leurs vertus les rapprochaient de la divinité. Ce sont ceux-là dont les paroles sont passées en préceptes de morale, et dont on cite les règnes comme des exemples trop rarement suivis. Implorés dans les calamités publiques, ils étaient bénis durant les tems de prospérité. Les citoyens mettaient leurs images au rang des dieux domestiques : culte touchant et sincère, qui n'eut besoin ni de persécutions pour s'établir, ni de pontifes pour en remplir les rites, ni d'augures pour en expliquer les mystères; et auquel les adorateurs ont toujours moins manqué que les idoles.

Près de la place Colonne est celle de *Monte-Citorio*. Au milieu s'élève un obélisque égyptien, placé encore là par ordre de Sixte-Quint. Auguste l'avait amené à Rome, pour servir de style à un méridien de bronze fixé en terre dans le Champ de Mars. Cet obélisque se trouve devant la façade d'un palais dans lequel résident quelques fonctionnaires éminens, et où siégent différentes autorités publiques et fiscales. Les numéros de la loterie sont tirés et proclamés tous les quinze jours, sur le balcon du premier étage de ce palais : la foule des dupes y est encore plus considérable et plus empressée qu'à Paris. Le gouvernement croit sans doute s'absoudre de ce vol légal, en le faisant au grand jour et en public. Dans cette précaution, le petit nombre des gagnans voit peut-être la garantie de ses droits, et une sorte de légitimation de ses profits; à l'égard des perdans, elle n'est qu'un piége auquel ils viendront se prendre de nouveau. Ailleurs, les choses ne se passent pas autrement et n'en sont pas moins blâmables.

Puisque nous sommes près du palais de l'ambassade française, ne négligeons pas de nous y faire connaître, afin de pouvoir, à l'occasion, nous en réclamer. Aussi bien le nom de mon compagnon de voyage et le mien se trouvent réunis sur le même passe-port; et quelque difficulté s'étant élevée à ce sujet, il nous importe de les faire séparer. Nous ne rencontrons que le chevalier A...., secrétaire de notre légation. L'accueil que nous en recevons n'a rien ou presque rien de diplomatique. Cependant cette visite contracte, malgré lui et malgré nous, quelque froideur, de la réserve commandée par les fonctions qu'il remplit, et des préliminaires inséparables d'une première connaissance. Dans toute autre résidence, les lieux communs eussent été promptement épuisés. Ici, il y a des sujets d'entretiens sans nombre et exempts de danger : les ruines de Rome, leurs détails historiques, les piéges que tendent les marchands d'antiquités, l'art de s'en préserver, la statuaire grecque et romaine, les écoles étrangères et celle d'Italie, l'énumération des galeries les plus riches, le tact enfin qui sert à distinguer une copie d'un tableau original. Que de textes féconds et irréprochables! Sur ces divers sujets, la conversation du chevalier A.... n'est pas sans intérêt. Il a écrit des considérations touchant l'état de la peinture en Italie, durant les quatre siècles qui ont précédé celui de Raphaël. La littérature lui doit en outre une traduction du Dante. Malgré cela, il n'affecte aucune supériorité. Loin d'abuser de celle qu'on pourrait lui supposer, à peine en use-t-il; et sa modestie, comme il arrive fréquemment, tourne à son désavantage. Avec lui, la causerie, loin de s'enchaîner, se rompt. La fin de chaque phrase terminant aussi le discours, il ne tiendrait qu'à vous de penser qu'il n'a plus rien à dire. Mais ce laconisme d'idées et de paroles ne tient qu'à la tournure méditative de son esprit, et à la discrétion dont il paraît avoir pris l'habitude, dans la carrière qu'il suit déjà depuis long-tems. Au reste, il s'est prêté de fort bonne grâce à nous rendre le service qui nous avait amenés près de lui.

Montons maintenant au Capitole. Son nom se

mêle à toutes les époques fabuleuses ou historiques de l'ancienne Rome. Dès l'origine de la république, les Romains s'y réfugiaient quand la victoire était infidèle à leurs armes; vainqueurs, ils y suspendaient les dépouilles des ennemis qu'ils avaient vaincus. Tout en était sacré. De sa conservation dépendait celle de l'état. La foudre le frappait-elle? c'était un signe assuré de la colère des dieux. Devenait-il la proie des flammes? l'empire était menacé jusque dans ses fondemens.

« C'est, dit Tacite, la chose la plus honteuse
» et la plus déplorable qui soit jamais arrivée à
» Rome depuis sa fondation, que dans un tems
» où nous n'avions pas un seul ennemi étranger,
» où il ne tenait qu'à notre perversité que les
» dieux ne nous fussent propices, que, dans ce
» tems-là même, le temple consacré à *Jupiter*
» *le plus grand des dieux*, fondé solennellement
» par nos ancêtres pour être le gage de l'em-
» pire du monde, que ni Porsenna, après avoir
» dicté des lois à Rome, ni les Gaulois après
» l'avoir prise, n'avaient pu profaner, ait dû aux
» fureurs de nos princes son entière destruction.
» Il y avait eu auparavant un autre incendie du
» Capitole dans une guerre civile; mais ce fut
» l'ouvrage de quelques individus. Alors c'était

» un peuple entier qui l'assiégeait, qui le livrait
» aux flammes; et pour qui? où était le dédom-
» magement d'un si grand désastre? était-ce
» pour la patrie que l'on combattait? Tarquin
» l'ancien, dans la guerre des Sabins, avait pro-
» mis ce temple aux dieux; et il en avait jeté
» les fondemens, plutôt par je ne sais quel es-
» poir de notre grandeur future, que dans la
» proportion des faibles moyens d'un empire
» alors naissant. Servius Tullius, avec les con-
» tributions des alliés, et ensuite Tarquin-le-
» Superbe, avec les dépouilles de Suessa-Pomé-
» tia, ne tardèrent pas à élever l'édifice; mais
» la gloire de l'achever était réservée à la liberté.
» Ce fut après l'expulsion des rois, qu'Horatius
» Pulvillus, dans son second consulat, dédia ce
» monument si beau dès-lors, que depuis, l'im-
» mense fortune du peuple romain ajouta plu-
» tôt à la richesse du Capitole qu'à sa grandeur.
» On le reconstruisit sur le même emplacement,
» lorsqu'après avoir subsisté quatre cent quinze
» ans, il fut brûlé sous le consulat de Lucius
» Scipio et de Caïus Norbanus. Sylla victorieux
» entreprit la reconstruction; mais il ne fit point
» la dédicace, seul bonheur refusé à sa fortune.
» Le nom de Lutatius Catulus subsista jusqu'à

» Vitellius, au milieu de tous les embellissemens
» ajoutés par les Césars. Tel était l'édifice que
» les flammes consumaient alors ¹. »

Ces détails, de tels regrets, puisés à une telle source, en disent plus sur la magnificence de ce *palladium* de la république romaine, que n'en pourraient apprendre les plus minutieuses recherches, faites sur les lieux mêmes. Aucun des monumens sacrés ou publics, qui couvraient le mont Capitolin, ne subsiste plus. Leurs débris dispersés, ont été employés dans des constructions particulières. Tout s'est effacé, jusqu'au nom de ce lieu célèbre qu'on a changé en celui de *Campidoglio*. La colline s'est abaissée. Jadis on y montait par de larges degrés, par des rampes sinueuses : les pentes n'en sont maintenant ni rapides ni difficiles ; et le nouveau Capitole bâti à son sommet, n'est pas moins dégénéré de l'ancien, que les sujets du pape ne le sont des anciens maîtres du monde.

Quid brevi fortes jaculamur ævo
Multa ²?

[1] Tac., *Hist.*, liv. III-LXXII, *trad. de* Dureau de la Malle.
[2] Hor., liv. II, od. 16.

Pourquoi nous élancer au loin dans l'avenir ?
(*Tr. de* Daru.)

Le Capitole moderne se partage en trois corps de bâtimens isolés, qui occupent trois des côtés d'une place carrée. Ces édifices, ouvrages de Michel-Ange, sont peu dignes de son génie. Celui du milieu se nomme le Palais-Sénatorial; celui de droite, le Musée; celui de gauche, le Palais des Conservateurs. Au devant est un escalier, au pied duquel des lions de basalte donnent de l'eau par la gueule. Il se termine par une balustrade ornée de deux groupes, de deux trophées et de deux bornes antiques, disposés symétriquement. Dans chacun des groupes figurent une statue colossale et un cheval. Les statues représentent Castor et Pollux. L'une des bornes marquait le premier mille sur la voie appienne; l'autre avait été dédiée à l'empereur Adrien. Au centre de la place est une statue équestre de Marc-Aurèle, en bronze doré.

Le musée du Capitole, commencé par Clément XII, a été complété par Pie VII. Après avoir vu les richesses du Vatican, on a peine à comprendre que cette nouvelle collection ait pu être aussi considérable. On y compte plusieurs chefs-d'œuvre. Le marbre colossal que l'on voit en entrant, est l'Océan personnifié. A la majesté de son attitude, à la noblesse de ses traits, qui ne reconnaîtrait une divinité? Ce front haut, ce regard sévère, cette pose grave, ne sont-ils pas l'image du calme des flots? Si la colère venait à troubler le repos de cette figure imposante, ne serait-elle pas menaçante et terrible comme la tempête ? Comparons maintenant les deux statues de marbre noir qu'on semble avoir rapprochées à dessein d'une Diane chasseresse, pour montrer la perfection de la statuaire antique. Celles-là sont égyptiennes; celle-ci appartient à la Grèce. La cotte étroite et serrée des premières, les modèle sans altérer l'élégance de leurs formes; les contours de l'autre se devinent à travers un voile léger et étudié. Ici, on n'aperçoit aucune mollesse; là, aucune roideur. L'art n'a fait qu'imiter la nature et l'embellir de ses illusions. Réservons toutefois nos hommages pour la Vénus qu'on désigne sous le nom de Vénus du Capitole. Taille élevée, souplesse, corpulence voluptueuse, traits nobles et suaves, tout, jusqu'au choix de son âge entre la jeunesse et la maturité, se réunit pour en faire une beauté accomplie. Quel heureux assemblage d'une déesse et d'une mortelle! N'est-ce pas là cette mère de l'Amour, dont les feux pénètrent la nature entière, qui promet et donne le plaisir, dont les caresses, changées en de douces fureurs, plongent les sens dans une ivresse délicieuse. Gardons-nous de l'émotion qu'elle nous cause. Elle va se calmer en présence des empereurs et des philosophes, dont les statues et les bustes sont classés par ordre chronologique dans les galeries suivantes. L'imagination s'exerce, ou plutôt elle s'égare, à chercher sur ces marbres le caractère de ceux qu'ils représentent. Parmi ces nombreux portraits, reconnaîtriez-vous ceux de Messaline et de Sapho? A les en croire, Messaline était d'une laideur agréable, et Sapho d'une beauté commune; mais, ni l'impudique effronterie de la première, ni le génie et l'amour passionné de la seconde, ne se montrent sur leur visage. L'une n'annonce point la pusillanimité avec laquelle elle mourut; ni l'autre, le courage qui lui fit affronter la mort.

Nous faudra-t-il donc rencontrer partout nos dépouilles? et pourtant les Romains ne nous ont pas soumis encore; et leur Capitole n'est pas digne qu'ils y déposent les témoignages de nos revers. Voici le Faune de Praxitèle, l'Antinoüs égyptien, la Flore et la Junon du Capitole, le Zénon, l'Amour et Psyché, la Vestale, l'Agrippine assise, qui tous étaient naguère en notre possession. Hélas! voici encore le gladiateur mourant! Malgré nos vifs regrets, ne nous arrêterons-nous pas un moment devant lui? Comme il est tombé avec grâce! Avec quel courage il attend la mort! Que d'énergie dans les deux bras avec lesquels il s'efforce de se soutenir! quel ensemble harmonieux présentent toutes les parties de son beau corps! En lui, la bravoure reste après la défaite. La force de l'ame survit à la force physique. Près de s'éteindre, le flambeau de la vie brille encore dans ses yeux. Les antiquaires contestent que ce fût un gladiateur. Leur opinion se fonde sur son collier de corde, sur ses moustaches, sur les ornemens de son bouclier, sur les armes éparses autour de lui. Ils veulent que ce soit un guerrier, blessé sur le champ de bataille. Cependant, ne remplit-il pas mieux les conditions imposées par la profession terrible que d'autres lui attribuent? ne semble-t-il pas copié sur ces athlètes qui devaient recevoir le coup, plutôt que de l'esquiver contre les règles de leur art; qui renversés, s'offraient au glaive sans détourner la tête, se dessinaient en tombant, bravaient la douleur et attendaient la mort sans sourciller?

Tels étaient ces barbares. A leurs yeux, le consulat de Rome n'égalait pas une victoire remportée aux jeux olympiques. Le soin de plaire aux spectateurs, était leur unique étude. Tout couverts de blessures, ils faisaient demander à leurs maîtres s'ils étaient contens. Les lois, les usages, les mœurs concouraient à exalter ce genre de férocité. « Dites-moi quelque chose de vos » gladiateurs, écrivait Cicéron à Atticus ; cela » s'entend, s'ils ont été applaudis; car si l'on » n'en a pas été satisfait, je veux l'ignorer. »

La roche tarpéienne était sur le revers méridional du mont Capitolin. Un pauvre jardinier va nous la montrer. A défaut d'érudition historique et d'aucun art descriptif, il enflera sa voix et multipliera ses gestes. Suivons-le dans sa masure. Traversons la seule chambre qu'il possède, abritée par un toit rustique sous lequel vivent pêle-mêle avec lui, sa femme et plusieurs enfans déguenillés, des chiens, des poules, des chats et des cochons. Le mur de son petit jardin domine le précipice où Manlius fut lancé. Mais ne cherchez ni les horreurs ni les dangers du rocher terrible, ni les vestiges de l'escalier magnifique dont les degrés conduisaient à son sommet : ce n'est plus que la pente d'un coteau peu élevé. Une couche de terre végétale le couvre. Quelques arbres à fruits y croissent sans culture. La vigne rampe et se mêle aux herbes parasites qui lui disputent les sucs de ce sol presque abandonné. Çà et là, sont disséminées de hideuses chaumières. Quelques souvenirs qui vous aient amené dans ce lieu jadis redouté, combien, à son aspect, ils se dissipent promptement, pour faire place à la pitié qu'inspirent la misère et la saleté du bas peuple, dans cette Rome éclatante de la pourpre des cardinaux! Quelle erreur de penser qu'une populace aussi abrutie puisse jamais sortir de son asservissement! Réduite aux ressources d'un instinct presque animal, vivre, se conserver et se reproduire lui suffisent. Elle réalise, dans toute leur plénitude, les résultats ambitionnés par l'absolutisme autrichien et espagnol. Si les biens de ce monde pouvaient la tenter, le clergé romain qui en jouit, lui offrirait en échange ceux d'une autre vie, et serait cru sans examen. La raison ne l'éclaire point; et sa paresse aide à la convaincre.

FONCTION RELIGIEUSE DU CARDINAL MATTÉI.
L'ARC DE SEPTIME-SÉVÈRE.—LE MILLE DORÉ.—L'ESCALIER DES GÉMONIES.
LA PRISON MAMERTINE.— ASPECT DES DEUX CÔTÉS DE LA RUE SACRÉE.
UN DÎNER A L'HÔTEL DE L'AMBASSADE FRANÇAISE.
CONVERSAZIONE : CERCLE CHEZ LE BANQUIER T.....

Rome, 18 novembre 1819.

Ce matin le cardinal Mattéï officiait pontificalement dans la basilique de Saint-Pierre. Ces cérémonies, que les Italiens nomment *funzioni,* ne sont pas fréquentes. Les étrangers y assistent aussi régulièrement que les Romains, à qui elles procurent l'occasion d'obtenir des indulgences. Une grande messe est le fond de ce spectacle. Pour catholique-romain que l'on soit, on ne comprend rien à celle d'un prince de l'église. Hors la consécration et la communion qu'on lui apporte à faire, il emploie le reste du tems à des détails d'une étiquette vétilleuse. Assis dans un fauteuil, sur la plus haute marche de l'autel, il y est comme offert à la vénération des assistans. Un nombreux clergé vêtu d'ornemens somptueux, se groupe diversement autour de lui. A ses côtés, des acolytes portent des cierges allumés. Quelques clercs et ses domestiques l'aident à changer plusieurs fois de costume. Hors les instans rares où sa tête demeure découverte, on le coiffe alternativement de différentes mitres que des prêtres et des lévites tiennent respectueusement entre leurs mains. Le saint mystère, la majesté du lieu, tout semble oublié. Vers le célébrant, se dirigent tous les hommages. La pompe et l'éclat l'environnent. Le lin le plus fin, les plus riches dentelles couvrent sa pourpre. Ses habits sacerdotaux brillent de soie, d'or et d'argent, voire aussi de pierreries. L'encens brûle à ses pieds. On lui prodigue les génuflexions. Au reste, ces honneurs ne causent aucune surprise; on ne s'en offense pas, même dans le temple de la divinité, lorsque, comme en ce jour, celui qui les reçoit est un vieillard à cheveux blancs, dont les traits annoncent la pratique des vertus chrétiennes. Ses yeux baissés, ses mains jointes, son recueillement, témoignent qu'il les reporte à la divinité, dont il se regarde comme un humble ministre. Par intervalles, il psalmodie d'une voix affaiblie par l'âge, quelques versets. Il prie pour lui, pour tous les fidèles; et la vieillesse n'est-elle pas aussi un digne organe de la prière? En même tems, des accens mélodieux retentissent sous les voûtes sacrées. A la sévérité du chant grégorien, se mêlent les voix mélancoliques des soprani. Un orchestre habile y joint les accords de ses nombreux instrumens ; et la fête se termine par des hymnes joyeux, dont l'orgue répète les ritournelles. Alors Son Éminence est reconduite à la sacristie, où elle va quitter ses riches ornemens, et rendre grâce à Dieu du sacrifice qu'elle vient de célébrer. Son cortége se développe dans l'immense nef du temple. Le peuple, à genoux sur le socle des colonnes ou sur le pavé, s'incline pour qu'elle le bénisse. Mais en ce jour solennel, l'église distribue elle-même de nouvelles faveurs. Tout-à-coup le son barbare et discordant de plusieurs sonnettes se fait entendre. A ce bruit, la marche est suspendue. Des lévites placent devant le cardinal des carreaux sur lesquels on l'aide à s'agenouiller. Chacun se prosterne avec lui. L'une des fenêtres de la coupole s'ouvre à cent cinquante pieds de haut. Trois prêtres apparaissent sur le balcon. Deux d'entre eux remettent successivement au troisième, des reliques que celui-ci montre aux assistans, et qu'il promène sur eux en les élevant et les portant de droite à gauche et de gauche à droite. Cette bénédiction qui semble descendre du ciel, est reçue avec recueillement. Ceux qui l'ont donnée se retirent. La fenêtre est refermée. Les deux files de la procession se relèvent, continuent de marcher, et disparaissent, laissant après elles des nuages d'encens qui ne tardent pas à se dissiper avec la foule qui remplissait la basilique.

Revenons au pied du mont Capitolin, et cherchons de nouveaux souvenirs parmi les ruines entassées dans le *Campo Vaccino*. L'arc de Septime-Sévère était au pied du Capitole et faisait face à la rue Sacrée. Il est presque entier. Le gouvernement français et Pie VII l'ont retiré des décombres sous lesquels il était enfoui. Soit qu'on le voie de trop près, ou que ses proportions manquent de légèreté, il paraît plus lourd qu'imposant. Le sénat et le peuple romain le décernèrent à Septime-Sévère et à ses fils Antonin-Caracalla et Géta, en honneur de leurs victoires sur des peuples barbares. Il remonte à l'an de Rome 958. A côté se dresse le mille doré qu'Auguste fit poser pour servir de point de départ à toutes les distances marquées par des pierres milliaires. Les grandes routes aboutissaient à ce centre commun, et joignaient à la capitale de l'empire romain, les villes les plus éloignées. Leur rectitude était inflexible. Les lois y soumettaient les propriétés particulières. Les montagnes étaient franchies ou traversées à l'aide d'ouvrages superbes. Sur les fleuves les plus impétueux, des ponts hardis étaient jetés. L'état n'épargnait rien pour ces travaux. Dans les environs de Rome et de Naples, quinze siècles n'ont pu désunir le sable, le gravier et le ciment qui en formaient la base, ni disjoindre entièrement la lave ou le granit dont elles étaient pavées. Construites d'abord dans l'intérêt de la domination romaine, pour faciliter la marche des légions et les communications avec les provinces de l'empire, plus tard elles amenèrent des résultats sur lesquels on n'avait pas compté. Vainqueurs, les conquérans ne négligent rien pour maintenir sous leur domination, les peuples qu'ils ont soumis. Tous les moyens d'invasion les séduisent. Leur ambition s'accroît des facilités qu'ils inventent pour porter au loin la puissance de leurs armes. Mais ces mêmes voies demeurent ouvertes aux vaincus quand la victoire passe dans leurs rangs ; et les états reçoivent ainsi de nouveaux maîtres que d'autres chances ne tardent pas à remplacer. La France a-t-elle seule profité des admirables travaux qui ont aplani le passage du mont Cenis, celui du Simplon, et frayé un sentier sur le Saint-Bernard ?

En arrière de l'arc de Septime-Sévère étaient la prison Mamertine, et l'escalier qui descendait aux Gémonies, espèce de voirie des bourreaux qui avait la forme d'un puits. L'histoire fait de cet escalier, dont on voit encore quelques marches, le théâtre des exécutions populaires, des cruautés des empereurs, des fureurs de la soldatesque. Dans le haut un pont en pierre l'unissait à la prison. C'est de là que les cadavres des criminels ou des victimes étaient précipités. Les citoyens, en traversant le Forum, les voyaient tomber avec joie ou terreur, selon qu'usant de leurs droits populaires ils avaient participé à la condamnation, ou qu'asservis ils pouvaient craindre de subir le même sort. Pendant plusieurs jours ils retrouvaient sur les degrés, ces débris sanglans. Quelquefois ils les dispersaient, dans la fureur de leurs vengeances, ou dans leur docilité à la plus vile adulation pour le dominateur du moment. Vitellius qu'on y traîna pour le percer de mille coups, y rencontra les restes de Sabinus que ses prières n'avaient pu soustraire à la rage de la populace. Les statues des grands citoyens dont s'alarmait la république, y étaient portées et brisées. On y vit massacrer les fils de Séjan, qui sortaient à peine de l'enfance. Sa fille était si jeune, que, la loi défendant d'infliger à une vierge la peine capitale, le bourreau la viola pour la rendre apte au dernier supplice.

La prison Mamertine se compose de deux cachots voûtés. On y descend par un escalier qui est moderne. Auparavant les prisonniers y étaient introduits par un trou circulaire pratiqué au milieu de chaque voûte, et qui ne pouvait donner passage qu'à un seul individu à la fois. Une pierre pour siége, une borne pour table, sont les uniques meubles de cette basse-fosse. Selon les chroniques chrétiennes, Saint-Pierre y aurait passé neuf mois sous le règne de Néron. Dans un puisard à fleur de terre, se réunit l'eau morte d'une source presque tarie, dont la crédulité publique attribue la découverte à un miracle, et à laquelle elle suppose des vertus curatives.

Tant pour protéger les ruines de l'ancienne Rome, qu'en expiation des traces de paganisme qui couvrent encore la partie gauche de la rue Sacrée, ou enfin pour attirer quelque population dans cette région déserte, on y a multiplié les églises et les couvens. L'Église de St.-Pierre *in Carcere*, est bâtie sur l'emplacement de la prison Mamertine et des Gémonies. A la place des archives du sénat, s'élève celle de Saint-Luc. Celle de Saint-Adrien a été construite entre l'ærarium de Saturne et la basilique émilienne : on pense que son mur de face a appartenu à ce dernier édifice. Le temple d'Antonin et de Faustine est sous l'invocation de Saint-Laurent *in Miranda*. Sa façade profane a même été conservée. On la reconnaît à ses colonnes corinthiennes en marbre cipolin, à son entablement de marbre grec, à son noble portique, à ses frises sculptées de griffons et de candélabres. Saint-Cosme et Saint-Damien se sont emparés des autels de Romulus et de Rémus; et ceux de Vénus et de Rome ont été donnés à Sainte-Françoise romaine. Quels contrastes n'offrent pas ces singuliers rapprochemens? Partout les prêtres catholiques prient, aux mêmes lieux où ceux des dieux de l'Olympe offraient leurs sacrifices. L'antique Rome, malgré sa toute-puissance, a laissé périr son empire, sa religion et ses dieux : que sera-t-il des Romains modernes, de leur souverain mi-parti de ce monde et de l'autre, et de leur culte fondé sur la foi éclairée et respectable de quelques-uns, aux prises avec les sectes de la réforme, dont la tolérance tend à modifier le caractère exclusif, et qu'un zèle inconsidéré cherche à préserver des lumières du siècle, pour ne l'appuyer que sur l'ignorance et la superstition?

La plupart des monumens qui environnaient ou décoraient le Forum, ont été renversés de fond en comble. La partie droite de la voie Sacrée ne présente presque pas de constructions modernes. Quelques rues mal habitées la traversent. Vers le Vélabre, qui la séparait du Tibre, de nouvelles maçonneries liées à d'anciens murs, servent de hangars à fourrages et de magasins de menuiserie. Du reste, on n'aperçoit que deux églises : celle de Sainte-Marie libératrice, à l'endroit où était la curie d'Hostilius, lieu des séances du sénat; et celle de Saint-Théodore, bâtie sur les fondations du temple de Romulus, dont elle a conservé la forme circulaire. Cherchons la tribune aux

Harangues, qui retentit de tant de voix puissantes, qui décida du sort de tant de peuples, de tant de rois, de Rome elle-même et de ses plus vertueux citoyens. Quelle terre fut rougie du sang des Gracques? A quelle place le peuple entraîné par l'éloquence d'Antoine, vengea-t-il César de ses assassins, et lui rendit-il les honneurs funèbres? Où furent exposés les restes déplorables du plus grand des orateurs? En quel lieu Tibère prononça-t-il le panégyrique d'Auguste? N'est-ce point ici que les sénateurs furent foulés aux pieds par les soldats d'Othon, que n'arrêtèrent ni la vue du Capitole, ni celle des temples des dieux, ni le respect des anciens empereurs, ni la crainte de leurs nouveaux maîtres? A l'aspect de ces localités historiques, les souvenirs de l'antiquité se pressent dans la mémoire du spectateur. Son ame en est émue. Il ouvre par la pensée, ce sol que tant de gloires diverses illustrèrent. Il rassemble les débris des édifices qui en décoraient la surface. Évoquant les grandes ombres des magistrats, des guerriers, des prêtres de la république et de l'empire, il entend leurs discours éloquens, se mêle à leurs pompes triomphales, assiste à leurs cérémonies. A travers l'enthousiasme du peuple-roi pour les vertus civiques, et sa jalousie pour les prérogatives que lui donnaient les lois, il entrevoit sa versatilité, son inconstance et sa docilité à la corruption. Pour quelques défenseurs ardens et désintéressés de la patrie, combien d'ambitieux ne compte-t-il pas? Pour quelques consuls, quelques empereurs dignes de ce nom, combien de dépositaires de l'autorité publique, ombrageux et cruels; combien d'ignobles et sanguinaires tyrans! Ramenée à ces tems classiques, son imagination en reproduit les faits. Il croit en être témoin : mais un pénitent, un capucin vient à passer; et cette rencontre dissipe aussitôt l'illusion qu'il se plaisait à entretenir.

C'est ainsi que la mienne s'est évanouie. L'heure m'appelle au palais de l'ambassade de France. Mon compagnon de voyage et moi sommes invités à y dîner, en retour de la visite que nous avions faite à Son Excellence M. le comte de B..... d'A....., pair de France et ambassadeur extraordinaire de S. M. T. C. auprès du Saint-Siége, qui daignera m'excuser si je néglige quelqu'un de ses titres; car un grand seigneur regarde cet oubli, sinon comme une impolitesse, au moins comme une inconvenance. M. de B..... est d'une grande taille. Je ne dirais pas s'il doit aux habitudes de la cour ou à sa conformation naturelle, la courbure sensible de sa colonne vertébrale. Il a toujours l'air de se baisser pour écouter : ce qui n'est pas une manière moins dédaigneuse de prêter attention, que s'il tenait la tête droite et en arrière, et que son regard plongeât de haut en bas, comme j'en ai vu d'aucuns qui m'ont toujours paru fort ridicules. Sa figure est belle quoique froide. Il s'efforce de tempérer sa hauteur par des manières polies, prévenantes, attentives; et il y réussit par momens. Quelque familiarité ne lui répugne point, pourvu qu'on n'en prenne que ce qu'il en veut bien accorder, et qu'on lui sache gré de la condescendance avec laquelle il s'y prête. Il affecte la perspicacité, la pénétration, le coup-d'œil d'un observateur. Il écoute moins qu'il ne parle, et s'anime quelquefois en parlant. Ce qu'un autre chercherait dans vos discours, il l'attend de l'impression que les siens feront sur vous. Peut-être est-ce un moyen de ne pas perdre à vous étudier, plus de tems qu'il ne lui convient d'y en mettre. On trouve en lui la fine fleur d'urbanité qui distingue les courtisans. Ministre de la maison de Louis XVIII pendant la première restauration, il suivit la bonne et la mauvaise fortune de son maître. Ses conseils contribuèrent-ils à la chute de la monarchie renaissante ? ou bien ne furent-ils pas écoutés? ou encore n'était-il au pouvoir de personne d'éviter cette déroute? Les opinions ne se sont point accordées à cet égard. Pourquoi adresser à S. E., plus de reproches qu'aux autres conseillers des Bourbons? Tous les méritent également. La connaissance des tems, des hommes et des choses leur manquait. S'ils trompèrent le roi de France, ce fut par ignorance et de très-bonne foi, comme ils se trompaient eux-mêmes.

Les convives au nombre desquels nous avions été admis, n'étaient pas nombreux : c'était, comme on dit, une réunion de famille. Dans le salon, le premier abord et les premiers mots furent froids et cérémonieux. Quelques questions et des paroles obligeantes de la part de M. l'ambassadeur; de la nôtre, des réponses brèves et des expressions de reconnaissance, laissaient tomber à chaque instant la conversation. A table, elle s'engagea d'une manière plus suivie. Les sujets sur lesquels S. E. la reporte plus volontiers, et qu'il semble toujours abandonner à regret, sont les objets d'art, l'histoire ancienne, les antiques, les médailles, les monumens. Il a créé et il possède un cabinet précieux, considérable, dont la formation a agrandi le cercle de ses lumières dans ce genre. Les documens positifs sur lesquels elles se fondent, lui donnent une assurance tant soit peu entachée de pédantisme. Il s'énonce en termes choisis et techniques, qui dénotent en même tems l'homme du monde et l'érudit. Quiconque cultive les arts, trouve accès auprès de lui. Il cite avec vanité le dessein qu'il a formé de lever le plan de l'ancienne Rome, d'assigner la place de ses édifices, et de rendre ainsi à l'histoire l'authenticité dont quelques-unes de ses parties manquent encore. Dans cette vue, il protége spécialement un architecte pensionnaire de l'académie française, doué d'un goût pur, d'un crayon facile, d'une instruction remarquable et des plus aimables qualités. Il l'occupe maintenant à mesurer et décrire l'espace compris entre le Colisée et le Capitole, et presque toute la région sacrée. Ce jeune lauréat est fils du peintre L...., qui est plus connu par sa paresse et l'abandon de son art, que par le talent dont il avait fait concevoir de grandes espérances.

L'embarras de cette première entrevue s'était

entièrement dissipé, quand nous rentrâmes dans le salon. Après s'être entretenu sur le passé, l'on en vint à parler du présent, du pape, de son gouvernement, de la cour de Rome, des cardinaux. Pie VII est fatigué. Le poids des années, les infirmités, les peines morales, ont hâté sa vieillesse. Ce qu'il aurait pu donner encore de soins à ses états, son salut et l'autre vie le réclament. La capacité reconnue du cardinal Consalvi, échoue devant la mauvaise distribution du pouvoir. Chacun des dépositaires d'une portion de l'autorité, garde dans la limite de ses attributions, une indépendance absolue. Ce serait déchoir, non-seulement d'en délibérer avec les autres, mais même de les consulter, hors quelques cas réservés, car il y en a nécessairement en politique comme au tribunal de la pénitence. « D'ailleurs, a ajouté un *ultrà*, familier de la table diplomatique, tout proscrit que fut monseigneur Consalvi par *Buonaparte* (en pesant sur l'*u* : ce qui est parmi certaines gens du bel air une manière de sarcasme jovial, qu'ils substituent quelquefois à *l'ogre de Corse*), on sait que S. E. le secrétaire d'état du Saint-Siége, est assez entichée de principes libéraux qui ne laissent pas d'inspirer de la méfiance.» Le défaut d'ensemble entre les gouvernans donne à l'administration une marche indécise, vague, excentrique, aussi défavorable à l'intérêt général qu'au bien-être des particuliers. L'industrie est à peu près nulle, et le commerce restreint aux consommations locales. Quoi qu'il en soit, on jouit à Rome d'une grande liberté. Nul ne s'en refuse l'usage. Dans les lieux publics, on ne craint point de discuter sur des sujets politiques. Près du tribunal secret de l'inquisition, les livres qu'il a prohibés trouvent des vendeurs et des acheteurs. Les pratiques de la religion semblent plutôt favoriser les plaisirs, qu'y opposer des obstacles. Notre règne passager et le séjour de nos soldats, n'ont point diminué le penchant des Romains pour les étrangers, pour nous surtout. Mon accent m'a déjà mis souvent dans la confidence de quelques regrets, qu'on eût mieux cachés s'ils étaient épiés par une police soupçonneuse. Tout paraissait français en M. de B..... et chez lui. De nombreux domestiques faisaient le service ; et je ne doutais point que les convives ne fussent affranchis de l'usage honteux de les payer, établi à Rome comme dans le nord de l'Europe. En me retirant, tandis que j'avançais entre les deux haies de la livrée, l'agitation se peignait dans les yeux des valets. Elle augmentait selon que j'approchais de la porte, et qu'ils craignaient davantage que la *buona-mano*, comme ils nomment cet impôt, ne vînt à leur échapper.

> Lors guarissant leur mal du premier appareil,
> Je fis dans un escu reluire le soleil.
> De nuict dessus leur front la joie estincelante,
> Monstroit en son midy que l'âme estoit contente [1] ;

et je fus absous de mon incongruité.

De ce salon nous allons passer dans celui d'un banquier. C'est aujourd'hui son jour de *conversazione* : ce serait une *soirée* à Paris, un *rout* à Londres, et, je l'ai éprouvé, de l'ennui partout. Selon le rang qu'il tient, celui qui vous invite attache à cette politesse plus ou moins d'importance, comme il vous est loisible à vous-même de le faire. Celle qu'y met le maître de ce logis, est extrême; et il saura la rehausser, si, par hasard, vous n'y attachez pas la même valeur qu'il lui donne. Un large escalier éclairé d'une lampe, sale et couvert d'immondices, conduit à la porte principale des appartemens. Affublé d'une casaque tachée, un valet demande votre nom, et le transmet fort estropié à l'un de ses

---

[1] Régnier, sat. XI.

camarades placé à l'entrée de la pièce suivante. Celui-ci le répète à l'huissier de la chambre prochaine, qui l'annonce à un autre, jusqu'à ce qu'enfin vous trouviez celui qui vous remet à un grave personnage vêtu de noir, frisé, poudré et le chapeau sous le bras. Ce dernier est à la porte du salon. A peine a-t-il prononcé ce qui reste de votre nom à travers toutes ces annonces, que le mari de la fille de la maison vous accueille. Il est chargé des premiers honneurs, et s'en acquitte à merveille. Il vous fait connaître de madame sa belle-mère, qui, après avoir enchéri sur les civilités que vous avez déjà reçues, vous quitte presque aussitôt, pour aller faire la même gracieuse politesse et les mêmes complimens à ceux qui viennent après vous. Introduit, et établi de cette façon, si l'on peut le dire, il est possible que personne plus ne vous adresse la parole, ou même ne vous regarde, si celui qui vous fait l'honneur de vous admettre chez lui, ne vous honore d'une exception. Son usage est de ne se montrer que lorsque la cohue est complète, et que sa vanité pourra savourer le plaisir de faire un plus grand effet. En attendant, la foule arrive. Le même cérémonial se renouvelle pour chacun. On se presse, on se hausse sur la pointe des pieds pour voir les arrivans. Cette revue n'est pas sans intérêt pour un étranger : elle en a probablement beaucoup plus pour les nationaux. On entend se croiser les titres, les noms italiens, anglais, allemands, peu de français. La voix de l'introducteur retentit à chaque seconde : *la signora, la contessa, la marchesa.* Qu'est-il nécessaire de les désigner par leurs noms ? ne les reconnaissez-vous pas pour des Romaines ? Quelques-unes sont fort belles. On les distingue à leur teint plombé, à leurs yeux vifs, à leur embonpoint qu'elles ne dissimulent guère, à leur ajustement négligé, à leur fichu fort ouvert, à la familiarité de leurs signes, de leurs gestes, de leurs regards. Ne vient-on pas de crier, *milady, miss ?* oui, oui, ce sont des Anglaises. Quelle froideur ! que de sécheresse ! quelle dignité disgracieuse et pédante ! Ne se trahissent-elles pas aussi par les vieilles modes parisiennes, qu'elles étalent comme pour les vendre, et dont elles voilent avec pruderie, des attraits que personne ne cherche à découvrir ? Entre les éminences qui se présentent, vous démêlez celles qui sont en crédit, selon le murmure qui s'élève, la place qu'on leur laisse pour passer, et l'air protecteur qu'elles se donnent. Si c'est un cardinal galant, voyez les femmes et de quels yeux il les regarde. Les évêques, les prélats, les *monsignori*, de simples abbés entrent à la file. Chacun circule, se place, s'assied; on se cherche, on s'aborde : les rangs se confondent. Tout le monde parle haut. Quelques aparté mystérieux s'établissent. Parmi la gaze légère, les plumes et les fleurs, on aperçoit la soie pourpre ou violette. Ici, de doux reproches s'adressent à un prince de l'église. Là, un évêque cherche à entretenir le tendre commerce qui émousse les austérités de son ministère; et l'essaim folâtre des abbés promène partout ses grâces et son inconstance.

Enfin, l'Amphitryon s'avance. Il vient recevoir les félicitations et les remercîmens des conviés. Il est maigre, et d'un extérieur désagréable. Vous ne connaîtriez pas ses titres et ses décorations, que son imperturbable suffisance vous le désignerait. Il porte d'ailleurs une énorme clef de chambellan du roi d'Espagne, que Ferdinand VII lui a donnée en échange d'un prêt d'un demi-million de francs, ce qui, soit dit en passant, est un peu cher; car vous savez bien à quoi se réduisent les emprunts espagnols. Après les premiers complimens, qu'il se donne la peine de distribuer de côté et d'autre, il fait choix d'un interlocuteur, heureux ou malheureux de cette préférence. J'ai été le plus favorisé. Personne n'écoute mieux et plus complaisamment que moi; et il y trouvait du plaisir, puisqu'il s'y est repris à plusieurs fois. D'abord, il a parlé de finance et de banque, ajoutant qu'il avait prêté des sommes considérables à divers souverains; qu'on ne saurait mettre trop de discernement dans le choix des crédits; qu'en France, les banquiers se mêlaient mal à propos d'affaires publiques; qu'ils n'étaient pas assez riches en propriétés foncières; qu'il en avait, lui, pour quatre millions. « Aussi, continuait-il, on est fort tranquille sur les fonds qui me sont confiés. Vous avez à Paris, des maisons dont les chefs courent avec trop d'ardeur les faveurs populaires. Les boueurs formeraient une assemblée, que ces messieurs en brigueraient la présidence. Ils sont de toutes les associations et de toutes les compagnies, sans trop se rendre compte des résultats qu'elles promettent. Y parler leur suffit; et quelquefois ils y siégent encore, que leurs actions dont ils ont reconnu le peu de valeur, ont passé, en tems utile pour eux, dans d'autres mains où elles périssent. Je suis d'avis qu'on n'a pas trop de tems pour soigner ses propres intérêts, sans aller le perdre à faire parade d'une vaine élocution. N'êtes-vous pas frappé comme moi, de ce qui se passe aujourd'hui? Qu'il se publie un livre de la dette publique, du crédit, de l'amortissement : ce sera l'ouvrage d'un homme vieilli au timon de l'état. Tout ce que l'étude et l'expérience lui auront appris, s'y trouvera. Aussitôt, on le lira bien ou mal, et avec avidité; et de toutes parts la critique le déchirera. Vous entendrez dire que la question y est envisagée de trop haut ou de trop bas; qu'on y a tenu trop ou trop peu de compte de la situation politique de l'Europe; qu'il ne s'y trouve pas assez de détails statistiques; que les données reposent sur un système d'agriculture mal apprécié, sur une industrie mal combinée dans ses rapports avec la consommation, sur une balance de commerce dont les poids sont mal répartis, sur des monnaies mal étudiées. On aura mille raisons d'attaquer l'auteur. Son style même deviendra l'objet de la censure, comme si les fleurs de rhétorique convenaient également à tous les sujets. Eh bien! réunissez autour d'un tapis vert, vingt des parleurs du siècle; soumettez-leur les questions les plus ardues des finances, du commerce, des monnaies : aucun n'écoutera ; tous parleront, souvent sans attendre leur tour. Au milieu, une voix plus sonore s'élève, à qui les faveurs de la fortune donnent de l'assurance. Les lieux communs se présentent à sa faconde. Elle abonde en généralités triviales. Quelques axiomes d'une théorie vague, étrangère aux faits les plus communs, sont proférés comme des vérités nouvelles. Les ignorans s'étonnent de tant de sagacité ; les médiocres s'en veulent faire un appui ; et deux heures suffisent pour créer une réputation transcendante. C'est le titre pompeux d'orateur qui égare. Si on nommait ces gens-là des discoureurs, je n'ose dire des bavards, vous n'en verriez pas tant. Il sied aux Romains d'être difficiles sur ce point ; nous sommes les compatriotes de Cicéron. » A peine m'était-il permis de glisser quelques mots d'approbation à l'appui de cet accès d'humeur, que, soit dit entre nous, je suis assez enclin à partager.

« Dieu me garde, a repris le noble banquier, de censurer la conduite de personne ; mais je ne puis approuver ce besoin de se mettre en scène, de se pavaner, de se couronner, pour ainsi dire, soi-même : tout cela est de la vanité.

Grâce au ciel, je sais éviter l'éclat. Mon nom est connu, cité. Je suis fort riche. Les arts trouvent en moi un protecteur éclairé. J'ai fait bâtir un temple dans le plus beau de mes palais, pour loger l'Hercule de l'immortel Canova, chef-d'œuvre que j'ai payé trois mille louis. Avez-vous vu mon palais de représentation? car j'en ai plusieurs. — Non, monsieur. — Je vous permettrai volontiers de le voir. J'en suis allé moi-même chercher à Paris, les meubles, les glaces et les lustres, qui m'ont coûté beaucoup d'argent. J'y ai donné une fête splendide à l'empereur d'Autriche; mille invités s'y sont trouvés à la fois, et n'étaient gênés nulle part. Dans votre capitale, si vous réunissez cinquante personnes, le salon, et une petite pièce attenante que vous nommez un boudoir, sont encombrés. Il faut ouvrir la chambre à coucher de la maîtresse de la maison. Ici, nous avons de vastes logemens. Je vais vous en convaincre. » En même tems, il m'a devancé, adressant à ceux qu'il rencontrait quelques propos accommodés au degré d'égards qu'il jugeait leur devoir, et sans jamais quitter le ton d'une supériorité risible. L'un de ses salons est tapissé de vieux lampas à grands bouquets de couleur surannée; un autre, de papier peint flétri, dont les angles décollés retombent carrément, et mettent à nu une partie du mur. Un troisième peint en détrempe, a perdu ses nuances, et n'a gardé, en quelques endroits, que des fragmens de guirlandes fanées. L'obscurité règne presque partout, à cause de l'économie des bougies, et de la mauvaise qualité de l'huile des lampes. La dorure des meubles la plupart gothiques, commence à rougir. De larges taches permettent à peine de distinguer la teinte primitive des tables à jouer. Cependant, l'heureux possesseur de ce palais enfumé, n'oubliera pas de vous en montrer jusqu'au moindre réduit. Satisfait de cet étalage, il cherche dans vos yeux l'étonnement que, s'il s'en croit lui-même, tant de luxe doit exciter en vous; et quand son attente est trompée, quand vous n'éclatez pas en admiration, en exclamations, il se rabat sur le palais d'apparat où il se tient dans ses grands jours de réception. Je viens de l'entendre y renvoyer des joueurs de billard qui se plaignaient que le drap, la table et les ustensiles de celui sur lequel ils essayaient de jouer, ne valaient rien.

« Vous le voyez, a-t-il ajouté en se tournant vers moi; tout vous prouve avec quelle magnificence nous remplissons les devoirs de l'hospitalité. Nous nous en piquons jusque dans les plus petites choses ; et vous me permettrez de vous dire, qu'à Paris, vous ne pratiquez pas si exactement cette antique vertu. Dans un voyage que j'y fis, ma voiture se trouva avoir besoin de réparations. L'un de vos principaux banquiers, mon correspondant, m'offrit son sellier. Après examen, on jugea que, moyennant cent trente francs, ma voiture serait remise en état. J'y consentis ; mais l'ouvrier prétendit, en me la rendant, que d'autres travaux avaient été indispensables, et me présenta un mémoire de cent cinquante francs. Un débat s'éleva entre nous, devant le juge de paix à qui je le soumis moi-même, et qui m'alloua une remise de dix francs. Monsieur, je quitterais un ouvrier qui surferait ainsi un de mes recommandés. Croiriez-vous que votre Français en riait ? »

Quel mélange d'ostentation et de parcimonie, de vanité et de petitesse ! Des sorbets, des rafraîchissemens ont été offerts de bonne heure, par un grand nombre de valets, presque tous vêtus d'habits d'emprunt. On s'est retiré ; et, pendant plusieurs jours, il n'a été bruit que du choix de cette société, de la magnificence de l'Amphitryon, des diamans de telle lady, de la coquetterie de telle jeune princesse romaine, des assiduités du cardinal A.... près de la belle marquise de C....., et des manières séduisantes de monsignor ***.

UN QUÊTEUR. — L'ARC DE TITUS. — LE MONT PALATIN.
SES MONUMENS. — LE PALAIS DE NÉRON. — LES JARDINS FARNÈZE.
LES CHAMBRES DE LIVIE. — L'ARC DE CONSTANTIN. — LA BORNE-FONTAINE.
LE COLISÉE. — LE MONT CÆLIUS. — L'ÉGLISE DE SAINT-ÉTIENNE-LE-ROND.
CELLE DE SAINTE-MARIE DE LA NACELLE. — LE PALAIS DE SCAURUS.
LA VILLA MATTÉI. — L'ARC DE DOLABELLA.
LA PLACE ET L'ÉGLISE DE SAINT-JEAN-DE-LATRAN. — LA VILLA GIUSTINIANI.
LA SANTA-SCALA. — L'AQUEDUC DE NÉRON.
LE TEMPLE DE VÉNUS ET DE L'AMOUR.
LA PORTE MAJEURE. — LE TEMPLE DE MINERVE SANITAIRE.

Rome, 19 *novembre* 1819.

Quel est donc le quêteur qui marche devant nous? Il est vêtu d'un sac de grosse toile écrue, ceint d'une corde et coiffé d'un capuchon ouvert comme un masque vis-à-vis de ses yeux. Sa démarche semble enhardie par ce déguisement. A chaque porte, il entre avec assurance, tend en silence un tronc de ferblanc, et reçoit presque partout quelque aumône. Est-ce pour un couvent, pour les pauvres, ou pour lui-même qu'il demande? Ne pourrait-il solliciter la charité publique, sans se travestir ainsi? La police n'a-t-elle rien à craindre d'une pareille forme de mendicité? La vue en est effrayante. C'est une espèce de sauve-garde pour le brigandage. Les habitans doivent s'en inquiéter. Aux yeux des étrangers, elle porte un caractère d'hypocrisie qui répugne.

Mais nous touchons à l'arc de Titus, au pied duquel nous nous étions arrêtés hier. Il n'a qu'une porte. Un attique le couronne. Les bas-reliefs dont il est orné, retracent les victoires de cet empereur sur la Judée, et la prise de Jérusalem. On y voit des juifs enchaînés au char du vainqueur, et les dépouilles de leurs temples servir de trophées à sa pompe triomphale. Cet arc tombe en ruines. Des racines de plantes et d'arbustes en disjoignent les assises. Les juifs, tolérés à Rome, évitent d'en approcher. L'état d'abjection dans lequel leur nation y est représentée, et la profanation des instrumens de leur culte, les en tiendraient éloignés, lors même qu'ils ne leur rappelleraient pas que, pour les punir d'une révolte, Titus les fit vendre dans un marché, au même prix que les cochons dont la loi de Moïse leur défend de se nourrir.

Une ruelle dépavée va nous conduire par une pente douce, sur le mont Palatin. C'est là que

les empereurs se plaisaient à déployer leur magnificence. Vers le Tibre, était le palais d'Auguste; en arrière, le temple qu'il avait consacré à Apollon; au milieu, une bibliothèque grecque et latine. Du côté du Forum, on voyait les édifices construits par Tibère; en face du Capitole, ceux de Caligula, qui y communiquaient par un pont que Claude démolit; enfin, vis-à-vis des monts Esquilin et Cælius, ceux dont Néron agrandit la demeure des Césars. Un incendie, dont l'histoire l'accuse, dévora ces immenses constructions, et quatorze quartiers de Rome. Six jours et sept nuits suffirent pour opérer ce ravage. « Outre un nombre infini de maisons
» particulières, dit Suétone, le feu consuma
» celles des anciens généraux romains, encore
» ornées des dépouilles ennemies, les temples
» bâtis par les rois de Rome ou pendant les
» guerres des Gaules et de Carthage, et tous
» les monumens les plus remarquables de l'an-
» cienne république[1]. »

On lit dans Tacite que, « l'incendie commença
» dans la partie du Cirque contiguë au mont Pa-
» latin et au mont Cælius. — Ravageant d'abord

[1] Suét., *Néron*, xxxviii, trad. de La Harpe.

» tout ce qui était de niveau, puis s'élançant
» sur les hauteurs, et de là redescendant en-
» core, il prévint tous les remèdes par la rapi-
» dité du mal, et par toutes les facilités qu'y
» donnaient des rues étroites, irrégulières et
» tortueuses, comme celles de l'ancienne Rome[1].
» Il serait difficile de compter ce qu'il y eut de
» palais et de temples détruits. Les plus anciens
» monumens religieux, celui que Servius Tul-
» lius avait érigé à la lune ; le grand autel et le
» temple consacrés par l'arcadien Évandre à Her-
» cule, alors en Italie ; celui de Jupiter Stator,
» voué par Romulus; le palais de Numa et le
» temple de Vesta, avec les pénates du peuple
» romain, furent entièrement consumés : sans
» parler de cet amas de richesses acquises par
» tant de victoires, de tous ces chefs-d'œuvre
» de la Grèce, et d'une foule de manuscrits au-
» thentiques, anciennes créations du génie,
» que les vieillards se ressouvenaient d'avoir
» vus, et dont toute la magnificence de la nou-
» velle Rome n'est pas capable de faire oublier
» la perte[2]. »

---

[1] Tac., *Ann.*, liv. xv, 38, *trad. de* Dureau de la Malle.
[2] Tac., *Ann.*, liv. xv, 41, *idem*.

« Néron, continue l'historien, s'établit sur les
» ruines de sa patrie, et il y éleva un palais
» moins étonnant encore par l'or et les pier-
» reries, embellissemens ordinaires et depuis
» long-tems prodigués par le luxe, que parce
» qu'on y voyait des champs de blé et des lacs,
» des espèces de solitudes avec des bois d'un
» côté, de l'autre des espaces découverts et des
» perspectives ; le tout exécuté d'après les plans
» de Sévérus et de Céler, qui mettaient leur
» génie et leur ambition à vouloir obtenir par
» l'art ce que la nature s'obstinait à refuser, et
» qui se jouaient de tous les trésors du prince[1]. »

« Rien ne lui coûta plus cher, dit Suétone,
» que ses bâtimens. Il étendit son palais depuis
» le mont Palatin jusqu'aux Esquilies. Les aug-
» mentations qu'il y fit furent d'abord appe-
» lées la *Maison de Passage ;* mais le feu ayant
» consumé l'édifice, il bâtit un nouveau palais
» qu'il appela le *Palais d'or.* Pour en faire con-
» naître l'étendue et la magnificence, il suffira
» de dire que, dans le vestibule, la statue co-
» lossale de Néron s'élevait de cent vingt pieds
» de haut ; que les portiques à trois rangs de

---

[1] Tac., *Ann.*, liv. xv, 42, *trad. de* Dureau de la Malle.

» colonnes avaient un mille de longueur; qu'il
» renfermait dans son enceinte un étang qui res-
» semblait à une mer, des édifices qui parais-
» saient former une grande ville, des campa-
» gnes, des champs, des vignes, des pâturages,
» des forêts remplies de troupeaux et de bêtes
» fauves. L'intérieur était doré partout, et orné
» de pierreries et de nacre de perle. Le plafond
» de ses salles à manger était formé de tables
» d'ivoire mobiles, qui répandaient sur les con-
» vives des fleurs et des parfums. Sa principale
» salle à manger avait un dôme qui, tournant
» le jour et la nuit, imitait le mouvement du
» globe terrestre : il avait aussi des réservoirs
» d'eau d'Albe et d'eau de mer. Lorsqu'il eut
» achevé ce palais, comme il en faisait la dédi-
» cace, il dit qu'il en était assez content, et qu'il
» commençait à être logé comme un homme [1]. »

Tous ces embellissemens par qui Rome fut as-
sainie, n'égarèrent point l'opinion sur l'auteur
du désastre qui l'avait ruinée. Ni ses prodiga-
lités envers le peuple, ni les secours publics
qu'il distribua, ni la part de ces dépenses dont
il chargea son trésor particulier, ni celle qu'il

---

[1] Suét., *Néron*, xxxi, *trad. de* La Harpe.

imposa, soit à l'état, soit aux alliés du peuple romain, ne purent l'absoudre de ce crime. La ville ne fut point, comme après l'incendie allumé par les Gaulois, rebâtie au hasard et confusément. Les rues furent alignées et élargies. On réduisit la hauteur des édifices. Des plantations et des portiques en ombragèrent la façade.

Vers le milieu du seizième siècle, Paul III Farnèse résolut de tirer parti du site pittoresque qu'avait occupé le palais des Césars. La vue en était magnifique : elle dominait le Tibre, Rome et la campagne. Par les soins de ce pape, des jardins auxquels il donna son nom, furent tracés et plantés. Des arbres verts prêtaient aux promenades une ombre épaisse. L'air était embaumé par des bosquets odorans. Les eaux jaillissantes d'une multitude de fontaines, entretenaient une fraîcheur continuelle. Tantôt coulant paisiblement à travers le gazon et les fleurs, tantôt tombant en cascades, elles interrompaient par leur murmure, le silence de ces belles solitudes. Au milieu, l'on voyait une maison élégante et riche. Des sculptures, des fragmens antiques arrangés avec art, rappelaient les tems historiques de cette colline, comme on voit dans un gothique manoir, des armoiries à moitié effacées signaler la noble origine du hobereau qui l'habite.

De toutes les constructions élevées par le peuple et par les empereurs romains, de tous leurs superbes ouvrages, et même des jardins Farnèse, il ne reste aujourd'hui que quelques salles encombrées de déblais et de terre végétale, des portiques en ruine, des portions d'arcs menacés d'une chute prochaine, des portes, des fenêtres, des marches dont les joints sont élargis par les racines du lierre, de la linaire et du bec-de-grue, vain amas de décombres entremêlé de ronces, et obscurci par l'ombre de quelques cyprès. La villa Spada a été bâtie sur les fondations du palais d'Auguste. Elle appartient à un lord jaloux de cette propriété, et qui n'en accorde l'entrée à personne. Au-dessous, dans un bâtiment de peu d'apparence, on a placé un collége anglais. A peu de distance, contre les murs de deux pavillons abandonnés, est adossée une chaumière : le jardinier qui l'habite, tient à ferme la plus grande partie des terres environnantes. Il cultive des fruits, des racines, et des légumes entre lesquels on remarque une belle espèce de choux-brocolis, recherchés par les gourmets pour leur saveur, et par le peuple, pour le bas prix auquel il les achète. Ses champs sont parsemés de débris des palais impériaux. Il en a conté à ses enfans, l'histoire qu'il apprit lui-même de son père : ceux-ci se partagent les curieux. Nous sommes échus au plus jeune qui se destine à l'église. Il prend de son costume, de ses cheveux ronds, de sa tonsure, et du peu d'instruction que cet extérieur suppose, une gravité comique. Son érudition superficielle ne suffisant point à une si longue promenade, il parle de lui, de ses études, de ses espérances qui ne lui montrent rien moins que la pourpre en perspective. Le jardinage n'avait aucun attrait pour lui. La carrière dans laquelle il est entré, lui donne déjà dans la famille, une sorte de prééminence. Ses cours d'humanités sont finis. Il n'a pas seulement été initié à l'intelligence des livres saints. Ovide, Catulle, Tibulle lui ont été expliqués. Fort laconique sur les premiers, il s'exprime, à l'égard des derniers, avec l'enthousiasme de la jeunesse, en cite des passages, et s'exalte à l'idée des plaisirs qu'ils décrivent. La cloche du dîner de la famille a sonné ; il nous a quittés brusquement. Un de ses frères plus âgé que lui et qui croit déjà lui devoir de la déférence, est venu le remplacer.

Parmi des tronçons de colonnes, des chapiteaux écornés, et quelques pierres en forme de degrés, il nous a conduits à deux petites chambres qui dépendaient jadis des bains de Livie, et qui ont gardé son nom. Les plafonds sont couverts de peintures. Le choix des sujets, la légèreté des ornemens, l'éclat des couleurs, le fini de l'exécution, portent également l'empreinte du talent et du goût. Ici, c'est l'image d'un sacrifice à Vénus et aux Grâces; là, celle d'une fête de Bacchus, des jeux des satyres et du délire des bacchantes, avec un encadrement de nymphes, de faunes, d'animaux enlacés de guirlandes de fleurs, et d'arabesques déliées. A la vue de cet asile du mystère, de ces sujets voluptueux, et au nom de Livie, n'éprouvez-vous pas une vive curiosité? Si les passions des cours dominèrent cette femme adroite et la poussèrent au crime, elle unissait aussi aux grâces de l'esprit, les charmes de la beauté. Auguste en fut tellement épris, qu'il l'enleva à son mari, et l'épousa bien qu'elle fût enceinte. Les lieux où nous sommes ne furent-ils pas témoins de leurs premières amours? Serait-ce ici, qu'abusant de l'empire de ses caresses, et au sein des plaisirs dont elle enivrait son nouvel époux, elle aurait résolu ou obtenu la mort de ceux à qui elle supposait des droits au trône, pour y asseoir le monstre issu de son premier lit, Tibère, qui, lorsqu'elle mourut, lui refusa les honneurs dus à son rang? Quelle place occupait-elle le plus souvent? pourquoi ces murs ne peuvent-ils parler? ils nous diraient les artifices de ses discours, la puissance de ses regards, la magie de sa voix, tous les secrets de sa domination sur cet empereur cruel et efféminé, qu'elle convertit sinon à la clémence, du moins à la politique. Ils nous révéleraient les débauches où se plongeait ce mortel, placé dès son vivant au rang des dieux.

> Præsenti tibi maturos largimur honores,
> Jurandasque tuum per numen ponimus aras [1].

Nous connaîtrions les motifs de son amitié pour Mécène, de sa sensibilité à la flatterie dont l'excès même ne pouvait le faire rougir : car ce n'est point au grand jour, sur le trône, au milieu des pompes de la souveraineté, que se montrent les faiblesses des rois. Les retraites

---

[1] Hor., épît. 1, liv. II.

> Il vous fut réservé de voir Rome plus juste,
> Élever vos autels, jurer au nom d'Auguste.
> (*Trad. de* Daru.)

favorables aux secrets du ménage, aux amours clandestines, à l'intimité des confidens, des favoris et des maîtresses, sont plus propres à les faire éclore : c'est là que toute dissimulation cesse et que l'humanité reprend ses droits.

Auprès de la partie orientale du mont Palatin, s'élève l'arc de Constantin-le-Grand. Les trophées dont il est décoré, sont, pour la plupart, étrangers à cet empereur. Quelques-uns seulement se rapportent aux victoires de Vérone, de Ponté-Mollé, et à celle qu'il remporta sur Maxence, son compétiteur. On dirait qu'il n'avait pas assez de gloire pour orner ce monument tout entier. D'autres bas-reliefs y figurent : ils appartenaient à un arc de Trajan, et retracent les faits les plus éclatans du règne de ce philosophe. On y voit aussi l'image des chasses qu'il aimait; comme si les plaisirs futiles d'un souverain avaient des droits à cette consécration publique, et qu'ils pussent inspirer quelque intérêt à la postérité. Trajan lui-même ne fut donc pas à l'abri d'une basse adulation, quand la vérité suffisait seule à sa renommée. On prétend que l'arc du Carrousel, à Paris, est copié sur celui de Constantin. Semblables par la forme, ils diffèrent beaucoup l'un de l'autre. Le sénat et le peuple romain érigèrent celui de Rome à leur empereur; c'est l'empereur des Français qui décerna celui de Paris à ses peuples armés. Les statues des Daces vaincus surmontent les colonnes du premier; dans le second, ces mêmes places sont occupées par des soldats français, qui ne connaissaient encore que la victoire. Celui-là est un hommage à l'omnipotence du souverain; celui-ci, à l'alliance des armées et de leur chef. L'un relève l'éclat du sceptre; l'autre le fait rejaillir sur les peuples qui l'ont donné. Enfin, l'arc romain date du moyen âge, et il est presque entier; le nôtre, construit de nos jours et sous nos yeux, ne semble plus qu'une ruine. Le quadrige de Venise qui le couronnait, est tombé; les marbres historiques dont il était enrichi, ont été arrachés par des barbares, honteux d'y lire leurs défaites; et les rejetons de notre longue famille de rois, à qui aucune gloire française ne saurait demeurer étrangère, n'ont pas pu les protéger! Mais l'absence de ces sculptures, leurs scellemens déchirés, la pierre brute qu'elles couvraient, les font mieux remarquer. Chacun croit les y voir. L'on dira d'elles comme des images de Brutus et de Cassius aux funérailles de Junie : « *Præfulgebant eo ipso quod effigies* » *eorum non visebantur* [1]. » Non, ces vides ne feront point de lacunes dans notre histoire consulaire et impériale. L'avenir n'oubliera aucun des actes héroïques qui y étaient inscrits. Pour ne vivre que dans la mémoire des hommes, il y a des époques dont les siècles ne peuvent détruire le souvenir. Ce n'est point en cassant des lettres initiales sur les monumens où elles étaient gravées, que l'on efface les noms auxquels elles appartiennent.

L'amphithéâtre Flavien, ou, comme on l'appelle communément, le Colisée n'est séparé de l'arc de Constantin, que par la voie publique au milieu de laquelle est placée une borne-fontaine, nommée par les Romains *Meta Sudans*, à cause de sa forme et de sa destination. Son emplacement est immense. L'ensemble de ses constructions, ce qui reste de ses portes, de ses arcs, de ses galeries, de ses gradins, tout en est colossal. Il date de l'an 72 de Jésus-Christ. Flavius Vespasien le commença. Cinq ans après,

---

[1] Tac., *Ann.*, liv. iii–76.

Elles n'y paraissaient point, ce qui les fit remarquer davantage.

(*Trad. de* Dureau de la Malle.)

Titus l'acheva et en fit la consécration. Les fêtes que les empereurs donnaient à l'occasion de ces solennités, ont été souvent décrites. Leur magnificence tient du merveilleux. On ose à peine y croire. Les arènes se remplissaient successivement de gladiateurs, d'athlètes de toute espèce et de bêtes féroces. On rapporte que lors de l'inauguration du Colisée, Titus fit paraître cinq mille animaux qui furent tous tués. Pourquoi raconterais-je ces jeux célèbres, quand Montaigne nous en fait une peinture si vive, si originale, si naïve, et pourtant, j'en ai peur, tant soit peu gasconne ?

« C'estoit pourtant une belle chose, dit-il,
» d'aller faire apporter et planter en la place
» aux arenes, une grande quantité de gros ar-
» bres touts branchus et touts verts, represen-
» tants une grande forest umbrageuse, despartie
» en belle symmetrie : et le premier iour, iecter
» là dedans mille austruches, mille cerfs, mille
» sangliers et mille daims, les abandonnant à
» piller au peuple : le lendemain faire assom-
» mer, en sa presence, cent gros lions, cent leo-
» pards et trois cents ours ; et pour le troisiesme
» iour, faire combattre à oultrance trois cents
» paires de gladiateurs, comme feit l'empereur

» Probus. C'estoit aussi belle chose à veoir
» ces grands amphitheatres, encroustez de
» marbre au dehors, labouré d'ouvrages et
» statues, le dedans reluisant de rares enrichis-
» sements, touts les costez de ce grand vuide,
» remplis et environnez depuis le fond iusques
» au comble, de soixante ou quatre vingts
» rengs d'eschelons aussi de marbre, couverts
» de carreaux, où se peussent renger cent mille
» hommes assis à leur ayse : et la place du fonds
» où les ieux se iouoient, la faire premierement
» par art, entr'ouvrir et fendre en crevasses,
» representant des antres qui vomissoient les
» bestes destinees au spectacle ; et puis secon-
» dement, l'inonder d'une mer profonde, qui
» charioit force monstres marins, chargee de
» vaisseaux armez à representer une battaille
» navalle : et tiercement l'aplanir et asseicher
» de nouveau, pour le combat des gladiateurs :
» et pour la quatriesme façon, la sabler de ver-
» millon et de storax, au lieu d'arene, pour y
» dresser un festin solenne, à tout ce nombre
» infini de peuple : le dernier acte d'un seul
» iour. Quelquesfois on y a faict naistre une
» haulte montaigne, pleine de fruictiers et arbres
» verdoyants, rendant par son faiste un ruisseau

» d'eau, comme de la bouche d'une vifve fon-
» taine. Quelquesfois on y promena un grand
» navire, qui s'ouvroit et desprenoit de soy
» mesme, et aprez avoir vomy de son ventre,
» quatre ou cinq cents bestes à combat, se res-
» serroit et s'esvanouïssoit sans ayde. Aultresfois,
» du bas de cette place, ils faisoient eslancer
» des surgeons et filets d'eau, qui reiaillissoient
» contre mont, et à cette haulteur infinie al-
» loient arrousant et embaumant cette infinie
» multitude. Pour se couvrir de l'iniure du
» temps, ils faisoient tendre cette immense ca-
» pacité, tantost de voiles de pourpre labourez
» à l'aiguille, tantost de soye d'une ou aultre
» couleur, et les advanceoient et retiroient en un
» moment comme il leur venoit en fantasie. Les
» rets aussi qu'on mettoit au devant du peuple,
» pour le deffendre de la violence de ces bestes
» eslancees, estoient tissus d'or. S'il y a quelque
» chose qui soit excusable en tels excez, c'est
» où l'invention et la nouveauté fournit d'admi-
» ration, non pas la despense. En ces vanitez
» mesme, nous descouvrons combien ces sie-
» cles estoient fertiles d'aultres esprits que ne
» sont les nostres. Il va de cette sorte de fer-
» tilité, comme il faict de toutes aultres pro-

» ductions de la nature. Ce n'est pas à dire
» qu'elle y ayt lors employé son dernier effort.
» Nous n'allons point ; nous rodons plustost et
» tournoyons çà et là; nous nous promenons
» sur nos pas. Ie crainds que nostre cognoissance
» soit foible en touts sens [1]. »

Dans les tems modernes, le Colisée était devenu une carrière dont les nobles romains avaient usurpé l'exploitation privilégiée. Plusieurs palais de Rome sont en entier bâtis avec les matériaux qui en ont été extraits. Maintenant l'on conserve religieusement la portion qui a échappé à cette barbarie et aux ravages du tems. Pie VII vient de l'étayer d'un éperon qui prolongera sa durée. Il y a dans cette ruine, un désordre pittoresque et grandiose qui étonne, qui jette l'ame dans la contemplation, et la ramène aux siècles où s'élevaient ces amphithéâtres, qu'un peuple immense faisait retentir d'applaudissemens, et de cris de joie et de surprise. Éclairée par les rayons du soleil, son étendue s'augmente, pour ainsi dire ; ses masses se détachent ; on en saisit mieux l'ensemble : et les voûtes, les arcs, les profils se dessinent dans

[1] MONTAIGNE, liv. III, ch. 6, *Des Coches.*

toute leur perfection. A la clarté douteuse de la lune, elle présente un tableau mélancolique ou effrayant, selon que les regards s'arrêtent sur les premiers plans repoussés par une ombre légère, ou qu'ils se portent dans les profondeurs qu'enveloppe une nuit impénétrable. Tous les aspects en sont ravissans. Les peintres, les amateurs viennent les étudier; et les simples voyageurs ne se lassent ni de les parcourir ni de les regarder. Sans cesse des curieux escaladent, non sans quelque danger, les points les plus élevés, s'asseyent sur les gradins inoccupés depuis tant de siècles, errent sous les portiques, sortent par les vomitoires, se montrent, disparaissent, animent cette vaste enceinte, et lui rendent, par momens, quelque apparence de son ancienne destination. Dans l'arène, des capucins desservent un calvaire et des chapelles fréquentés par les dévots et par les pélerins. Il n'est pas rare d'y trouver des prédicateurs annonçant en plein air la parole divine. On les voit debout sur une pierre, drapés théâtralement des plis d'un ample manteau noir, coiffés d'un large chapeau à trois cornes égales, cédant à un enthousiasme grotesque, rassembler à leur voix menaçante, des mendians, quelques femmes, des passans, des oisifs, et des enfans du peuple qui, effrayés de la peinture des tourmens de l'autre vie, ont quitté leurs jeux pour écouter dans l'attitude et avec les signes de la plus burlesque terreur, tandis que les hommes âgés méditent, et que des quêteurs se disposent à recueillir le prix du sermon, et des indulgences promises à ceux qui y ont assisté.

En contemplant les restes des édifices somptueux du peuple romain et de ses empereurs, qui ne déplorerait l'impuissance des efforts humains pour vaincre le tems? Ce que la leçon des sages ne pourra enseigner, il saura bien le démontrer. Était-ce donc la peine d'invoquer les lois somptuaires pour réprimer le luxe de l'ancienne Rome? Les orateurs, les poètes de cette époque étaient-ils si sensés, de blâmer les dépenses excessives de leurs contemporains?

>Jam pauca aratro jugera regiæ
>   Moles relinquent : undiquè latiùs
>   Extenta visentur lucrino
>   Stagna lacu ; platanusque cælebs

>Evincet ulmos : tùm violaria et
>Myrtus, et omnis copia narium,
>   Spargent olivetis odorem
>   Fertilibus domino priori.

Tùm spissa ramis laurea fervidos
Excludet ictus. Non ita Romuli
　Præscriptum, et intonsi Catonis
　　Auspiciis, veterumque normâ.

Privatus illis census erat brevis,
Commune magnum : nulla decempedis
　Metata privatis opacam
　　Porticus excipiebat Arcton :

Nec fortuitum spernere cespitem
Leges sinebant, oppida publico
　Sumptu jubentes et deorum
　　Templa novo decorare saxo [1].

Eh bien ! dans la nouvelle Rome, les vœux du poète d'Auguste sont exaucés. Les temples seuls sont revêtus de marbre. Seuls ils brillent d'or et de pierreries. Le dieu des jardins ne dispute ni à Cérès ni à Pomone, aucune parcelle du sol antique. Ni la violette, ni la rose, ni le myrte,

[1] Hor., liv. II, od. 15.

　　Faudra-t-il voir bientôt nos immenses palais
　　Envahir tout le sol que fendait la charrue ?
　　Tous ces vastes étangs que l'art creuse à grands frais,
　　　Veulent-ils du Lucrin surpasser l'étendue ?

　　Où la vigne jadis s'unissait aux ormeaux,
　　　Le stérile platane étendra son ombrage ;
　　L'arbuste et le laurier, façonnés en berceaux,
　　　Des rayons du soleil repousseront l'outrage.

ni de stériles fleurs, n'exhalent leurs parfums aux lieux où croîtrait l'utile olivier. Cependant, le peuple est-il heureux et dans l'aisance? la richesse des grands lui profite-t-elle beaucoup? Chaque âge a ses goûts, ses plaisirs, ses jouissances, son avarice, ses profusions, ses courtisans et ses censeurs. Tous les siècles sont mêlés de vertus et de vices, de ridicules et de travers. Encore une fois, abandonnons au tems le soin de tout niveler, de faire succéder des ruines aux monumens et des monumens aux ruines, d'amener la barbarie à la suite de la civilisation, et de faire revivre la civilisation du sein de la barbarie. Il ne s'en acquitte que trop habilement, et trop vite surtout; et ne laisse à la gé-

> Le lis voluptueux, le myrte, les rosiers,
> Embaumeront bientôt de parfums inutiles
> Ces coteaux où l'on vit des bosquets d'oliviers
> Enrichir autrefois leurs possesseurs tranquilles.
>
> Exemples des Catons, décrets de Romulus,
> Vous avez donc perdu votre antique puissance?
> Le consulaire alors n'avait que des vertus;
> La république seule était dans l'opulence.
>
> Nul n'eût osé, quittant le toit de ses aïeux,
> Fuir les feux du midi sous de vastes portiques,
> Et le marbre éclatant réservé pour les dieux,
> N'ornait que les autels ou les places publiques.
>
>   (*Trad. de* DARU.)

nération suivante que quelques souvenirs confus de celle qui l'a précédée.

> Dum loquimur, fugerit invida
> Ætas. Carpe diem, quam minimùm credula postero [1].

Gravissons le mont Cælius. Négligeons l'église de Saint-Clément, située dans la rue Saint-Jean; mais arrêtons-nous dans celle de Saint-Étienne-le-Rond, temple consacré jadis au dieu Faune ou à Bacchus. Il se composait alors d'une double colonnade concentrique et circulaire, qui environnait l'autel des sacrifices. Paul V l'a rajeuni en rétablissant les colonnes qui lui manquaient. Il en a couvert les côtés, d'une toiture grossière; et surmonté le centre, d'une coupole sous laquelle il a placé un autel en forme de clocher. De plus, il a fermé en maçonnerie, les entre-colonnemens de la colonnade extérieure; et Nicolas Pomérancio et Ant. Tempesta ont peint, sur le ravalement intérieur de ces murs, une multitude de martyres. Ce mélange de colonnes dépareillées; cet autel, d'une forme et d'un style

---

[1] Hor., liv. 1, od. 11.

> Saisissez le moment qui fuit sans qu'on y pense,
> Et ne comptez pas trop sur votre lendemain.
> (*Trad. de* Daru.)

gothiques; ces peintures inspirées par le génie des tortures et des supplices, ne rappellent que des tems de destruction, d'intolérance, de persécution et de fanatisme.

Léon X fit placer une nacelle de marbre antique, vis-à-vis d'une église vouée à la vierge, et qui en a emprunté le nom de Sainte-Marie *della navicella.* Cette petite barque a une forme si svelte; elle est si effilée, si légère, qu'on ne craindrait pas de la mettre à l'eau. A sa proue, s'avance un éperon en forme de hure de sanglier. On ignore l'origine de ce modèle parfait de construction nautique.

A peu de distance, vers le couchant, était situé le palais de Scaurus. François Mazois, architecte savant, spirituel, et doué d'une connaissance approfondie de l'antiquité, en a fait une description également remarquable par l'érudition qui l'a dictée, et par les grâces d'un style pur et élégant. On ne s'accorde point sur l'emplacement véritable de cette vaste et riche demeure, dans laquelle tous les genres de luxe et de sensualité se trouvaient réunis. La Villa Mattéï, qui n'en doit pas être éloignée, appartient aujourd'hui à don Manuel Godoï, prince de la Paix, favori de Charles IV d'Espagne et de sa femme. Don Manuel n'habite point cette maison champêtre. Chaque jour, à deux heures après midi, il y vient seul se promener. Aux heures qu'il y passe, l'entrée en est interdite au public. Comme les amans trahis, les courtisans déchus cherchent la campagne et la solitude. Ils veulent se persuader, et surtout convaincre les autres, qu'ils y trouvent, sinon du bonheur, au moins des distractions. N'en croyez rien : ils se font illusion à eux-mêmes. L'ambition des cours, comme la soif de l'or, n'est pas au nombre des passions que blase la jouissance, ou qui s'amortissent par les revers. Satisfaite, elle s'exalte; contrariée, elle s'aiguise et s'envenime. Comment les familiers des grands coups de l'intrigue, du crédit et de la faveur, se soumettraient-ils à attendre le retour régulier des saisons, de leurs travaux et de leurs fruits? Comment se plieraient-ils au niveau de l'égalité? quel charme auraient pour eux, l'éclat de l'aurore et la fraîcheur d'un beau soir, après avoir fait dépendre le bonheur ou le malheur de leur vie, des agitations qu'excitent le lever et le coucher des rois ?

Durant la tourmente, occasionée par la dernière invasion des armées du Nord dans notre patrie, Rome, oubliant ses vengeances, est devenue le refuge d'un grand nombre d'infortunes politiques. Je ne vous ai pas fait remarquer dans la rue du Cours, un palais d'un extérieur propre et modeste, dont les persiennes vertes sont toujours fermées, et d'où les pauvres ne sortent point sans aumônes : c'est celui de la mère de Napoléon. Elle reçut les hommages de tous les souverains de l'Europe; et la moindre de ses douleurs maternelles est maintenant d'être oubliée par eux, peut-être dédaignée. La honte de ce changement n'est point pour elle. Près de là, réside son plus jeune fils. Roi malgré lui, il ne voulut plus être sujet, et chercha la liberté dans un exil volontaire. Ailleurs est la demeure de Lucien Bonaparte, qui, après avoir élevé Napoléon au consulat, se laissa nommer par Pie VII, Prince de Canino, tandis que son frère, devenu empereur, lui reprochait l'inflexibilité d'un républicain. Dans la rue de la Fontanella, la princesse Pauline leur sœur, habite l'une des plus magnifiques résidences qui portent le nom de Borghèse. Celle-ci ne régna point, si ce n'est par sa beauté. Elle n'a point perdu de couronne; mais son ame aimante et courageuse supporte avec douleur, la ruine de sa famille.

Sur les bords du Tibre, est la demeure du cardinal Fesch qui protége de sa pourpre, tous les membres de cette dynastie née de la victoire, et frappée à la fois dans le guerrier qui en fut le chef. Enfin, naguère le roi et la reine d'Espagne figuraient aussi dans cette réunion de rois et de princes, dépossédés de leurs couronnes et de leurs titres. Et maintenant encore, Godoï ne vit-il pas à l'ombre de la tiare? Victimes d'une époque fertile en catastrophes, tous ces fugitifs s'associent en quelque sorte aux ruines de l'antiquité, et font nombre avec elles.

On entre dans la Villa Mattéi par une allée droite, large, sans ombrage, et traversée par un ravin qui la rend presque impraticable. Des sentiers tracés pour le service des jardins, se coupent dans tous les sens. Hors les carrés mis en culture, les mauvaises herbes croissent partout. Les environs sont tristes et inhabités. On dirait un désert; et, pour compléter l'illusion, un palmier isolé déploie dans le lointain son bouquet de feuillage. Des orangers, placés sur deux lignes en face de la porte d'entrée, végètent péniblement dans des vases de terre cuite d'une forme grossière, posés sur des chapiteaux antiques de marbre, dont les volutes souples et les feuilles d'acanthe artistement fouillées, gisent dans la boue. La maison a peu d'élévation. Simple au-dehors, elle est, au-dedans, d'une propreté qui étonne chez un Espagnol servi par des Romains. Le rez-de-chaussée est orné de peintures et de sculptures de différens maîtres. On y remarque deux statues espagnoles, images de ces Maures long-tems souverains de Grenade et de Cordoue, chez qui la maigreur des traits et la sécheresse des formes, n'excluaient ni une attitude imposante, ni une expression énergique. L'un des tableaux représente Horatius Coclès, arrêtant seul l'armée de Porsenna sur le pont Sublicius. Il est peint par Camuccini, le peintre romain le plus renommé de l'époque actuelle. Peut-être y a-t-il de la correction dans le dessin, bien qu'il soit dur et heurté : mais la composition est confuse ; les proportions du principal personnage sont communes ; sa pose guindée tient plus du fanfaron que du héros ; il n'y a pas d'air entre les plans ; l'espace manque ; et la couleur, distribuée par échantillons, n'a ni harmonie ni vérité. Dans le salon de réception, un portrait en pied de la reine d'Espagne en habit de cour, occupe la première place. Quoique peu flatté et mal peint, il la rappelle à merveille. Elle était petite, laide, chétive et disgracieuse. Les racines droites de ses cheveux dégagent son front étroit, tirent ses sourcils en haut, et lui donnent le regard fixe et étonné de la stupidité. Sa présence en ces lieux scandalise les plus indulgens. — Parmi les antiques recueillies par le prince de la Paix, il en est deux fort précieuses, qui réunissent les suffrages des savans et des amateurs. L'une et l'autre ont été trouvées dans les fouilles qu'il a fait faire. La première est une mosaïque d'un beau travail, et bien conservée ; la seconde, un buste en gaine à double face, qui offre d'un côté les traits de Socrate, de l'autre, ceux de Sénèque, et dont on a jugé que la ressemblance devait être parfaite, parce que les noms de ces deux philosophes de la Grèce et de Rome y avaient été gravés.

Les étages supérieurs de la maison ne sont pas meublés ; et le prince n'y couche jamais. La jardinière préposée à sa garde, n'en est pas le moindre ornement. Elle est brune et jolie, d'une taille, d'une corpulence et d'une fraîcheur séduisantes. Ses yeux sont vifs et engageans. En récitant ce qu'elle sait touchant les curiosités qu'elle montre, elle laisse voir entre ses lèvres vermeilles, des dents blanches et bien rangées. Les couleurs tranchantes de son costume sont assorties avec coquetterie. Sa jupe courte découvre des bas blancs, bien tirés sur une jambe fine. Quelques bijoux d'or parent son cou et ses oreilles. Elle cause d'abord avec assez de complaisance; puis, quand l'heure du maître approche, l'inquiétude s'empare d'elle. « Il va venir!... s'il venait!... faites vite... je suis fâchée de vous presser. Il est si sévère! » On croirait à ces mots entrecoupés, qu'elle écoute un amant et redoute l'arrivée d'un jaloux. Ces expressions de crainte et d'embarras se succèdent avec rapidité. Elle les mêle à ses descriptions qu'elle abrège à chaque instant davantage. Nos galanteries, nos doux propos, nos flatteries sur sa beauté, ne peuvent la rassurer. Elle sourit; ses regards s'animent; ils deviennent charmans : mais, en même tems, elle marche vers la porte, et finit par nous éconduire, avec des regrets que nous voudrions bien ne pas lui donner.

Non loin de la Villa Mattéï, s'élève un arc construit en l'an X de l'ère chrétienne, par C. Dolabella et Junius Silanus. Néron en fit usage pour conduire l'eau claudienne. Ensuite vient l'église de Saint-Jean et Saint-Paul, qui remonte au quatrième siècle. Elle est presque entièrement bâtie de fragmens d'une origine inconnue. On la répare en ce moment. Les moines de la passion, qui y célèbrent l'office divin, ont commencé, vis-à-vis, la construction d'un monastère. Ses fondations, les souterrains qui lui servent de caves, et les blocs de travertin déjà employés dans la maçonnerie, passent pour avoir appartenu au parc dans lequel Domitien enferma les bêtes féroces destinées aux jeux du Colisée.

En revenant sur ses pas, on arrive à la place de Saint-Jean-de-Latran. L'obélisque le plus haut qui soit à Rome, en marque le centre. Il était à Thèbes et consacré au soleil. Constantin projetait d'en embellir la ville de Constantinople. Constance, son fils, le plaça dans le cirque. Enseveli sous des décombres, il fut exhumé par Sixte-Quint, qui le fit mettre à l'endroit où on le voit aujourd'hui. Il est au-devant de la basilique et du palais de Saint-Jean-de-Latran, l'un des plus beaux édifices de Rome moderne, et près du baptistère de Constantin, ainsi nommé parce qu'on prétend que cet empereur se proposait d'y recevoir le baptême. Le porphyre, le basalte, les marbres les plus rares, ont été prodigués dans ces monumens religieux. Le plafond du premier, composé d'une boiserie assemblée artistement, se divise en caissons enrichis de moulures et de rosaces dorées. Les mosaïques dont il est pavé, ressemblent à de superbes tapis. La décoration des autels est de la plus rare magnificence. Les murs de la chapelle réservée pour la sépulture de la famille Corsini, sont revêtus de grandes tables de vert et de jaune antiques, encadrées de marbre fleur de pêcher.

La villa Giustiniani longe la partie septentrionale de la place de Saint-Jean-de-Latran. On ne la cite que pour les substructions anciennes dont son emplacement est hérissé. Au levant, dans l'enfoncement, on voit la chapelle du Rédempteur, dite *Sancta Sanctorum*, et l'escalier sacré qui y mène. Cet escalier passe pour être celui-là même que Jésus-Christ monta, quand il fut traduit devant le procurateur Pilate. Il a vingt-huit marches, qu'on dit de marbre blanc, et qui, pour la seconde fois, ont été couvertes de planches de noyer, afin de les préserver des dégradations occasionées par la fréquentation des fidèles. L'église accorde des indulgences à ceux qui le parcourent à genoux.

L'affluence y est toujours considérable. Des femmes, des moines, de jeunes filles, des enfans, attendent avec impatience que leur tour vienne d'accomplir cet acte de dévotion. Il faut s'agenouiller sur le premier degré, baiser celui qui suit, réciter une prière, et continuer ainsi jusqu'en haut, en se traînant sur les genoux, sans s'appuyer aucunement. A part le respect qu'inspirent les pratiques religieuses, rien ne serait risible comme le mouvement boiteux de toutes ces hanches de tant de formes et d'embonpoints différens, accompagnées du volume plus ou moins considérable qu'étalent ceux qui se livrent à ce pieux exercice. Les faibles, les indifférens, les incrédules peut-être, passent par des escaliers latéraux, sans que personne s'en scandalise. Le jour pénètre à peine dans la chapelle du saint des saints. Elle n'est éclairée que par des cierges et des lampes qui sont toujours allumés. Des tableaux médiocres y rappellent les principales scènes du jugement et de l'agonie de Jésus-Christ; et le pélerinage se termine au pied d'un grand crucifix placé sur le maître-autel.

L'aqueduc construit par l'ordre de Néron, pour amener l'eau claudienne à son nymphée, suit le mont Cælius dans toute sa longueur. A chaque pas on en heurte les fondations; ou bien une suite de jambages surmontés de quelques arcs, en indique la trace. D'abord, il se dirige vers le sud-est; puis, vers le nord-est; puis enfin, au levant, où il côtoie le mur de clôture, presque effacé, de Servius Tullius, le franchit et se confond avec celui d'Aurélien, près de la porte Prénestine, aujourd'hui la porte Majeure. Quels immenses ouvrages! Combien d'autres ruines éparses de tous côtés dans cette région jadis si populeuse! Ici devait être un cirque destiné à diverses gymnastiques du matin; là, une arène consacrée à des jeux gaulois; plus loin, étaient des bains particuliers. L'amphithéâtre elliptique qui interrompt l'enceinte aurélienne, et dont les lignes ne sont presque plus apparentes, servait uniquement pour l'escrime et pour les évolutions militaires: il a conservé le nom d'*anfiteatro castrense*.

Ne nous arrêtons pas à l'église de Sainte-Croix de Jérusalem. Comme la plupart de celles de Rome, elle n'amènerait que les mêmes détails et les mêmes réflexions, sur l'ancienneté de sa dédicace, l'authenticité des reliques qu'elle renferme, les débris grecs ou romains employés dans sa construction, et l'emplacement plus ou moins célèbre sur lequel elle fut bâtie. Tout auprès était jadis un temple de Vénus et de l'Amour. Sa forme secondait le mystère des sacrifices. Les amans qui venaient implorer la déesse et solliciter son secours, n'y trouvaient qu'une clarté incertaine, favorable à leurs vœux. Des bosquets odorans répandaient à l'entour, leurs parfums et leur ombrage. Les fêtes commençaient avec le printems. Une ardente jeunesse y accourait. Durant trois nuits consécutives les veillées se passaient en des jeux folâtres. Couronnées de roses, rassemblées sous des myrtes fleuris, les jeunes filles célébraient en chœur les amoureux désirs et la volupté. Au chant des hymnes, succédaient les danses légères. Les grâces, les nymphes s'y mêlaient souvent; et Vénus ne dédaignait pas de les conduire elle-même.

> Jam Cytherea choros ducit Venus, imminente Lunâ;
> Junctæque Nymphis Gratiæ decentes
> Alterno terram quatiunt pede [1].

[1] Hor., liv. 1, od. 4.

> La reine de Cythère
> Conduit sa jeune cour

A la seule idée de ce culte voluptueux qui divinisait les plus doux plaisirs de la vie, l'imagination s'enflamme, l'esprit s'émeut, le cœur palpite. S'il n'existe plus aucun emblême de cette religion de l'amour qui parlait à l'ame et aux sens, du moins espère-t-on voir quelques-uns des lieux qui en furent les témoins. Mais quelle contrariété se reproduit sans cesse et partout, dans cette Rome désenchantée des fictions de la mythologie! Ce temple, que nous nous attendions à trouver si ravissant, dans lequel nous souhaitions si ardemment d'entrer, se réduit à une niche à moitié écroulée, appuyée sur deux fragmens de murs en briques. Un vignoble l'environne; et le souvenir de Bacchus et de ses orgies, qui naît à l'aspect des pampres d'une vigne féconde, ne nous console point du désappointement que nous venons d'éprouver.

Avançons vers la porte Majeure. Elle ressemble à un arc triomphal. Claude la fit construire, pour abreuver Rome de l'eau à laquelle

> Dans un vallon qu'éclaire
> La sœur du dieu du jour;
> Et les Grâces décentes
> De leur pied tour-à-tour
> Foulent les fleurs naissantes.
>
> (*Trad. de* Daru.)

il donna son nom ; la source de la fontaine de Moïse y passe maintenant. C'était l'usage de décorer ainsi les points d'intersection des aqueducs avec les grandes routes. Les pierres énormes dont cette porte est bâtie, sont assemblées à cru, sans mortier ni ciment. Leur coupe a tant de précision, et elles sont si habilement appareillées, qu'à peu de distance on n'en distingue pas les joints. Au-delà, vers la gauche, on rencontre, au milieu des champs, les restes d'un temple de Minerve sanitaire, *Minerva medica*. Il était décagone, et surmonté d'une coupole légère et hardie. Quelques-uns de ses murs subsistent encore. Une moitié de la voûte y est suspendue par des arcs dont l'exiguité et la portée font craindre l'éboulement prochain. La grâce de cet édifice se conserve jusque dans ses ruines. Tous les aspects en sont charmans. Au-dehors, au-dedans, des décombres amoncelés en rendent l'abord difficile. On ne s'y hasarde qu'avec précaution. Loin de le faciliter, le fermier, pour qui ce voisinage serait d'un grand profit, l'a embarrassé de fumier, des débris de son jardin, et de quelques cabanes dans lesquelles il serre ses outils, des graines, des pieux et des fagots. Des fouilles ont été faites en cet endroit. On y a trouvé plusieurs statues de prix : celles de Minerve, d'Esculape, de Pomone, de Cérès, d'Adonis, un Faune, un Antinoüs et un Hercule.

L'ATELIER DE CANOVA. — NOTICE SUR CET ARTISTE. LES TROPHÉES DE MARIUS. — L'ÉGLISE DE SAINTE-MARIE-MAJEURE. UNE RELIGIEUSE. — L'ÉGLISE DE SAINT-MARTIN. CELLE DE SAINT-PIERRE DANS LES LIENS. — LA STATUE DE MOÏSE. LES SEPT SALLES. — LES THERMES DE TITUS.

Rome, 20 novembre 1819.

Reposons-nous un moment de Rome et de ses monumens détruits. Allons dans les ateliers de Canova, visiter les chefs-d'œuvre que notre siècle prépare pour la postérité. N'y devons-nous pas entrer en silence et à pas mesurés, comme dans un temple dont nous craindrions de troubler les mystères? car ici le marbre reçoit la vie, la pensée, le sentiment. Vaines précautions! Un concierge ouvre une enfilade de vastes magasins remplis de pierres brutes, d'ébauches, de plâtres moulés sur les ouvrages du maître. Vous comptiez voir Canova lui-même, de nombreux élèves étudiant ses modèles, des ouvriers occupés à dégrossir des blocs de Carrare, à y chercher une nymphe, une bacchante et son ivresse, une veuve et sa fragile douleur, un dieu et ses traits surhumains : cette attente ne sera point remplie. La solitude est complète. Les coups d'aucun maillet, le sifflement d'aucune rape ne se font entendre. Votre examen ne sera ni dirigé, ni éclairé, ni interrompu par personne.

Le premier objet qui s'offre à la vue, est un bas-relief terminé, qui doit décorer le mausolée de la princesse de Santa-Crocé, en Espagne. En voici le sujet : Le prince était absent. Il rentre à Madrid, dans son palais, quand la princesse venait de mourir subitement. Elle est étendue sur un lit de repos. Le sommeil et non la mort, semble avoir fermé ses paupières ; elle n'est point défigurée ; son aspect n'a rien de sinistre ni de hideux ; aucune roideur ne contracte ses muscles. Sous une longue robe du tissu le plus fin, ses belles formes se dessinent. Pour lui, enveloppé d'un manteau, incliné vers elle, il pleure; et craint de porter ses regards sur sa compagne chérie, sur ces yeux qui ne se rouvriront plus, sur cette bouche charmante qui ne proférera plus aucune parole de tendresse et d'amour. Aux pieds de la morte, sa mère assise et ses deux jeunes fils lui donnent des larmes, tandis que le plus âgé, placé au chevet du lit, se penche sur ce corps inanimé, et s'efforce d'y chercher quelque signe d'existence. Dans ce tableau d'une douleur profonde, chaque âge montre celle qui lui est propre; les nuances en sont rendues avec habileté; le relief est bien gradué; les plans n'ont aucune confusion; toutes les conditions de l'art sont remplies.

Continuons : voici des plâtres moulés sur la Madeleine, l'Hébé, l'Amour et Psyché; sur la Danseuse immobile, la Danseuse en action, et celle qui va s'exercer; sur les bustes de toute la famille napoléonienne; sur la statue de Lætitia Bonaparte, et sur celle de l'Empereur. Combien ces ouvrages si variés sont empreints du caractère qui leur convient ! Ici, la grâce et la jeunesse; là, le calme et la gravité de la vieillesse; ailleurs, la majesté et l'énergie; partout, de l'ame, de la vie, quelque chose qui participe de la création. Vous n'avez point oublié cette Madeleine agenouillée, contemplant avec amour la croix étendue entre ses mains. Vainement les macérations l'ont affaiblie. Dans l'abandon de ses chairs, on retrouve les charmes qui l'exposèrent au danger de la tentation, et la firent pécher. Sa robe de burc, sa ceinture grossière ne déguisent point sa taille voluptueuse, ni l'heureux accord de ses proportions. Elle a cessé d'aimer le monde. Les plaisirs terrestres ont perdu tout empire sur ses sens. Touchée d'un repentir sincère, ses jours sont désormais consacrés à d'autres vœux, aux élans de l'amour divin, aux joies célestes.

Quelque fleur de jeunesse qui pare l'Hébé, peut-être son attitude élancée, son corps un peu grêle, sa tunique qui flotte en arrière au gré du vent, la mignardise de ses traits, ses deux bras élevés qui se disposent à servir le nectar, et son amphore et sa coupe d'or, ne sont-ils pas sans afféterie et sans prétention? Aucune des Danseuses de Canova n'encourra de ma part, la même censure. L'une se présente droite, la tête haute, le cou bien détaché, les épaules effacées, la poitrine élevée, les hanches un peu ouvertes, et les genoux et les pieds en dehors : elle fera sans effort tous les exercices de son art. L'autre, non moins belle, non moins heureusement placée, a déjà pris son essor : elle suit la mesure des instrumens; chacun de ses pas aura de la précision et de l'aplomb. Quant à la troisième, qui l'emporte sur ses rivales, autant que Vénus sur Junon et Pallas, pourrais-je caractériser la finesse de sa physionomie, son regard enchanteur, et les attraits que l'art du statuaire lui a prodigués? Pour n'être point gênée dans les études auxquelles elle se prépare, de ses deux mains elle relève négligemment sa tunique sur les côtés, marquant ainsi la chute et les contours de ses reins, et découvrant en même tems ses jolis pieds et le bas de ses jambes. Ce n'est point une nymphe, une sylphide, un être imaginaire, mais une mortelle gentille, initiée aux mystères d'amour, confidente de ses secrets, accoutumée à plaire, docile à se laisser aimer, prête à séduire et à tromper.

Comme les peintres, les sculpteurs ambitionnaient l'honneur de reproduire les traits de la famille de Bonaparte. Canova le rechercha aussi; et il n'est pas de ceux qui témoignèrent le moins d'empressement pour l'obtenir. Parmi les bustes nés de son ciseau, tous n'ont pas le même degré de ressemblance. Il alla lui-même à Paris prendre les ordres de Napoléon, pour des ouvrages plus importans qu'il a achevés. L'un est la statue assise de la mère de l'Empereur; l'autre, celle de l'Empereur lui-même, nue et colossale. — Le premier de ces marbres éleva son auteur au plus haut rang. L'envie n'y vit qu'une imitation servile de l'Agrippine antique. Ces deux femmes d'un âge avancé, placées à peu près de même dans un fauteuil, ajustées de riches draperies qui suivent le mouvement de leur ensemble et tombent en mille plis jusqu'à terre, pouvaient, au premier coup d'œil, paraître copiées l'une sur l'autre. A les comparer, il est impossible de les confondre. Si toutes les deux ont dans leur pose, de l'aisance et de l'abandon, la dernière est plus gracieuse que son prétendu modèle. Celle-là n'a que la gravité d'une matrone; celle-ci y joint la dignité et la noblesse. L'une est plus étudiée; l'autre, plus naturelle. La sévérité l'emporte dans les traits d'Agrippine; dans ceux de Lætitia, c'est la bonté. Je ne sais si les beautés du marbre antique imposent davantage; mais le charme féminin du marbre moderne plaît encore plus. Il respire la sérénité, le calme, le bonheur de la mère d'un héros, qui voit l'Europe aux pieds de son fils, jouit de sa gloire, craint qu'elle ne s'éclipse, et se complaît à recevoir de lui, des témoignages de vénération et de piété filiale. C'eût été en effet un contre-sens, que de prêter cette joie toute maternelle, à celle qui donna le jour à Caligula et qui fut l'aïeule de Néron. — La statue de Napoléon n'est point colossale, mais lourde et gigantesque. Nous ne sommes pas familiers avec de semblables dimensions. Cette nudité entière veut d'ailleurs être vue à distance, et environnée d'accessoires qui s'éloignent trop de notre siècle.

Parmi des marbres invendus, figurent un groupe des Grâces, un buste de Béatrix, et un hermès de Sapho. Les Grâces sont d'une fadeur et d'une minauderie que Boucher n'eût pas désavouées. Quoique inspirée par les vers du Dante, l'image de Béatrix a le regard plus pédant que prophétique. Je n'en dirais pas comme le poète :

> Quando sarai dinanzi al dolce raggio
> Di quella, il cu' bell' occhio tutto vede,
> Da lei saprai di tua vita il viaggio [1].

L'expression de Sapho est indécise. Le croirait-on, que la pensée d'un être si passionné n'ait produit que cette figure froide et équivoque? Où trouver dans ces traits, dans ce regard, la verve poétique et l'amour ardent qui ont immortalisé la maîtresse de Phaon?

---

[1] Dante, l'*Enf.*, ch. x.

Lorsque tu paraîtras devant celle qui dissipe d'un regard les ombres de l'avenir, les hasards de ta course mortelle te seront tous révélés.

(*Trad. de* Rivarol.)

Terminons cette revue par la description de deux ouvrages capitaux. Ici le goût se prêtera à des conventions généralement adoptées : les principaux personnages sont des demi-dieux. —Hercule a saisi Lychas pour le lancer dans la mer; il le tient par le pied, rejeté en arrière et la tête en bas. Celui-ci se cramponne à l'angle d'un autel et à la jambe de son vainqueur. Résistance inutile ! un bras puissant le livrera au courroux de Neptune. Ce groupe appartient au banquier T...—Thésée triomphe d'un Centaure. Il est debout, dans l'attitude du combat. Armé d'une massue, il va frapper son ennemi ; de la main gauche il lui serre la gorge. Le monstre cherche en vain à se dégager. Il ne respire qu'avec effort. Son courage est épuisé. Il éprouve les premières convulsions d'une mort prochaine. La souffrance désordonne ses traits ; ses muscles se roidissent; sa croupe se replie sur elle-même; et les longs crins de sa queue sont hérissés. Ce chef-d'œuvre était destiné par le prince Eugène, à l'embellissement de la ville de Milan. L'empereur d'Autriche s'en est emparé et doit le faire transporter à Vienne [1].

[1] Ce marbre est exposé à Vienne dans le jardin public. On

Dès l'âge de douze ans, Canova manifesta un goût décidé pour la sculpture. Ses premiers pas dans la carrière furent marqués par des succès. En 1779, le sénat de Venise lui alloua, à titre d'encouragement, une pension de trois cents ducats, pour un marbre de Dédale et d'Icare qui venait d'être couronné. La peinture des sentimens mélancoliques et les images voluptueuses avaient pour lui un attrait particulier. Ces préférences presque exclusives de sa jeunesse cessèrent promptement. En s'exerçant sur des sujets mâles et énergiques, il prouva qu'aucun genre ne lui serait étranger. Il aimait son pays avec idolâtrie. Après que les guerres d'Italie eurent renversé la puissance vénitienne, il s'attacha au prince Rezzonico, et l'accompagna dans un voyage qu'il entreprenait en Allemagne. Les victoires des Français ayant fatigué toutes les animosités et détruit toutes les résistances, il rentra dans Rome, rouvrit ses ateliers et reprit ses travaux. Son essor fut tel, qu'en 1802, Pie VII le créa inspecteur-général des beaux-arts et chevalier romain. A cette époque, appelé à Paris,

---

lui a érigé un temple sur le modèle de celui de Thésée, à Athènes.

il y fut accueilli avec distinction, et l'Institut de France le nomma son associé. Divers ouvrages lui furent demandés par le premier consul. Il en fit les ébauches : le génie ne craignait pas alors de flétrir ses palmes en se consacrant à célébrer Bonaparte. Depuis, nous avons vu Canova, pendant l'année 1815, reprendre, au nom du pape, dans nos musées, les objets d'art conquis par nos armes, reçus en don ou payés de nos deniers. Chargé de ce honteux butin, les honneurs du triomphe l'attendaient à Rome. Son nom fut inscrit au Capitole, comme s'il avait sauvé la patrie; et, pour combler le ridicule de cette apothéose, le successeur de St.-Pierre l'institua marquis d'Ischia, ajoutant à cette faveur une pension de trois mille écus romains. Aujourd'hui il jouit avec quelque vanité, de ses titres, de sa célébrité et de sa fortune. Les momens rares dont il peut disposer, n'appartiennent qu'aux souverains, aux grands seigneurs, aux princes de l'église, ou bien à ceux que leur richesse place au premier rang de la société. Le reste n'a de relations avec lui, que par l'intermédiaire d'un intendant qui conclut les marchés auxquels il est contraint de descendre de tems en tems, puisque, au demeurant, il n'est à peu près rien dans ce monde, qui ne finisse par s'évaluer en argent ou en or.

Canova est d'une complexion délicate et fragile, et d'une taille exiguë et chétive. Sa carnation est livide. Des étincelles semblent jaillir par momens, de ses yeux enfoncés profondément dans leurs orbites. Un sourire agréable et presque continuel donne à sa physionomie l'air affectueux. Il n'est exempt de simplicité, ni dans son maintien ni dans ses manières. On regrette qu'un peu de suffisance, une préoccupation assez fondée sans doute de sa supériorité, gâtent cette familiarité, cette bienveillance, cette modestie du moins apparente, qu'on voudrait rencontrer dans tous les artistes, et qui, dit-on, ne lui ont pas toujours été étrangères. A Paris, on l'apprécie; et si nous n'en sommes pas aussi enthousiastes que les Romains, notre excuse est dans le peu d'occasions que nous avons eues de juger de son mérite, en supposant que notre opinion à son égard, ne soit pas la plus juste. Excepté un petit nombre de ses œuvres, toutes sont à Rome, à Vienne, à Milan. Je sais qu'on lui reproche de l'incertitude dans quelques contours, et de la mollesse dans quelques attitudes où la vigueur serait nécessaire. On blâme aussi le prétendu charlatanisme qu'il emploie pour donner au marbre, le velouté de la peau et la transparence des chairs. Qu'importe ? cet artifice sera, si l'on veut, une hardiesse, un effet hasardé, l'imitation d'un procédé connu des anciens : mais ces critiques prévaudront-elles sur la Madeleine, image suave du plus touchant repentir; sur la Vénus du palais Pitti, estimée à l'égal de celle de Médicis; sur la Lætitia assise, modèle de naturel et de grâce; sur le Persée tenant la tête de Méduse, qui le dispute dans le Vatican à l'Apollon du Belvédère; et sur les travaux d'un style plus élevé, que l'antiquité pourrait réclamer à plus d'un titre?

Nous étions hier à l'extrémité orientale du mont Esquilin, quand nous avons interrompu le cours de nos explorations. Un château d'eau, bâti dans la rue de la Porte-Majeure, auprès de l'église de Saint-Eusèbe, porte le nom de Trophées de Marius. Le tems a rendu méconnaissable l'architecture de ce monument, destiné par M. Agrippa au passage de l'eau julienne. Les antiquaires doutent que les bas-reliefs qu'on y a incrustés, se rapportent aux victoires du compétiteur de Sylla sur les Teutons.

Plus loin, dans la même direction, est l'église

de Sainte-Marie-Majeure, l'une des plus belles de Rome par sa coupe, par les colonnades de marbres précieux qui la décorent, et par les mosaïques dont elle est pavée. Le plafond de la nef principale est boisé et enrichi de sculptures et de dorures. Des chapelles et des mausolées bordent les nefs latérales. La pluie y a conduit, en même tems que nous, quelques passans. Dans le nombre il y avait des religieuses. L'une d'elles, d'une beauté remarquable, marchait près de moi. Un bandeau lui ceignait le front. Elle avait un air de candeur et de pureté, digne des pinceaux de Raphaël. Les ondulations de sa guimpe de fine batiste, tant soit peu serrée contre son sein, trahissaient des formes séduisantes. L'étoffe grossière de sa robe ne nuisait point à la souplesse de sa taille; et le long voile noir qui flottait autour d'elle au moindre de ses mouvemens, lui donnait quelque chose d'aérien et d'angélique. En s'agenouillant au pied d'une colonne, elle a pris le rosaire pendu à sa ceinture, en a pressé la croix d'ébène sur ses lèvres, et lui a imprimé un baiser d'amour divin, propre à donner, qu'on me le pardonne, de diaboliques pensées. Puis, faisant glisser les grains bénits entre ses doigts rosés dont le tact paraissait fort doux, elle commençait des prières, lorsqu'un ample dominicain est survenu. Ils se connaissaient. Elle s'est levée, et l'a salué familièrement : en même tems, une légère rougeur a effleuré son teint de lis. Le moine s'est arrêté, lui a répondu par un gros rire, et s'est enfermé dans le confessionnal prochain, d'où sortait une baguette longue de huit ou dix pieds. La jeune vierge s'est placée vis-à-vis de lui à une petite distance. Là, se mettant de nouveau à genoux, elle a baissé la tête et croisé ses bras sur sa poitrine. Prenant la verge sacrée, le confesseur lui en a frappé doucement l'épaule gauche, en prononçant à demi-voix quelques mots latins, et l'a retirée aussitôt. Cet attouchement est une absolution des péchés véniels, qui n'a pas besoin d'être précédée de la confession. C'est un pardon qui suppose le repentir; et l'accord tacite qui y préside sera ratifié dans le ciel, selon la bonne foi que chacun y aura apportée. En attendant que la pluie cessât, la pénitente, qui venait de recouvrer la plénitude de son innocence, s'est rapprochée de celui qui la lui avait rendue. Ils se sont entretenus, lui brusquement et riant quelquefois de ce qu'il disait; elle, avec timidité et modestie, souriant à certains endroits, et témoignant, aussi peu que lui, le désir d'abréger une conversation assez animée, qui les occupait beaucoup l'un et l'autre.

L'église de Saint-Martin et celle de Saint-Pierre *in Vincoli*, sont moins vastes que celle de Sainte-Marie-Majeure, mais d'une construction à peu près pareille, et presque aussi riches de marbres et de dorures. Dans la première, Gaspard Poussin a peint à fresque, des paysages d'une telle fraîcheur et d'une si grande vérité, que les murs semblent s'être ouverts pour laisser voir des campagnes délicieuses et d'une verdure éternelle. Le plus bel ornement de la seconde est une statue de Moïse, l'un des ouvrages les plus renommés de Michel-Ange : elle fait partie du tombeau de Jules II. Le chef du peuple de Dieu est assis. Il tient sous son bras droit, les tables de la loi. Inquiet s'il doit encore compter sur la foi et la résignation des Hébreux, il regarde fixement. Une inspiration céleste le pénètre : rien n'échappera à cette vue perçante. Qui oserait lui dérober sa plus intime pensée? Son seul aspect révèle sa mission divine, et l'empire qu'elle lui donne. Il y a dans l'ensemble de cette figure un caractère imposant, qui n'appartient qu'à l'envoyé de Dieu [1].

Nous sommes ici dans le voisinage des thermes de Titus, et d'un réservoir destiné à leur service. Ce réservoir se nomme les Sept Salles, bien qu'on y en compte neuf. Il est entouré de hautes murailles, et couvert de plusieurs voûtes, qui, arcboutées entre elles, reposent sur des piliers symétriquement espacés. Le niveau des eaux qui y séjournaient, est marqué par un dépôt calcaire qui s'est amalgamé avec la pierre. Les thermes de Titus, situés dans la partie méridionale du mont Esquilin, étaient séparés du mont Palatin par le Colisée. Là se trouvaient, du tems d'Auguste, les maisons d'Horace, de Virgile, de Properce et de Mécène. Celle-ci fut, après l'incendie de Rome, enclavée par Néron dans le palais d'or. Sa porte donne entrée dans les ruines que nous allons essayer de parcourir. Quel vaste emplacement! que de salles différentes entre elles d'étendue et de forme! que de débris et de compartimens méconnaissables! Le rez-de-chaussée est entièrement encombré. A l'aide de

---

[1] M. le baron Gros en a eu beaucoup de réminiscences dans son Charlemagne de la coupole de Sainte-Geneviève.

torches allumées, on pénètre dans quelques pièces de l'étage supérieur. Les murs sont peints d'un rouge de brique, qui colore les objets environnans d'une teinte rosée. Sur ce champ d'un ton vif, se détachent des tableaux représentant des sujets mythologiques, encadrés d'arabesques composées d'animaux et d'oiseaux vrais ou fabuleux, et de guirlandes de feuillage, de fleurs et de fruits, dont les nuances ont conservé leur premier éclat. Tout ce que Rome avait de grand, de noble, de vertueux, d'élégant, fréquentait ces thermes.

Chez les Romains, les bains étaient d'un usage journalier. Ils entraient dans les préceptes de l'hygiène la plus vulgaire. Le soin de la santé ne les eût pas prescrits, qu'ils fussent devenus indispensables à cause du costume, et de la chaleur du climat. On rencontre fréquemment dans Rome, les substructions des lieux où l'on allait les prendre. Dans les maisons particulières, les femmes pouvaient se baigner séparément; mais aux thermes publics, les sexes étaient confondus. Les mœurs souffraient-elles de ce mélange? était-ce innocence ou corruption? « Les hommes nus ne sont que des statues pour une femme sage, » répondit la mère de Tibère aux sénateurs qui voulaient punir sévèrement des hommes qui, dans cet état, s'étaient trouvés par hasard, sur son passage. Pour peu fortunés qu'ils fussent, les citoyens avaient des bains dans leurs propres demeures. On regardait cet accessoire comme une dépendance nécessaire des maisons de campagne. Pline le jeune, en parlant de celle qu'il avait dans le Laurentin, sur la route d'Ostie, s'exprime ainsi : « De là, on entre dans la salle de » bains, où est un réservoir d'eau froide. Cette » salle est grande et spacieuse. Des deux murs » opposés, sortent deux baignoires arrondies, » si profondes et si larges, qu'au besoin l'on » pourrait y nager à son aise. Près de là, est une » étuve pour se parfumer, et ensuite le four- » neau nécessaire pour chauffer l'eau[1]. »

Ce court détail montre quelles sensualités on recherchait dans les bains domestiques. Mais, ceux dont les empereurs ordonnaient la construction, étaient d'une magnificence incroyable, et réunissaient toutes les commodités du luxe le plus raffiné. L'eau était offerte aux baigneurs dans des réservoirs de températures différentes. Froide d'abord, en plein air ou à couvert ; puis

---

[1] PLINE le jeune, liv. II, lett. 17, *à Gallus. Trad. de* M. de Sacy.

tiède, avec la facilité d'en graduer la chaleur à volonté; puis chaude, également à tous les degrés. A la suite, venaient des étuves circulaires, dont la partie supérieure se terminait en cône tronqué. Au centre, un courant d'eau bouillante alimenté par des chaudières, coulait sans interruption dans un grand bassin. La vapeur qui s'en exhalait, se répandait dans l'espace, prenait de l'intensité, et s'échappait par momens, en soulevant une soupape adaptée au sommet du cône. Trois rangs de gradins adossés contre le mur qu'échauffaient les poêles environnans, servaient de siége à ceux qui voulaient y prendre place. Au sortir de cette atmosphère ardente, on passait dans des salles tempérées. La transpiration s'arrêtait par degrés. Peu à peu les organes reprenaient leur état naturel. Les sens se remettaient du trouble qu'ils venaient d'éprouver. Alors, dans d'autres appartemens, commençaient les soins de la toilette; et des esclaves en faisaient le service. L'huile embaumée, toutes sortes de parfums étaient prodigués. Un grand nombre de pratiques, plus ou moins recherchées, se succédaient, qui paraîtraient aujourd'hui fort ridicules, et seraient réprouvées par nos mœurs comme par nos usages. Montaigne en cite quelques-unes. « Aux » bains, dit-il, que les anciens prenoient touts » les iours avant le repas, et les prenoient aussi » ordinairement que nous faisons de l'eau à laver » les mains, ils ne se lavoient du commence-» ment que les bras et les iambes; mais depuis, » et d'une coustume qui a duré plusieurs siecles, » et en la pluspart des nations du monde, ils » se lavoient tout nuds d'eau mixtionnee et par-» fumee, de maniere qu'ils employoient pour » tesmoignage de grande simplicité de se laver » d'eau simple. Les plus affettez et delicats se » parfumoient tout le corps, bien trois ou qua-» tre fois par iour. Ils se faisoient souvent pince-» ter tout le poil, comme les femmes françoises » ont prins en usage depuis quelque temps de » faire leur front, quoiqu'ils eussent des oigne-» ments propres à cela [1]. »

Les heures qui s'écoulaient ensuite jusqu'à celle du repas, ne se perdaient point en une vaine oisiveté. A tout ce qui était nécessaire pour leur principale destination, les thermes joignaient des locaux également favorables aux exercices du corps et de l'esprit. Chacun pro-

---

[1] MONTAIGNE, liv. 1, chap. 49, *Des Coutumes anciennes*.

fitait du bien-être physique que lui laissait le bain, pour se livrer à la gymnastique, à la lecture, ou aux agrémens de la conversation. De grands jardins étaient ouverts aux promeneurs. On y avait ménagé des arènes et des cirques pour les jeux athlétiques. Une enceinte particulière servait aux joueurs de paume, et des gradins s'élevaient à l'entour pour les spectateurs. Ceux que leur goût portait vers la littérature, la philosophie ou la politique, se rassemblaient dans la bibliothèque. Ils y écoutaient les rhéteurs argumenter, les orateurs s'exercer. Des questions d'état et de morale se traitaient devant eux. Enfin ceux qui aimaient les arts, trouvaient l'occasion d'en suivre ou d'en étudier les progrès, dans de longues galeries garnies de statues et de tableaux.

FONCTION RELIGIEUSE DU CARDINAL FESCH.
ENTERREMENS.
RÉCEPTION CHEZ LE COMTE DE B......

Rome, 21 novembre 1819.

Le cardinal Fesch officiait aujourd'hui pontificalement dans l'église de Sainte-Marie des Miracles. Son Éminence donne une grande pompe à ses fonctions religieuses. Ses ornemens sont magnifiques. Sa chapelle est riche d'or et de pierreries. Il n'emploie que des musiciens et des chanteurs d'élite. La foule y avait accouru. Une symphonie pleine d'harmonie et d'onction, a terminé la fête. Le pavé du temple était jonché de branches de laurier, dont la vive odeur se mêlait à des nuages d'encens. Ces parfums, le son mélodieux des instrumens, l'éclat d'une multitude de cierges, le demi-jour qui descendait du haut de la coupole sur ce peuple joyeux de la solennité à laquelle il assistait, offraient un ensemble curieux. On dissertait sur chacun des détails. La louange et le blâme se distribuaient comme au théâtre ou dans un cirque. Les poses du cardinal, ses gestes, ses habits pontificaux, le chant, les accompagnemens, tout était examiné, jugé; et dehors, après la clôture des portes, quelques groupes sont restés pour en parler encore. Des citoyens, à Rome, sur la place du peuple, s'entretenir frivolement des accessoires mondains d'une messe! Quelques siècles ont suffi pour conduire à l'indifférence civile et politique, les descendans des Camille et des Fabius, des Caton et des Cicéron, de Brutus et des Gracques! Le même sort nous attendrait-il donc? La gloire du siècle de Napoléon serait-elle la dernière qui dût illustrer la France? Ainsi que celle de Romulus, notre grande nation est-elle condamnée à subir le gouvernement hypocrite des jésuites?

Je viens de rencontrer un convoi funèbre. Le cortége est devancé par un conducteur, *condottiere*, coiffé d'un chapeau à trois cornes et affublé d'un ample manteau noir. Des pénitens le suivent, rangés sur deux files, et précédés d'une bannière toute empreinte des divers emblêmes de la mort. Ils sont vêtus d'un sac de toile, et ceints de torsades auxquelles pendent des chapelets. Un capuchon percé de deux trous vis-à-vis des yeux, couvre leur tête. D'une main, ils tiennent un cierge allumé, et de l'autre, un livre de prières. Sous cette hideuse livrée de piété et d'égalité, la chaussure devient une distinction. On reconnaît les pauvres à leurs gros souliers; les riches, à leurs bas de soie blancs et à leurs boucles d'or. Ceux-ci sont d'autant plus remarqués, que leur nombre est moins grand. Ici, comme partout, les pauvres mettent plus d'empressement à solliciter du ciel les félicités d'une autre vie; que les heureux du siècle, à le remercier de celles dont ils jouissent dans ce monde. Ensuite viennent la croix, et le clergé plus ou moins nombreux, selon qu'il est payé. Enfin, le mort prend son rang, élevé sur une estrade, par des pénitens ses confrères. Sa figure n'est voilée que lorsque les traits en sont trop altérés. Une croix d'ébène repose sur sa poitrine; et des torches de résine brûlent autour de ce catafalque ambulant. Un portefaix, chargé du cercueil, ferme la marche : les pauvres n'en ont point. On s'avance rapidement vers l'église. Par intervalles, la lugubre psalmodie du refrain d'une litanie se fait entendre. Les spectateurs à genoux et découverts, doivent garder le silence. Pour quelques-uns, c'est une occasion de méditation et de prière ; la plupart rient et haussent les épaules. Rien n'est en effet plus singulier, que ce mélange d'une profonde tristesse avec une mascarade burlesque. Les parens et les amis du mort ne l'accompagnent point. Réunis dans la demeure qu'il occupait, ils vont seulement jusqu'à la porte où ils lui font leurs derniers adieux. Pendant huit jours, la bienséance ne permet pas qu'ils se montrent, soit en public, soit dans aucune assemblée.

L'enterrement d'un enfant, au contraire, n'a rien de lugubre. Sa mort n'est point un sujet de regrets pour l'église catholique. La foi l'inscrit au nombre des anges du ciel, comme les anciens le mettaient au rang des ombres fortunées. Son convoi est une espèce d'ovation. Les chants en sont joyeux. On dépose sur ses pieds une couronne de fleurs. Le brancard sur lequel on le place est jonché de bouquets blancs, symbole de son innocence. Ordinairement les jeunes orphelins le conduisent jusqu'au cimetière. Leur costume semblable à celui des prêtres, leur candeur, leur gaîté naturelle, le sérieux qu'ils s'efforcent de prendre pour s'accommoder au devoir qu'ils remplissent, donnent à cette cérémonie un caractère particulier. Toutefois, pour demeurer concentrée dans le sein de la famille que vient d'amoindrir ce coup imprévu, sans doute la douleur n'est pas moins cruelle. Près du berceau vide, les larmes d'une mère, celles d'un père, coulent en abondance. Qui peut voir sans émotion, s'éteindre dans la tombe une vie à peine commencée? Quand la mort frappe un enfant, elle se méprend; l'heure n'était point venue. Il ne connaissait encore que ses jeux, et l'amour dont il était l'objet. On se console de perdre celui qui a pu comparer le plaisir avec la peine; il a eu le tems d'apprendre que la compensation n'en était pas entière. Quelque sort qui l'attende ailleurs, il est des maux qu'il ne souffrira plus, des chagrins dont il voit enfin le terme. Mais la désolation des parens qui survivent à un jeune fils sur lequel ils fondaient l'espoir de leurs vieux ans, à une fille dont le sourire les rendait heureux, se calmera-t-elle jamais? L'ordre de la nature est interverti. Ou je me trompe, ou la religion et la philosophie sont impuissantes pour tarir une telle source de pleurs, pour adoucir une si grande amertume. Puissé-je ne le jamais éprouver!

Les salons de Son Excellence l'ambassadeur de France étaient ouverts ce soir au public. Les

Romains de marque et les étrangers ne manquent pas de s'y rendre. Pour les Français, si ce n'est ni une obligation ni un plaisir, c'est tout au moins une sage précaution, surtout dans le tems de suspicion où nous vivons. Mme la comtesse de B..... en fait les honneurs avec une aménité qui lui concilie tous les suffrages. Elle a été belle; et elle est bonne. Son regard a quelque chose de suave et de bienveillant, qui inspire la confiance. La douceur de sa voix pénètre jusqu'au fond de l'ame. On la dit pieuse, charitable, douée de toutes les vertus : je n'ai aucune peine à le croire. Parmi les personnages éminens qui se pressent au premier rang, remarquez avec moi le cardinal Doria, maintenant si heureux et si fier de toutes les restaurations, et si orgueilleux naguère d'apporter à Napoléon, les barrettes des cardinaux Fesch et Cambacérès. Ne vous semble-t-il pas prêt à adopter encore les révolutions qui lui laisseront son titre ou lui en donneront de nouveaux? Il n'est certes pas besoin de venir à Rome pour voir ces choses-là, et des résignations bien plus dociles encore que la sienne.

LA CAMPAGNE DE ROME.—ALBANO.
LES TOMBEAUX D'ASCAGNE ET DES HORACES.
VELLÉTRI.—TORRÉ-DI-TRÉ-PONTI. — LES MARAIS PONTINS.— TERRACINE.
UN CALABROIS. — ASPECT DU PORT DE TERRACINE ET DE LA MER.

Terracine, 22 novembre 1819.

Je suis sorti de Rome par la porte Saint-Jean. Les approches d'une grande ville se manifestent communément, par le concours des pourvoyeurs qui arrivent des villages prochains. Des auberges bordent la route. Des maisons de plaisance ornent les environs. Il n'en est pas de même ici. Hors des murs commence le désert, moins vaste toutefois et moins triste que vers le nord, mais tout aussi inculte et dépeuplé. Il ne paraît pas s'étendre au-delà d'un rayon de quatre lieues. Cet espace, traversé par la voie appienne jadis si magnifique, n'offre de toutes parts que des ruines. Tantôt les fragmens d'un aqueduc se prolongent, leur sommet traçant une ligne droite à l'horizon, tandis que leur base suit les inégalités du sol. Tantôt d'autres débris, irrégulièrement entassés contre quelques pans de murs, forment des masses si heureusement assorties, que l'art d'un habile dessinateur ne pourrait les mieux composer. Ailleurs des tombeaux mutilés sont épars. Ils ont perdu leur ensemble, leurs ornemens, et jusqu'à leurs urnes funéraires. Tous ces monumens sont déchus de leur grandeur passée, de même que la nature semble avoir abdiqué ses droits sur cette terre abandonnée.

Albano a succédé à la capitale des Albains, ville guerrière dont la rivalité inquiéta Rome naissante, et qui s'est changée en un modeste village. Les champs qui l'avoisinent, si souvent couverts de soldats, où tant de camps furent tracés, d'où Annibal menaça les Romains, ne sont plus qu'une belle et riche campagne. Des montagnes l'entourent. Des arbres séculaires l'ombragent. Au fond de la vallée, un lac réfléchit dans ses eaux leurs groupes pittoresques. Des ouvrages dignes du peuple-roi, avaient préparé sa jonction avec la mer; et, même dans le peu qui en reste, ils ont encore de la majesté. Un palais, séjour de plaisance des papes, domine les sites agrestes de cette contrée. Des récollets, des capucins ont bâti des couvens sur les hauteurs. Quelques chapelles isolées sollicitent la piété et les aumônes des passans. Enfin, dans un ermitage, au fond des bois, sur le revers d'un rocher escarpé, achève de vivre un vieillard, auquel le peuple va demander souvent des conseils et des prières, en échange des légumes et des fruits qu'il lui apporte.

On désigne sous le nom de Tombeau d'Ascagne, un massif informe de maçonnerie qui se trouve avant d'entrer à Albano. Au-delà, s'en élève un autre plus considérable, carré, hérissé de petites pyramides, dont trois se sont conservées, et deux autres sont tombées : construction barbare qu'on nomme le Tombeau des Horaces et des Curiaces. Ni l'une ni l'autre de ces dénominations ne paraissent fondées. Ascagne bâtit Albe-la-Longue, et mourut 1339 ans avant J.-C. Comment supposer que son tombeau ait survécu à cette ville et à tant de siècles écoulés depuis ? Quant à celui des Horaces, voici comment s'exprime Tite-Live après la description de leur combat : « Chacun s'occupe ensuite de la sépul-
» ture de ses morts. Mais, quelle différence des
» deux peuples, dont l'un devenait maître et
» l'autre sujet ! Les tombeaux subsistent encore
» à la même place où chacun périt en combat-
» tant. Ceux des deux Romains sont plus près

» d'Albe et au même endroit. Ceux des trois
» Albains se rapprochent un peu plus de Rome;
» ils sont écartés, et à la distance où furent tués
» les Curiaces[1]. »

Quelques mots de Plutarque sembleraient indiquer, que le premier de ces tombeaux aurait été destiné par Pompée, à renfermer les cendres de Julie sa femme, fille de César; et que le deuxième aurait été érigé à Pompée lui-même, par Cornélie qu'il épousa en secondes noces. Au sujet de Julie, Plutarque dit : «.....Elle mourut
» en travail d'enfant, et l'enfant ne survescut
» gueres de jours après la mere, et comme Pom-
» peius se disposast pour l'aller inhumer en une
» siene terre qu'il avoit près la ville d'Alba, le
» peuple, par force, en emporta le corps au
» champ de Mars, plus pour la pitié et compas-
» sion qu'il eut de la jeune dame, que pour en-
» vie de gratifier ny à Cæsar ny à Pompeius : et
» neantmoins encore de ce que le peuple en fai-
» soit pour le regard d'eulx, il sembloit en faire
» plus pour l'amour de Cæsar absent, que de
» Pompeius present[2]. » Et plus loin, au sujet de Pompée, le même écrivain ajoute : « Les

[1] TITE-LIVE, liv. 1, 25, *trad. de* Dureau de la Malle.
[2] PLUT., *Pompeius*, LXXVI, *trad. d'*Amyot.

» cendres du corps de Pompeius furent depuis
» rapportées à sa femme Cornelia, laquelle les
» posa en une siene terre qu'il avoit près la
» ville de Alba [1] ».

Quoi qu'il en soit de ces indications et des conjectures qu'elles autorisent, aucune certitude n'en résulte. Les inscriptions tendent le plus souvent à augmenter les doutes. A peine quelques lettres oblitérées offrent une légère trace des mots dans la composition desquels elles entraient. Si quelques lignes subsistent encore, des lacunes les rendent inintelligibles; ou bien les abréviations qu'elles contiennent, redoublent leur obscurité. Aussi le voyageur passe-t-il auprès de ces monumens, sans s'arrêter pour en constater l'origine. Sa curiosité ne serait pas mieux satisfaite, quand il s'adresserait au petit nombre d'habitans qu'il rencontre. Quels Albains et quels Romains! Comment chercheraient-ils à recueillir la moindre tradition sur les débris classiques qu'ils foulent à leurs pieds? L'affluence des étrangers qui ne serait pas sans profit pour eux, ne les stimule nullement. Ignorans et ignorés, ils végètent sur cette terre

[1] Plut., *Pompeius*, cxii, *trad.* d'Amyot.

illustrée par leurs aïeux, sans savoir seulement en aider la fécondité, et se contentent de recevoir les dons qu'elle leur fait, accoutumés qu'ils sont à vivre d'aumônes, et dans la plus hideuse misère. A leur regard farouche on les prendrait pour des voleurs ; à leur costume, pour des mendians. Bien que la saison soit pluvieuse et froide, ils ont les jambes et les pieds nus. Les hommes se drapent de quelques lambeaux d'étoffe. La malpropreté des femmes est repoussante. Elles sont vêtues d'une jupe de laine brune ou rouge, et d'un corset sans manches, lacé sur une feuille de carton qu'elles appliquent contre leur poitrine, et qui sert d'appui à leur gorge. Leur coiffure se compose d'un morceau de grosse toile ployé en différens sens, posé sur leur tête, et sous lequel débordent de toutes parts des cheveux sales et désordonnés. Un fichu volant et ouvert complète cet ajustement. On voit dans quelques tableaux de genre figurer ces costumes. Des fleurs, des épingles d'or, des nœuds de rubans leur donnent de l'éclat et de l'élégance. Il n'en faudrait pas chercher ici le modèle. Loin d'avoir imité la nature en l'embellissant, l'art en a créé une nouvelle, inspirée par le caprice d'une mode imaginaire.

Après Albano, la route monte et descend alternativement avec rapidité. Souvent elle se replie sur elle-même, pour suivre l'inclinaison des montagnes qui sont ici fort rapprochées les unes des autres. La pente s'adoucit dans le voisinage de Vellétri où fut nourri Auguste; et elle s'aplanit tout-à-fait à Cisterna. Les substances volcaniques qui, jusque-là, se mêlaient à la terre, disparaissent, pour ne plus se montrer qu'à huit lieues de Naples.

A Torré-di-tré-Ponti commencent les marais Pontins. Ils occupent une grande partie de l'antique Latium. On trouve sur leurs confins les ruines d'*Antium*, d'*Ardea*, de *Lavinium*, de *Velitræ*, de *Privernum* et d'*Anxur*. Jadis la culture en assainissait l'air; et quelques eaux seulement séjournaient près de Terracine. Dans le cinquième siècle, le censeur Appius y fit construire la voie qui a conservé son nom. Durant les guerres qui ravagèrent cette contrée, les champs abandonnés par les agriculteurs furent inondés. Le consul Céthégus les desséeha; mais leur submersion suivit de nouveau les dissentions civiles. Sous le règne d'Auguste, on réussit encore à en retirer les eaux: les Barbares détruisirent cet ouvrage. Léon Ier et Sixte II, dans le moyen âge, tentèrent le même dessein : ils ne vécurent pas assez long-tems pour l'accomplir. Des plans furent soumis à Clément XIII, qui s'effraya de la dépense qu'exigeait leur exécution. En prenant possession du Saint-Siége, Pie VI ne craignit pas de se livrer, sur de nouvelles bases, à cette entreprise. Les difficultés que chaque année ajoutait à celles qui existaient déjà, ne purent ni décourager sa résolution, ni lasser sa patience. Par ses ordres, l'ingénieur Rapini creusa le canal Pie qui déversa les eaux à la mer, à travers Badino; il augmenta la profondeur du fleuve artificiel Sisto, encaissa l'Uffente et l'Amagéno, restitua quelques terres à l'agriculture, et la voie appienne à son ancienne destination. Enfin, Napoléon qui associait la France à tout ce qui se faisait de grand en Europe, résolut d'achever ce qui avait été commencé. M. de Prony a consommé sur les lieux, pendant les années 1811 et 1812, toutes les opérations préparatoires de jaugeage et de nivellement, pour le desséchement général et complet du sol pontin. L'invasion de la France a renversé ce projet comme tant d'autres. Du moins nous a-t-elle laissé les cartes, les renseignemens, les calculs et les vues de M. de Prony, où le savoir et l'expérience, se prêtant un mutuel appui, présentent d'ingénieux moyens de résoudre le problême qui lui avait été proposé. En voici quelques résultats :

La surface des marais Pontins est d'environ trente mille hectares : celle du bassin dans lequel ils sont renfermés, en contient plus de cent trente mille. Leur longueur, dans le sens du littoral, a quarante-deux mille mètres ; leur largeur, dix-huit mille. Les dimensions des versans comprennent, du nord-ouest au sud-est, soixante mille mètres de long ; et dans la direction du 41° 27′ de latitude nord, quarante-huit mille mètres. Ainsi, la surface totale est moindre du quart de celle des versans ; de sorte que l'eau pluviale annuelle qui séjourne dans cet espace, est de plus de neuf cent trente millions de mètres cubes, sans y comprendre les absorptions naturelles. Diverses causes s'opposent au dessèchement des marais Pontins : l'élévation des dunes; les inégalités du sol dans une étendue de trente lieues carrées ; l'infériorité des bas-fonds par rapport au niveau de la mer; l'envasement continuel des canaux et des rivières; et la nudité des montagnes, qui, mises en culture par une industrie mal entendue, ont perdu le peu de terre végétale qu'y arrêtaient les racines des plantes et des arbres, et ne retiennent plus les eaux du ciel : au contraire, elles les lancent maintenant comme des torrens, et augmentent ainsi les inondations.

On a beaucoup écrit sur la mauvaise influence des exhalaisons de ces marais. Elles passent pour occasioner une fièvre lente qui conduit au tombeau. Les conseils sanitaires sont prodigués à ceux qui vont s'y exposer. On leur peint des plus hideuses couleurs ce passage redoutable. Ils ne doivent s'attendre qu'à marcher dans la fange, à respirer un air empesté, à ne rencontrer que des animaux venimeux. On leur dit que la chaleur du climat n'y fait croître que des poisons ; que l'ombre et le soleil y offrent un égal danger ; que l'eau n'en est point potable. On ne manque pas de leur rappeler les mots d'Horace :

> Hic ego, propter aquam quòd erat teterrima, ventri
> Indico bellum, cœnantes haud animo æquo
> Expectans comites [1].

[1] Hor., sat. 5, liv. 1.

> Là, redoutant de l'eau les effets malfaisans,
> Sans moi d'un œil jaloux je vis souper nos gens.
> (*Trad. de* Daru.)

Horace a dit encore qu'il serait impossible d'y dormir :

> Mali culices, ranæque palustres
> Avertunt somnos [1].

Durant ce trajet fatal, on veut aussi que celui qui se laisse aller au sommeil, risque de ne plus s'éveiller. Sauf l'exagération naturelle à ceux qui désirent d'intéresser au récit de leurs dangers, ces pronostics, selon les saisons, ne sont peut-être pas dépourvus de fondement.

La nuit passée il avait gelé : la journée était superbe; le soleil brillait; le ciel était pur et serein ; une vive brise du nord balayait l'atmosphère. Je m'attendais à des ornières profondes, à des mares fangeuses, à quelques-uns des obstacles et des inconvéniens qui m'avaient été signalés. Quelle fut ma surprise en voyant une chaussée longue d'environ douze lieues, ferrée, couverte du gravier le plus fin, unie comme une glace, bordée d'une avenue d'ormeaux, et se déroulant en ligne directe jusqu'à la mer, entre

---

[1] Hor., sat. 5, liv. 1.

> Je cherchais à dormir : mais voilà les crapauds
> Qui commencent leur chant fatal à mon repos.
>
> (*Trad. de* Daru.)

deux larges canaux dont les eaux, souvent lentes et quelquefois stagnantes, coulaient dans ce moment avec rapidité! En arrière les collines de Vellétri, à gauche les montagnes de la Spina, à droite une immense forêt qui dérobe la vue de la Méditerranée, et, plus au midi, les sommités du mont Circello, jadis l'île d'*Æœa*, délaissée par la mer et jointe au continent, formaient un horizon varié et pittoresque. Des oiseaux d'eau de toute espèce volaient ou marchaient le long de la route, comme s'ils eussent été apprivoisés. Quelques buffles la traversaient, ou montraient entre les roseaux leur tête repoussante, surmontée de cornes anguleuses et noires. Moins menaçans que sauvages, leur présence, leurs courses, leurs bonds inquiétaient aussi peu les passans, qu'ils paraissaient peu ombrageux, malgré leur regard farouche, leurs mugissemens épouvantables, et la rapidité avec laquelle l'action de leurs naseaux faisait élever la poussière. Ce spectacle inattendu m'a amusé un moment; mais la douceur de l'air, l'aspect monotone de cette plaine humide, la vitesse des chevaux, le balancement régulier de la voiture, m'ont assoupi malgré moi. Au premier relais, éveillé par la voix des postillons, j'aurais pu craindre les suites de l'imprudence involontaire que j'avais commise. Peut-être en effet ces marais produisent-ils des émanations plus dangereuses que je ne le suppose ; car, au coucher du soleil, leur surface se couvre d'une vapeur blanche, d'autant plus dense qu'elle est plus rapprochée du sol, et l'odeur qui s'en exhale est méphitique.

On ne rencontre d'autres habitations que celles qui ont été construites par Pie VI, pour les stations de la poste : ce sont de véritables palais. Ils étaient aussi destinés à loger des capucins qu'on n'a pu décider à s'y établir. L'autorité du pape a échoué contre leur résistance, fondée sur les périls auxquels ce séjour exposait leur vie. Un chef d'écurie et ses valets occupent seuls ces vastes demeures. L'appât du gain les y retient. Leur teint est livide et leur maigreur excessive. Ils ont les yeux éteints et les extrémités enflées. Une fièvre continue les mine ; et pourtant ils sont prompts, adroits, bruyans, et même gais par accès. Je ne les taxerai point de cette paresse indigène, qu'Horace reprochait au conducteur de la barque qui le menait à Brindes :

> Missæ pastum retinacula mulæ
> Nauta piger saxo religat, stertitque supinus.
> Jamque dies aderat, nil quum procedere lintrem

Sentimus : donec cerebrosus prosilit unus,
Ac mulæ nautæque caput lumbosque saligno
Fuste dolat [1].

Au contraire, la présence d'un voyageur excite l'agilité dont ils sont doués. Quelques secondes suffisent pour changer de chevaux, et partir comme la foudre, avec un bruit et des acclamations inconcevables. On dirait qu'ils veulent, par leur empressement, vous soustraire à la maladie qui les consume. Toutefois, ils ne vous épargnent pas les histoires de brigands; et ils vous proposent de vous faire escorter, précaution propre à les attirer, si même l'escorte ne se charge pas d'en jouer le rôle. Pour vous en convaincre, vous n'avez qu'à jeter un regard sur les soldats préposés à ce service et à la garde des chemins. Placés par escouades de trois ou quatre hommes, sur des points peu éloignés l'un de

[1] Hor., sat. 5, liv. 1.

    Le coquin de patron, qui regrettait son lit,
    Attache le bateau, va dételer la mule,
    Dans un pré l'abandonne, et s'endort sans scrupule.
      L'aurore ouvrait déjà la barrière du jour,
    Quand chacun s'éveillant s'aperçut de ce tour.
    Le plus vif saute à terre; et s'armant d'une gaule,
    A grands coups sur le dos va réveiller le drôle.
    L'innocent animal en eut aussi sa part.
                  (*Trad. de* Daru.)

l'autre, leur courage donne moins de sécurité, qu'il n'est permis de suspecter leurs intentions. De misérables huttes de roseaux leur servent d'abri. Ils couchent sur la terre presque nue. Exténués par une nourriture détestable et par le mauvais air, ils ressemblent à des pestiférés condamnés à mourir loin de toute habitation humaine. Des corps-de-garde semblables se succèdent jusqu'à la frontière des états du pape, où les troupes napolitaines les remplacent. A l'aide de cette précaution, les gouvernemens des deux pays se persuadent que les grands chemins cessent d'être infestés de voleurs et d'assassins; et cette conviction leur suffit.

J'arrive à Terracine, jadis *Anxur,* long-tems avant la fin du jour. On distingue la ville de fort loin, à la blancheur des rochers qui l'environnent ou la dominent :

<blockquote style="text-align:center">Atque subimus
Impositum latè saxis candentibus Anxur [1].</blockquote>

On la dit embellie par Pie VI. Il est trop tard

---

[1] Hor., sat. 5, liv. 1.

Enfin nous entrons dans Anxur, bâtie sur des rochers d'une blancheur éclatante.

pour y monter, et bien trop tôt pour se renfermer dans l'hôtellerie située au pied de ses murailles, et sur le bord de la mer. Une roche immense, détachée de la chaîne à laquelle elle appartenait, est tombée sur la plage. Elle a la forme d'un obélisque renversé. Ses dimensions colossales sont en harmonie avec la place où elle se trouve. Eclairée des rayons du soleil couchant, elle semble être de granit rose. De quelle époque date sa chute ? a-t-elle été témoin des guerres que soutinrent les Volsques ? ou bien cachait-elle alors sa cime dans les nuages ? Anxur fut l'ennemie des Romains. Ils la prirent d'assaut et la détruisirent. Terracine, bâtie sur ses ruines et devenue une colonie romaine, subit toutes les conditions de sa soumission au peuple-roi. Antonin-le-Pieux y avait fait construire un port, que Pie VI se proposait de rétablir. On en reconnaît encore l'enceinte. Quelques débris l'indiquent; mais il n'offrirait aucune sûreté. Je n'y aperçois pas même une barque de pêcheurs.

La route qui conduit à Naples se détourne ici brusquement. Son isolement la rend propre au crime. A droite est la mer; à gauche se dressent des montagnes inaccessibles. C'est de leur sommet, à travers les précipices et par des sentiers connus d'eux seuls, que les brigands descendent pour enlever les voyageurs, et ne les rendre que contre une rançon proportionnée à leur rang et à leur fortune. Loin de vivre dans les antres qu'elles recèlent, ils n'y cherchent que passagèrement un asile. La plupart d'entre eux habitent les villes ou les villages prochains. Ils ont des complices dans les hôtelleries. Sur les indications qui leur sont données, ils choisissent leur proie. L'heure de votre départ leur est connue. Ils calculent celle où vous passerez dans le lieu le plus favorable à leur dessein. Là, embusqués, ils manquent rarement leur coup. Quel dommage que de si beaux lieux présentent de tels dangers! Quoique les attaques n'y soient plus si fréquentes, vous êtes importuné, malgré vous, des regrets qu'on vous témoigne au moment où vous allez vous y exposer, de la contenance de tous ceux qui vous parlent, et des instances que font les chefs militaires pour vous accompagner. Au reste j'y passerai demain; j'y repasserai au retour; et, comme on dit vulgairement, nous verrons bien.

Le ciel était orageux. Des nuages sombres s'amoncelaient depuis quelques momens. Le jour s'est obscurci. La pluie a commencé. Je me suis réfugié dans l'auberge. A l'heure du souper, j'ai pris place avec mon compagnon de voyage, au bout d'une grande table; et nous mangions, non sans quelque répugnance, les mets étrangers et peu recherchés qui nous étaient servis. A l'autre extrémité, trois voyageurs se plaignaient du mauvais poisson et de l'exiguité des plats qu'on leur offrait. Conduits par un de ces voiturins qui se chargent de tous les frais du voyage, ils lui reprochaient à l'envi de spéculer sur leur nourriture et leur gîte. L'un d'eux qui ne paraissait pas avoir trente ans, portait une longue robe noire, dont le collet était bordé de batiste bleue. Il s'exprimait en bons termes. Sa physionomie avait de la franchise et de la gaîté. D'un œil furtif, il comparait de tems en tems notre repas avec le sien. S'il réfléchissait sur le contraste des soins prodigués à une bonne calèche courant la poste, avec l'accueil dédaigneux fait à la berline mal suspendue qui marche à petites journées, de mon côté j'éprouvais aussi quelque embarras de me trouver l'objet d'une pareille comparaison. A quoi a-t-il tenu que je ne fusse dans une pire situation que la sienne? Aussi, suis-je demeuré fort sensible à l'inégalité des conditions humaines, sans toutefois croire à la possibilité d'une égalité parfaite : c'est aux riches d'en rendre la différence moins pénible pour les pauvres. Ses camarades de sobriété, plus familiers avec une nourriture grossière, se sont bientôt rassasiés et retirés. Il était seul. Je l'ai invité à se rapprocher de nous; et la conversation s'est engagée.

Né en Calabre, il habite la ville de Cosenza, où il remplit, dans une maison publique d'éducation, les fonctions de professeur d'une classe moyenne. Il se rend à Rome pour visiter la ville classique qui ne lui est connue que par les auteurs latins qu'il a étudiés. Son but est aussi d'assister à la consécration de quelques évêques. Il avait accepté de partager avec nous, des légumes et des fruits. Cette occasion de renouveler ses plaintes sur le mauvais souper qu'il venait de faire, ne lui a point échappé. Il se plaisait à vanter la fertilité des plaines brûlantes de sa patrie, le poisson de ses rivages, la riche vallée du Crati, le nombre des troupeaux qu'elle nourrit, et la beauté des environs de Cosenza, sa ville adoptive. « Horace, a-t-il ajouté, regrettait de ne pouvoir offrir à Mécène, du miel aussi parfait que celui de la Calabre :

je vais être envers vous plus heureux que lui. »
Sur cela, il est allé chercher des gâteaux qu'il
nous a distribués, sorte de pain d'épices d'une
forme baroque et d'un goût sauvage, que l'amour du pays lui faisait savourer avec délices,
et dont il s'étonnait que nous ne fussions pas
émerveillés. « Nulle part, a-t-il continué, les
oranges ne sont aussi douces, les figues aussi
sucrées que dans nos vergers. C'est un paradis
terrestre. » Il a voulu encore échanger contre
un verre de vin de Malaga, quelques gouttes
d'un rosoglio peu parfumé, qu'il égalait au breuvage des dieux. Après ces politesses réciproques,
l'hospitalité se présentait naturellement à l'esprit. Il a parlé de celle que l'on exerce dans
la partie méridionale du royaume de Naples. A
l'entendre, toutes les vertus antiques s'y sont
réfugiées. Pendant qu'il se livrait avec bonheur
à son enthousiasme national, je me rappelais ce
passage du poète qu'il avait cité lui-même, où
sa muse peint si gaîment les instances d'un Calabrois à son hôte :

> Non, quo more pyris vesci calaber jubet hospes,
> Tu me fecisti locupletem. Vescere sodes.
> Jam satis est. At tu quantum vis tolle. Benignè.
> Non invisa feres pueris munuscula parvis.

Tam teneor dono quàm si dimittar onustus.
Ut libet : hæc porcis hodie comedenda relinques[1].

Me voici seul enfin, dans une chambre qui donne sur la mer ! Quelques étoiles brillent à l'horizon. La lune se montre de tems en tems entre les nuages. J'entends les vagues se briser sous mes fenêtres, contre les murs de la maison; et je les vois au loin arriver écumantes jusqu'au bord de la plage. Là, elles perdent insensiblement de leur volume, s'étendent à petit bruit sur le sable, et finissent par s'effacer et ne laisser aucune trace de leur passage. N'est-ce point une image de la vie ? Dans les tempêtes, ne retrouvons-nous pas le désordre des passions; dans cette mobilité continuelle, les efforts sans cesse renaissans de l'humanité pour subvenir à ses besoins; et dans ces flots qui meurent au rivage, l'emblême du repos qui nous attend? L'idée de

---

Hor., épît. 7, liv. 1.

Vous me comblez de biens, mais vous n'imitez pas
Ces plats provinciaux de qui les politesses,
Importunent leur hôte à force de caresses.
« Mangez donc de ces fruits. — Je ne puis. — En ce cas
» Remplissez votre poche; et plus de résistance :
» Cela fera plaisir à vos petits marmots.
» — Dispensez-m'en ; j'en ai même reconnaissance
» Que si j'en emportais ma charge sur le dos.
» — Eh bien ! soit : nous allons les jeter aux pourceaux. »

ce repos, de la nécessité comme disaient les anciens, de la mort, puisque c'est son nom, a toujours pour moi un attrait singulier. Après y avoir regardé de bien près peut-être, de grands génies ont fini par douter. Avec moins d'efforts intellectuels que les leurs, dont je serais d'ailleurs incapable, je me trouve au même point qu'eux, et ne m'en enorgueillis pas. Mais j'aime à réfléchir sur ce dernier moment. Comment je m'y comporterai, je l'ignore. Serai-je aussi résigné quand il n'y aura plus à reculer devant lui, que je le suis en vue de son incertitude? Ne serai-je pas aussi empêché de prendre ma résolution, que j'aurais de peine aujourd'hui à me la figurer? Pourrai-je alors maîtriser ma contenance? Jusque-là, c'est sans aucune répugnance que j'y songe. Que me servirait d'ailleurs d'en avoir? Si j'étais maître des conditions, je voudrais pourtant être seul quand il arrivera. Il ne me conviendrait pas qu'on y fût préparé par aucun ennui de mes infirmités, par aucun dégoût de ma personne. J'aime mieux que, ne me voyant pas revenir, on me croie absent. Jeté, par mon caractère et par mes goûts, dans les rangs de la médiocrité, je me félicite qu'aucun envieux n'attende impatiemment que je lui cède ma place. Je jouis aussi, tandis qu'il en est tems, du bonheur de me survivre dans la mémoire de mes amis. Leur nombre n'est pas grand. Ils en sentiront mieux le prix de l'amitié que je leur avais vouée. Qu'ils ne me regrettent point! eux et moi nous avons dû compter sur cette séparation éternelle. C'était le terme inévitable de notre affection réciproque, comme celui de notre existence. Ne serons-nous pas heureux que cette union, fondée sur une conformité de sentimens, d'opinions et de goûts, qui ne s'est jamais démentie, ait duré autant que nous-mêmes? Je leur demande plutôt qu'ils pensent à moi, dans les joyeuses réunions que je leur recommande. Je viendrai, si je le peux, me placer au milieu d'eux, non pour les appeler, mais pour les encourager à ne point négliger les plaisirs de cette vie, bien ignorans que nous sommes tous, de ce qui sera dans l'autre.

LA ROUTE DE TERRACINE A FONDI.
FONDI. — ITRI. — LE TOMBEAU DE CICÉRON.
SOUVENIRS HISTORIQUES ET RÉFLEXIONS SUR CICÉRON.
MOLA. — GAËTE. — MINTURNES. — SOUVENIRS HISTORIQUES DE MARIUS.
LE GARIGLIANO. — SAINTE-AGATHE. — CAPOUE. — NAPLES.

Naples, 23 novembre 1819.

En quittant Terracine, la route n'est ni moins pittoresque, ni moins suspecte que je ne l'avais imaginé. Resserrée entre les montagnes et la mer, qui, par momens, l'arrose de ses vagues, elle n'offre aucun abri, aucune habitation. Les huttes des soldats sont plus rapprochées. Quoique l'atmosphère soit pure, ils ont l'air valétudinaire, et ne seraient que d'un faible secours. Ils se rendent cependant à eux-mêmes, dans toutes les occasions, le témoignage qu'ils font un service aussi important que périlleux. Quand on est familiarisé avec les figures italiennes, il est aisé de voir, dans l'officier comme dans le dernier des soldats, une affectation de fanfaronnade et une présomption bien étrangères au vrai courage et au sentiment du devoir.

Mais la plage est déjà fort éloignée. Une forêt s'interpose entre la chaussée et la mer. Les états du pape vont finir ; et ceux du roi des Deux-Siciles commencent. Ce ne sont point de forts boulevards qui les séparent. Deux bicoques, situées à cent cinquante pas l'une de l'autre, fixent en cet endroit la délimitation des deux empires. En signe du respect dû à leurs couronnes respectives, quelques tourelles en forme de donjons, servent d'ouvrages avancés à ces citadelles mesquines. Du reste, elles n'ont rien de propre à la défense ni à l'attaque. On y peut juger des intentions réciproques des deux souverains. A celui-là, l'amour de la paix est conseillé par sa devise et par sa charité ; à celui-ci, par le prestige d'un ancien vasselage temporel, par la réalité de son obéissance spirituelle, et par les circonstances critiques dans lesquelles il s'est placé. Ils usent aussi de bon voisinage, parce qu'aucun des deux n'a rien à redouter de l'autre. Leur position les contraint à ne se rien permettre qui pût leur être interdit ; et en ne s'attaquant pas, ils se préservent de plus puissans qu'eux qui viendraient se mêler de leurs débats.

En revanche, toute l'importance qu'on attache à des frontières, retombe sur les voyageurs. A la sortie, d'une part, malgré toutes les vérifications précédentes, les acquits-à-caution et les visas, la douane et la police veulent encore s'assurer de l'état des malles, et de la régularité des papiers de celui à qui elles appartiennent. D'autre part, à l'entrée, la police et la douane prennent des précautions plus importunes encore : et, des deux côtés, tout se termine par une rançon arbitraire. Les tarifs n'y sont pour rien. Tantôt on s'abandonne à votre générosité; tantôt on vous impose un tribut. Il y a presque du turc dans ces chrétiens-là. Après avoir eu une fois affaire avec eux, le mieux est de souscrire à tout, et d'échapper le plus promptement possible, à la criaillerie et à l'avidité de ces subalternes, qui se multiplient en raison de l'apparence de vos équipages : et pourtant n'en est-on pas quitte. A Fondi, le passe-port subit de nouvelles formalités ; le bagage, de nouvelles perquisitions. Les habitans eux-mêmes se joignent aux employés du gouvernement. Ils accourent des divers étages de leurs maisons. Le nombre en est si grand; ils font tant de bruit; ils s'agitent tellement autour de vous, que la plus scrupuleuse surveillance ne vous soustrait pas toujours à leur adresse et à leur rapacité. Sous le vain prétexte d'aider à la visite, ils volent quand ils le peuvent, et ne s'éloignent qu'après avoir reçu, ou le prix d'un service qu'ils vous forcent d'accepter, ou une aumône, s'ils ne sont pas parvenus à se payer par leurs propres mains.

Au-delà de cet immonde village, les montagnes s'abaissent vers les plaines du pays de Labour. Le penchant des coteaux prend un aspect riant. La fertilité naturelle du sol et l'influence d'un climat enchanteur, se réunissent pour les embellir. A cette époque de l'année, on n'y sent que la douce haleine du printems. Le myrte en fleurs, l'arbousier chargé de fruits, le laurier, le rosier d'automne paré de ses bouquets, composent la clôture des héritages. De vastes champs de blé étalent leur verdure. La vigne mariée au chêne vert, les ombrage de ses pampres garnis de feuilles et de raisins. Quelques groupes épars d'hommes, de femmes, d'enfans, vaquent aux travaux de la saison : les uns émondent les arbres; d'autres bêchent la terre; d'autres, dans des bois d'oliviers, ramassent les olives tombées ou les cueillent à la main, et se sèchent de tems en tems au feu de quelques branches mortes. Le nombre des passans augmente. Ils marchent par petites caravanes, à pied, ou montés sur des mules, sur des ânes. La plupart sont armés d'une carabine. Ils ont la barbe longue, le regard faux et menaçant, le manteau brun national, un chapeau blanc pointu, et, en souvenir de leur antique origine, un cothurne fait d'une semelle de cuir, retenue à la romaine par deux courroies qui se croisent sur leurs jambes nues.

Itri est le relais suivant, village non moins sale, ni mieux habité que Fondi. Les maisons en sont aussi misérables ; et les rues, plus étroites encore s'il est possible, car elles suffisent à peine au passage d'une seule voiture. Avant d'arriver à Mola, sur la droite de la grande route, on rencontre une construction délabrée, dont la base carrée porte les restes d'une tour. On dirait le socle et les premières assises d'une colonne de proportion colossale. Des ronces, des agavés croissent dans les joints des pierres. Cette ruine se nomme le Tombeau de Cicéron. La tradition veut que ses affranchis lui aient érigé ce monument de piété domestique, au lieu même où il fut tué. Voyant Rome près d'être asservie, il s'occupait moins de sauver la république, que de lui chercher un maître indulgent pour la liberté. Cette ambition le rapprocha d'Auguste. Il

espérait aussi devenir le guide de ce jeune César,
et fortifier par-là sa propre intervention dans le
maniement des affaires de l'état. Poussé par ce
dessein et par la haine qu'il portait à Antoine, il
fit chasser ce dernier comme ennemi public, et
combla le premier de prévenances et d'hommages. Mais à peine Auguste se vit-il placé au rang
des compétiteurs à la domination de Rome, qu'il
fit cause commune avec Antoine et Lépide. Ainsi
fut abusée la vieillesse de Cicéron. Il s'aperçut
trop tard du piége dans lequel il était tombé, et
se trouva au nombre de ceux dont le sang devait
cimenter la puissance qui s'élevait. Les triumvirs assemblés à Bologne, discutèrent pendant
trois jours sur le sort des proscrits. Auguste défendit Cicéron. Antoine refusa de l'excepter.
Tous les trois convinrent de se sacrifier réciproquement, celui qu'aucun n'avait d'abord voulu
abandonner. Cicéron fut livré par Auguste;
Paulus, par Lépide son frère; et Lucius César,
par Antoine qui était son neveu.

« Pendant que ces choses se faisoient, Ciceron
» estoit en une de ses maisons aux champs, près
» la ville de Thusculum, ayant son frere Quintus avec lui, là où leur estant venue la nouvelle
» de ces proscriptions, ilz resolurent de des-

» cendre à Astyra, qui est un lieu joignant la
» marine, où Ciceron avoit une maison, pour là
» s'embarquer et s'en aller en Macedoine devers
» Brutus, car il estoit ja bruit qu'il se trouvoit
» fort et puissant : si se feirent porter tous deux
» en littieres estans si affoiblis d'ennuy et de dou-
» leurs, qu'à peine eussent ilz peu autrement
» aller : et par le chemin faisans approcher leurs
» littieres coste à coste l'une de l'autre, alloient
» deplorans leurs miseres, mesmement Quintus
» qui perdoit patience. Si luy souvint encore qu'il
» n'avoit point pris d'argent au partir de sa mai-
» son, et Ciceron son frere en avoit luy mesme
» bien petit; et à ceste cause qu'il valoit mieulx
» que Ciceron gaignast tousjours le devant, ce-
» pendant que luy iroit un tour courant jusques
» en sa maison pour prendre ce qui luy estoit ne-
» cessaire, et s'en recourir incontinent après
» son frere. Ilz furent tous deux de cest advis; et
» s'entrembrassans en plorant tendrement, se
» departirent l'un de l'autre. Peu de jours après,
» Quintus, ayant esté trahy et decelé par ses pro-
» pres serviteurs, à ceulx qui le cherchoient,
» fut occis luy et son filz ; mais Ciceron s'etant
» fait porter jusques à Astyra, et y ayant trouvé
» un vaisseau, s'embarqua incontinent dedans,

» et alla cinglant au long de la coste, jusques au
» mont de Circé avec bon vent : et de là voulans
» les mariniers incontinent faire voile, il des-
» cendit à terre, soit ou pource qu'il craignist la
» mer, ou qu'il ne fust pas encore du tout hors
» d'espérance que Cæsar ne l'auroit point aban-
» donné, et s'en retourna par terre devers Rome,
» bien environ six lieuës; mais ne sachant à quoy
» se resouldre et changeant d'advis, il se feit de
» rechef reporter vers la mer, là où il demoura
» toute la nuict en grande destresse et grande
» agonie de divers pensemens : car il eut quel-
» quefois fantasie de s'en aller secrettement en
» la maison de Cæsar, et se tuer luy mesme à
» son foyer, pour luy attacher les furies ven-
» geresses de son sang : mais la crainte d'estre
» surpris par le chemin et tourmenté cruelle-
» ment, le destourna de ce propos: parquoy re-
» prenant de rechef autres advis mal digerez pour
» la perturbation d'esprit en laquelle il estoit, il
» se rebailla à ses serviteurs à conduire par mer
» en un autre lieu nommé *Capites* (Gaète), là
» où il avoit maison et une fort doulce et plai-
» sante retraitte pour la saison des grandes cha-
» leurs, quand les vents du nord, que lon
» appelle etesiens, souflent au cueur de l'esté;

» et y a un petit temple d'Apollo tout sur le
» bord de la mer, duquel il se leva une grosse
» compagnie de corbeaux, qui avec grands cris
» prindrent leur vol vers le bateau, dedans lequel
» estoit Ciceron, qui voguoit le long la terre :
» si s'en allerent ces corbeaux poser sur l'un et
» l'autre bout des verges de la voile, les uns
» crians, les autres becquettans les bouts des
» cordages, de maniere qu'il n'y avoit celuy qui
» ne jugeast que c'estoit signe de quelque mal-
» heur à venir.

» Ciceron neantmoins descendit en terre, et
» entra dedans le logis, où il se coucha pour
» veoir s'il pourroit reposer : mais la plus part de
» ces corbeaux s'en vint encore jucher sur la
» fenestre de la chambre où il estoit, faisant si
» grand bruit que merveille, et y en eut un en-
» tre autres qui entra jusques sur le lict où estoit
» couché Ciceron ayant la teste couverte, et feit
» tant qu'il luy tira petit à petit, avec le bec,
» le drap qu'il avoit sur le visage. Ce que voyans
» ses serviteurs, et s'entredisans qu'ilz seroient
» bien lasches s'ilz attendoient jusques à ce qu'ilz
» veissent tuer leur maistre devant leurs yeux,
» là où les bestes luy vouloient aider et avoient
» soing de son salut, le voyans ainsi indignement

» traitté; et eulx ne faisoient pas tout ce qu'ilz
» pouvoient pour tascher à le sauver : si feirent
» tant, moitié par prieres, moitié par force,
» qu'ilz le remeirent en sa littiere pour le repor-
» ter vers la mer. Mais, sur ces entrefaittes, les
» meurtriers qui avoient charge de le tuer, He-
» rennius un centenier, et Popilius Lena capi-
» taine de mille hommes, que Ciceron avoit
» autrefois defendu en jugement, estant accusé
» d'avoir occis son propre pere, ayans avec eulx
» suite de soudards, arriverent, et estans les
» portes du logis fermées, les meirent à force
» dedans, là où ne trouvans point Ciceron, ilz
» demanderent à ceulx du logis où il estoit. Ilz
» respondirent qu'ilz n'en sçavoient rien. Mais
» il y eut un jeune garson nommé Philologus,
» serf affranchy par Quintus, à qui Ciceron en-
» seignoit les lettres et les arts liberaux, qui
» descouvrit à cestuy Herennius, que ses servi-
» teurs le portoient dedans une littiere, vers la
» mer, par des allées qui estoient couvertes et
» umbragées d'arbres de costé et d'autre. Le ca-
» pitaine Popilius incontinent prenant avec luy
» quelque nombre de ses soudards, s'encourut
» à l'entour par dehors pour l'atraper au bout de
» l'allée, et Herennius s'en courut tout droit par

» les allées. Cicéron, qui le sentit aussi tost venir,
» commanda à ses serviteurs qu'ilz posassent sa
» littiere; et, prenant sa barbe avec la main gau-
» che, comme il avoit accoustumé, regarda fran-
» chement les meurtriers au visage, ayant les
» cheveux et la barbe tous herissez et pouldreux,
» et le visage desfaict et cousu pour les ennuis
» qu'il avoit supportez, de maniere que plu-
» sieurs des assistens se boucherent les yeux
» pendant que Herennius le sacrifioit. Si tendit
» le col hors de sa littiere, estant aagé de soixante
» et quatre ans, et luy fut la teste couppée par le
» commandement d'Antonius, avec les deux
» mains desquelles il avoit escrit les oraisons
» Philippiques contre luy : car ainsi avoit Cice-
» ron intitulé les harengues qu'il avoit escrittes
» en haine de luy, et sont encore ainsi nom-
» mées jusques aujourd'huy.

» Quand on apporta ces pauvres membres tron-
» connez à Rome, Antonius estoit d'adventure
» occupé à presider à l'election de quelques ma-
» gistrats, et l'ayant ouy et veu, il s'escria tout
» hault, que maintenant estoient ses proscrip-
» tions executées; et commanda que lon allast
» porter la teste et les mains sur la tribune aux

» harengues, au lieu qui se nommoit *Rostra* [1] ».

Tel est le compte que Plutarque rend de cet assassinat politique d'un des plus dignes citoyens et des plus grands orateurs de Rome, surnommé *le père de la patrie*. Les détails d'amour domestique, de superstition et d'ingratitude qui remplissent ce récit, lui donnent une touchante naïveté. Sénèque l'a fait aussi, mais d'une façon plus laconique. Il cite que Cicéron, après avoir pris la résolution de subir sa destinée, s'écria : « Mourons dans une patrie qui m'a dû tant de » fois son salut. » Tous les deux s'accordent sur ce point, qu'à l'aspect de ses tristes restes, les Romains osaient à peine lever leurs yeux baignés de larmes. Il mourut le 7 des ides de décembre de l'an 43 avant J.-C., sous le consulat d'Hirtius et de Pansa, dans la même année qu'Auguste se subrogea avec Padius à ces deux consuls. Selon Plutarque, il avait alors soixante-trois ans; selon Tite-Live, soixante-quatre ; et selon Sénèque, soixante-treize.

Ainsi, toutes les proscriptions ont le même caractère de vengeance et de férocité ! Quand

---

[1] PLUT., *Cicero*, LIX, LX, LXI, *trad. d*'Amyot.

l'énergie républicaine s'affaiblissait, que pouvait un seul citoyen contre la tyrannie naissante? Ce n'est pas dans la ferveur des innovations politiques qu'il est possible de les combattre. La résistance amène les excès du parti dominant, sans servir celui qui succombe. Il n'est donné qu'au tems, de faire justice des engouemens populaires. Les peuples ne s'instruisent que par les faits; l'expérience est le seul moyen de persuasion auquel ils soient accessibles. Il faut de plus longs efforts pour les désabuser que pour les séduire. Dans les dissentions civiles, tout s'oublie pour voler à la nouveauté. Sans considérer les services publics et la renommée de l'orateur romain, conçoit-on que sa vieillesse n'ait pas retenu le bras de ses assassins? Alors que le terme de la vie est si proche, il semble que le hâter soit une violation encore plus criminelle des lois de la nature. A d'autres époques, cette mort eût été vengée sur l'heure. Toutefois la mémoire du proscripteur n'a pas échappé à la juste réprobation qu'elle méritait; et celle de sa victime se transmet d'âge en âge, toute radieuse de gloire et de patriotisme.

Cicéron avait suivi près de M. Scævola un cours de lois civiles. L'Académicien Philon et Diodote le Stoïcien lui enseignèrent toutes les parties de la philosophie. Bien que, dans sa première jeunesse, la poésie eût eu pour lui des attraits, son penchant pour l'art oratoire ne tarda pas à se manifester. Il sentit de bonne heure que la carrière qui s'ouvrait devant lui, exigeait de sa part des connaissances générales fort approfondies. Il parcourut la Grèce et l'Asie afin de les acquérir. Aucune science, aucun art ne lui parurent étrangers au but qu'il se proposait. Les règles de la grammaire, les finesses de la dialectique, les préceptes de la morale, la géométrie, l'astronomie, la physique, la musique, devinrent à la fois l'objet de ses études. Tout ce qui pouvait s'apprendre alors, il l'apprit; ou plutôt il se l'appropria par la puissance de son génie et de sa raison. On trouve dans ses écrits les traces du progrès de ses lumières. Son éloquence eut deux époques. Rigoureusement soumise aux formes adoptées par les Latins, elle fut d'abord verbeuse. De longs exordes, des digressions hors de propos, des narrations diffuses embarrassaient sa discussion, excluaient la chaleur et le mouvement propres à persuader, à émouvoir et entraîner les auditeurs. Ensuite il s'accommoda mieux à l'esprit du siècle, si même, à son aide, il n'opéra pas une révolution dans la forme du discours et dans l'emploi des moyens oratoires. A la pompe des mots, il fit succéder l'élévation des pensées. Tous les écarts furent sacrifiés au sujet principal. Il ne se permit plus que ceux qui pouvaient contribuer au triomphe de sa cause. S'il recherchait ses expressions, c'était plus pour leur justesse que pour leur éclat. Il évita le vain étalage d'une érudition inutile; et quand il l'employait, c'était pour donner à ses raisonnemens, l'appui d'exemples justifiés par les effets qui s'en étaient suivis. Il le disait lui-même, que le peu de talent qu'on lui reconnaissait, il ne l'avait point trouvé dans l'atelier des rhéteurs, qu'il l'avait saisi en se promenant avec les philosophes de l'Académie. Il surpassa tous ses contemporains par la fécondité de son élocution, la force de sa logique, la véhémence de sa parole. Ses dissertations, ses harangues, sont consultées, admirées, et dignes à jamais de vivre dans le souvenir des hommes. On y retrouve toutes les qualités qui distinguent l'écrivain et l'orateur. Ce sont autant de modèles d'un goût pur, d'une instruction solide, d'une philosophie éprouvée; et si quelquefois il s'y mêle de l'ironie ou de la gaîté, l'une et l'autre ne

dépassent pas les bornes d'une plaisanterie fine et délicate. Montaigne n'en jugeait point ainsi. Il semble n'avoir été frappé que des défauts de la jeunesse de Cicéron. Je veux transcrire ici ce qu'il en écrivait, moins comme une juste censure, que pour rappeler combien lui-même avait l'esprit positif. « Les ouvrages qui me peuvent
» servir chez luy à mon desseing, ce sont ceulx
» qui traictent de la philosophie, signamment
» morale. Mais, à confesser hardiement la vérité
» (car, puisqu'on a franchi les barrieres de l'im-
» pudence, il n'y a plus de bride), sa façon d'es-
» crire me semble ennuyeuse ; et toute aultre
» pareille façon : car ses prefaces, definitions,
» partitions et etymologies, consument la plus
» part de son ouvrage ; ce qu'il y a de vif et de
» mouelle est estouffé par ces longueries d'ap-
» prests. Si i'ai employé une heure à le lire,
» qui est beaucoup pour moy, et que ie ramen-
» toive ce que i'en ay tiré de suc et de subs-
» tance, la plus part du temps ie n'y treuve
» que du vent ; car il n'est pas encores venu
» aux arguments qui servent à son propos, et
» aux raisons qui touchent proprement le nœud
» que ie cherche. Pour moy, qui ne demande
» qu'à devenir plus sage, non plus sçavant ou

» eloquent, ces ordonnances logiciennes et
» aristoteliques ne sont pas à propos; ie veulx
» qu'on commence par le dernier poinct : i'en-
» tends assez que c'est que Mort et Volupté;
» qu'on ne s'amuse pas à les anatomizer. Ic
» cherche des raisons bonnes et fermes, d'arri-
» vee, qui m'instruisent à en soustenir l'effort;
» ny les subtilitez grammairiennes, ny l'ingé-
» nieuse contexture de paroles et d'argumenta-
» tions, n'y servent. Ie veulx des discours qui
» donnent la première charge dans le plus fort
» du doubte : les siens languissent autour du
» pot; ils sont bons pour l'eschole, pour le bar-
» reau et pour le sermon, où nous avons loisir
» de sommeiller, et sommes encores, un quart
» d'heure après, assez à temps pour rencontrer
» le fil du propos. Il est besoing de parler ainsin
» aux iuges qu'on veult gaigner à tort ou à droict,
» aux enfants et au vulgaire à qui il faut tout dire,
» veoir ce qui portera. Ie ne veulx pas qu'on
» s'employe à me rendre attentif, et qu'on me
» crie cinquante fois, « Or oyez! » à la mode de
» nos heraults : les Romains disaient en leur re-
» ligion, *Hoc age,* que nous disons en la nostre,
» *Sursùm corda* : ce sont autant de paroles per-
» dues pour moy; i'y viens tout preparé du logis.

» Il ne me fault point d'alleichement ny de saulse;
» ie mange bien la viande toute crue : et au lieu
» de m'aiguiser l'appetit par ces preparatoires
» et avant ieux, on me le lasse et affadit [1]. »

S'il s'agit de prononcer sur le caractère de Cicéron, les opinions ne s'accordent nullement touchant ses qualités et ses faiblesses. A mon sens, il offre en effet les plus étranges contrastes. Quand on considère sa mort, que toutefois il ne pouvait éviter, on ne saurait contester qu'il y montra un grand courage. Cette même énergie, il la déploya comme homme public en diverses circonstances, contre Clodius, contre Catilina, à l'armée, dans son gouvernement. Mais des troubles agitaient-ils la république? Pompée luttait-il contre César? Fallait-il se décider entre la liberté et l'esclavage, et se ranger du parti de Brutus? Octave ou Antoine devait-il l'emporter? Son ame éprouvait de telles incertitudes, qu'il paraissait quelquefois descendre à la pusillanimité. Chacune de ses démarches, chacune de ses phrases, était, pour ainsi dire, calculée de manière à ne pas lui nuire auprès du vainqueur. L'habitude d'analyser les avan-

---

[1] *Essais de Montaigne*, liv. II, chap. 10, *Des Livres*.

tages et les inconvéniens d'une position quelconque, altérait la franchise de ses résolutions et le compromettait aux yeux de tous les partis. Condition déplorable ! la pire de toutes sous toutes les formes de gouvernemens, et principalement dans les gouvernemens populaires. Ce n'était jamais sans inquiétude qu'il sortait de Rome. Sa propre absence lui portait ombrage. Chargé des affaires publiques au-dehors, il se méfiait que, ne le voyant plus, on doutât de son dévouement ; qu'on interprétât mal ses actes, ou qu'on ne leur rendît pas assez de justice. S'il était proscrit rien ne le rassurait, ni sur la durée de son exil, ni sur le danger d'en voir aggraver les rigueurs. Vain à l'excès, jaloux dans ses affections, les mêmes doutes troublaient toutes ses jouissances. Parlait-il de ses plaidoyers, de ses écrits? En les louant outre mesure, il craignait qu'on ne partageât pas la satisfaction qu'il en éprouvait. Pour désarmer la critique, il prenait d'avance l'engagement de les revoir avec plus de soin et de les corriger : et quand il en recevait des éloges, à travers la joie de son amour-propre, perçait quelque soupçon qu'ils ne fussent pas sincères. Il ne se confiait pas davantage à l'attachement de ses amis. Difficile sur l'opportunité et l'empressement de leur obligeance, il inclinait à ne la juger que d'après leurs services, et selon l'avantage personnel qu'il en retirait. Ingénieuse à le tourmenter, son imagination ne lui laissait aucun repos, si ce n'est pourtant dans l'intérieur de sa famille, dans sa maison et dans le silence de l'étude. C'était-là que, pour échapper à ses sollicitudes publiques, il se réfugiait, et oubliait quelquefois le motif de sa retraite. Alors l'amour de sa fille, l'amitié de son frère, l'éducation civile de son fils qui y répondit si mal, lui donnaient quelques douces jouissances. Il aimait la campagne. L'aspect des sites qu'il avait choisis le charmait. Rapproché de la nature, il en admirait les beautés physiques; mais son goût dominant le portait vers la philosophie, la morale, l'origine des dieux, les devoirs des hommes, la vie, la mort. Alors il se plaçait en présence de la postérité, lui vouait ses veilles, cherchait la vérité, l'ornait des grâces de son style, et trouvait du bonheur à pressentir la durée et l'éclat de sa renommée.

Mola est l'ancienne *Formiæ*, et auparavant *Lestrigon*. Sa fondation remonte au-delà de la guerre de Troie. Sous la conduite de Lamus, les Lestrigoniens quittèrent la Sicile pour y faire un établissement. C'est de là quelle emprunta son premier nom. Horace cite cette origine :

> Æli, vetusto nobilis ab Lamo,
> Qui Formiarum mœnia dicitur
>   Princeps, et innantem Maricæ
>   Littoribus tenuisse Lyrin[1].

Plus tard une colonie de Laconiens y aborda et la nomma *Formiæ*. Sa situation est charmante. Bâtie autour d'une petite anse, elle est fréquentée par un grand nombre de bateaux pêcheurs. Sur les coteaux qui l'abritent du nord, croissait le fameux vin de Cécube. Vis-à-vis, à la surface de la mer, s'élève la ville de Gaëte, entourée de ses bastions et de ses murs crénelés. En voyant un beau soleil, une mer tranquille, quelque verdure, nous avons cru retrouver le printems ; et pour compléter cette illusion, une hirondelle, trompée comme nous par la douceur de la température, est venue raser la plage. Elle était égarée sans doute : quelque part que les hirondelles passent l'hiver,

---

[1] Hor., liv. III, od. 17.

> Toi qui dois à Lamus ta noblesse et ton nom,
> Toi de qui les aïeux régnaient sur le rivage
>   Où le Lyris effleure le gazon.
>   (*Tr. de* Daru.)

ce n'est pas même au midi de l'Italie qu'elles se fixent durant cette saison. Là, comme en France, leur retour est l'époque des rendez-vous que l'on se donne à la campagne.

> Te, dulcis amice, reviset
> Cum zephyris, si concedes, et hirundine primâ [1].

Après Mola, des ruines bordent les deux côtés de la route. Une portion d'aqueduc, quelques murs d'un amphithéâtre, les restes d'un arc indiquent la place d'une ville antique. Ici fut Minturnes, protectrice des Romains contre les invasions des Samnites. On voit encore ses marais s'étendre dans le lointain. Ce sont les mêmes où Marius, abandonné du monde entier, se cachait pendant le jour, dans la fange et parmi les roseaux; et à la nuit, trouvait l'hospitalité dans la cabane d'un pauvre vieillard. Il y fut découvert, ramené à Minturnes, et recueilli dans une maison particulière. D'abord les magistrats voulurent le sauver; mais bientôt, effrayés de cet acte d'humanité, en présence de

---

[1] Hor., épît. 7, liv. II.

> Puis avec le zéphyr et la jeune hirondelle,
> Il joindra son ami si son ami l'appelle.
> (*Trad. de* Daru.)

la haine et de la vengeance qui le poursuivaient, ils résolurent de le faire mourir. Aucun habitant ne voulant se charger d'exécuter cette sentence, tant l'aspect d'un grand homme a de puissance sur les esprits, un étranger, un Cimbre se présenta. Marius reposait dans une chambre obscure. « Oseras-tu bien tuer Caïus Marius ? dit-il à son assassin. » Le barbare effrayé jeta son épée en s'écriant : « Non, non, je ne saurais égorger Marius. » Ce fut au prestige de son nom qu'il dut son salut; et Rome, des proscriptions plus terribles que celles de son antagoniste Sylla. Ainsi c'est en ces lieux qu'un exemple fut donné, de cette pusillanimité municipale tant de fois reproduite depuis, et dont, sans doute, il y avait eu déjà des exemples : car les hommes ne diffèrent point entre eux; et dans les commotions politiques, pour quelques actes de courage et de vertu, combien de lâchetés et de crimes ! On en a justement reproché aux tems de la révolution française. La monarchie pure d'auparavant en avait-elle donc été exempte? Si un Saint-Hérem en Auvergne, un Laguiche à Mâcon, un d'Orte à Bayonne, et quelques autres refusèrent de se souiller du massacre de la Saint-Barthélemy, ce crime épouvantable n'en retombera pas moins équitablement sur la faiblesse des autorités contemporaines. Tout sanguinaire que fut Charles IX, son complot contre une portion de ses sujets serait demeuré sans effet, s'il n'eût trouvé des complices qui en eussent pris sur eux l'exécution; mais la soif de la faveur, le fanatisme religieux, celui de l'absolutisme, un instinct de cruauté malheureusement trop naturel à l'espèce humaine, le servirent au-delà de ses coupables vœux, et l'ont condamné à l'exécration de la postérité. Puisse la France n'avoir plus aucun legs semblable à lui faire !

Me voilà par la pensée bien loin des bords du Garigliano, sur lesquels j'arrive cependant. A défaut d'objets curieux à examiner, mes souvenirs m'entraînent souvent, et j'aime à me livrer à leurs écarts. Le Garigliano est l'ancien *Lyris*. Près de son embouchure, était Minturnes. A peu de distance, dans les gorges de Vescia, qui touchent aux coteaux de Falerne, on voyait *Sinuessa* bâtie sur l'emplacement de la grecque *Sinope*. Cette dernière ville qui fut aussi une colonie romaine opposée aux Samnites, avait des eaux salutaires. Poursuivi par la haine publique, Tigellin, l'un des favoris de Néron, s'y était réfugié ; il y reçut, au sein des plus infâmes débauches, l'ordre de se donner la mort.

Sur la rive gauche du Garigliano est un village qui porte le même nom, et qu'il baigne de ses eaux rapides et bourbeuses. Les collines environnantes sont dépouillées des vignobles célèbres qui les couvraient. Les sources du Falerne ont tari, de ce vin généreux dont il fallait modérer la chaleur à l'aide de celui de Chio, et qu'un mélange de miel d'Hymète rendait égal à l'ambroisie, ce que j'ai bien de la peine à me figurer. La stérilité frappe maintenant ces campagnes jadis prodigues des dons les plus précieux de la nature, et qu'Horace ne dédaignait que lorsqu'il les comparait aux douceurs de la médiocrité et au culte des muses.

> Non rura, quæ Lyris quietâ
> Mordet aquâ, taciturnus amnis [1].

On passe le fleuve dans un bateau servi par de nombreux mariniers de mauvaise apparence, et tellement empressés qu'il faut les surveiller avec

---

[1] Hor., liv. 1, od. 31.

> Ni ceux que le Lyris ronge d'un flot tranquille.
> (*Trad. de* Daru.)

soin. Deux lieues séparent Garigliano de Sainte-Agathe, gros bourg dont les rues sont spacieuses et assez peuplées. Il semble y régner un peu d'aisance. J'ai eu lieu d'y prendre une bonne opinion de la probité des habitans. Si, jusqu'à la frontière des états napolitains, un voyageur n'a qu'à se plaindre du prix énorme que les Italiens attachent au moindre de leurs services, il est certain que depuis, cette avidité ne connaît plus de bornes. Ce n'est proprement qu'un vol déguisé sous le nom de salaire. Je n'ignorais point ce que nous devions au postillon qui nous avait conduits à Sainte-Agathe. En lui-même il projetait de l'augmenter. Son assurance, d'abord un peu embarrassée, croissait à mesure que je lui expliquais l'erreur volontaire dans laquelle il persistait. Des curieux de tout âge et de tout sexe s'étaient approchés de la voiture. Derrière lui un homme d'une grande taille, d'une figure sévère, plié dans un manteau, écoutait attentivement notre entretien. Peu à peu il a développé son bras droit. Je le voyais s'impatienter par degrés ; et, tout-à-coup, au moment d'une nouvelle insistance de mon interlocuteur, il lui a appliqué le plus violent soufflet. C'était le maître de la poste aux chevaux, qui, sans s'émouvoir autrement, m'a fait beaucoup d'excuses de cette manière assez commune de rançonner les voyageurs, et si nuisible à ceux qui vivent de leur passage. Parmi les assistans, les uns riaient, d'autres se taisaient. Le battu n'osait, dans sa confusion, lever les yeux; et il a pris en silence ce que je lui donnais. Que cette leçon lui ait servi, je le souhaite. Au reste pour un qui se sera amendé, combien continueront à exercer leur pillage !

De Sainte-Agathe on aperçoit sur un coteau la ville de Sessa. C'est la première après Terracine qui annonce une population tant soit peu considérable. Aussi les chemins commencent-ils à devenir plus fréquentés. La terre est mieux cultivée. Nous allons quitter le pays de Falerne, pour entrer dans la fertile Campanie qui en est séparée par le Volturne. Sur ce fleuve est assise Capoue, l'ancienne *Casilinum*, fameuse par le siége qu'elle soutint contre Annibal, par la belle défense de ses habitans, et par les ruses que les Romains employèrent pour la ravitailler. Cette ville est fortifiée. Les eaux du Volturne baignent le pied de ses remparts. Une dernière ligne de douanes napolitaines y est établie. Mais les rigueurs de ce passage sont aggravées par la police militaire, qui s'y fait avec un scrupule minutieux. Là, chaque voyageur paie les frais de la sûreté qu'il a trouvée sur la grande route; et il n'est pas sans exemple, que cet impôt ait été acquitté par ceux-là même qui venaient d'être dépouillés. Les passe-ports doivent être visés de nouveau. Naples n'ouvre ses portes qu'à celui qui s'est soumis à cette formalité. On s'attend que le commandant chargé de la remplir, se tiendra à portée de le faire de la manière la moins importune pour les passans. Point du tout : il demeure pour sa convenance et son agrément, à une demi-lieue de la ville. Quel que soit le moment où vous arrivez, il faut perdre une heure à attendre le retour de l'exprès qui est allé demander pour vous, l'autorisation de poursuivre votre voyage. Enfin, l'on quitte cette Capoue qui n'offre point les voluptés tant vantées de son antique homonyme. Celle-ci, qui fut si fatale aux Carthaginois, est à un mille et demi de distance. Dans le principe elle se nommait *Vulturnum*. En s'en emparant, les Samnites lui donnèrent le nom de *Capua*. Aujourd'hui ce n'est plus qu'un village, et il s'appelle Sainte-Marie de la Grâce.

La voie appienne vient de finir. Celle de Domitien commence. La réputation de ces routes romaines est exagérée. Hors la portion qui traverse les villes, les bourgs, et les ponts où le gouvernement les fait entretenir avec quelque soin, on les abandonne à la solidité de leur construction primitive. Aussi les pavés en sont-ils à peu près partout fort en désordre. Je le sens aux cahots que j'éprouve, car déjà le jour est tombé, et je ne puis presque rien distinguer autour de moi. La nuit m'a surpris dans Aversa. C'est le dernier relais de cette journée. A peine j'aperçois les arbres près desquels je passe. Je cherche dans le ciel si je ne découvrirai pas la trace des feux du Vésuve. Ils viennent de m'apparaître semblables à un vaste incendie. Une vapeur enflammée colore au loin les nuages. Je peux mesurer l'espace qui nous reste encore à parcourir ; mais nous le franchissons promptement; et je ne tarde pas à reconnaître que nous entrons dans un des faubourgs de Naples.

Il est près de minuit. A Rome, les rues seraient obscures, désertes. Tout dormirait, ou du moins chacun serait retiré dans son logis. Ici quel concours de peuple, que d'agitation, que de bruit ! D'innombrables voitures de différentes formes se croisent dans tous les sens, et roulent rapidement sur la lave bleuâtre dont les rues sont dallées. Les boutiques sont ouvertes, éclairées, décorées, et aussi remplies de chalands que dans le milieu du jour. Nous devons loger à *Chiaja* Ce quartier est situé à l'autre bout de la ville. Après avoir marché pendant une demi-heure, nous descendons enfin chez *il signore* Magatti, à l'hôtel de la Grande-Bretagne, où, sur la recommandation de notre hôte de Rome, nous sommes accueillis avec empressement. Pour moi, je me sens déjà remis de toutes mes fatigues, par le spectacle curieux auquel je viens d'assister, par la délicieuse impression d'un climat suave, et par les soins que les serviteurs de cette maison mettent à prévenir tous mes désirs.

ASPECT DU GOLFE DE NAPLES.
SOUVENIRS HISTORIQUES. — ASPECT DE LA VILLE. — LES LAZZARONI.
QUELQUES ÉDIFICES PUBLICS. — LE PORT.
LE MONT PAUSILIPPE.

Naples, 24 novembre 1819.

La curiosité m'éveille avant le jour. En attendant son lever, j'emploie quelques momens à la rédaction de mes souvenirs de la veille, travail journalier auquel je me livre avec assiduité, et qui renouvellera pour moi, les plaisirs de ce voyage. L'horizon vient de se colorer. J'ouvre ma fenêtre qui donne sur la mer. Quel ravissant spectacle! Quel immense et beau tableau de marine et de paysage! Le rivage du golfe décrit deux demi-cercles qui se touchent par l'une de leurs extrémités. Sur le plus grand, la ville se déploie. Sur l'autre, est situé le faubourg de *Chiaja*. Leur point de jonction forme un petit promontoire. Là s'élèvent le château de l'OEuf, destiné par ses fortifications à la défense du port; et plus loin, le fanal qui domine le môle. Cet avancement cache chaque rive aux habitans de l'autre. A gauche la vue embrasse les côtes de Castellamare, de Sorrento, de Massa, et s'étend jusqu'à la voluptueuse Caprée qui paraît comme une montagne à la surface des flots. Cette île n'est-elle point en effet un prolongement de la chaîne qui s'arrête à la pointe de la Campanella? Vers la droite, après avoir parcouru la plage de Pausilippe, quelques points de celle de Pouzzole et de Baies, et dans le lointain le cap de Misène, les regards s'arrêtent sur les petites îles de Nisita, Procida et Ischia. Ils se perdent ensuite sur ce golfe admirable, borné par une ligne azurée qui se confond avec le ciel, et couvert d'une innombrable quantité de bateaux pêcheurs. Reportant les yeux près de moi, je plonge sur la *Villa Reale*, promenade publique dont les terrasses sont battues par la mer. Elle est ornée de groupes en marbre, et plantée d'orangers, de saules pleureurs qui reverdiront avant d'avoir perdu leurs dernières feuilles de cette année, et d'autres arbres encore parés de leur feuillage. Comment se détacher de cet aspect enchanteur? Pour les Napolitains eux-mêmes il est toujours nouveau.

Une exposition si heureuse ne dut pas être

long-tems négligée. Le premier établissement qui s'y forma se mêle aux siècles fabuleux. Il remonte à treize cents ans avant l'ère chrétienne. On veut que quelques Grecs aient d'abord bâti dans les environs, une petite ville nommée *Palæpolis*. Sa fondation est attribuée indifféremment, et peut-être avec aussi peu de raison, à l'un des Argonautes, à Parthénope l'une des Sirènes d'Homère, à Hercule, à Énée, à Ulysse. Cumes était alors une cité puissante. Elle s'alarma de la proximité de cette colonie et la détruisit. Mais un oracle ordonna qu'elle fût rétablie; et Naples prit naissance sous le nom de *Neapolis*, ville nouvelle. L'emplacement de *Palæpolis* qui n'en était pas éloigné, fut bientôt après compris dans son enceinte. Leurs citoyens ne formèrent qu'un seul peuple. Tite-Live le dit en effet originaire de Cumes, qui venait elle-même de Chalcis, ville de l'Eubée.

L'histoire ne parle de Naples, capitale de ce que l'on appelait alors la Grande-Grèce, qu'à dater de peu d'années avant l'ère chrétienne. Elle fut au nombre des villes confédérées de l'empire romain. Protégée par la mer et par de fortes murailles, Pyrrhus et Annibal se virent contraints d'en abandonner le siége. Durant les guerres puniques, elle se signala par sa fidélité aux Romains. Ce fut à cette occasion qu'elle envoya des députés au sénat, pour lui offrir tout l'or qu'elle possédait : il n'accepta qu'une seule coupe de ce métal, et même celle qui avait le moins de prix.

Sous le règne des empereurs, Naples n'eut d'autre titre que celui de colonie romaine. Après la mort d'Agrippine, Néron y chercha un asile, pour laisser à la clameur publique qui l'accusait de ce meurtre, le tems de s'apaiser. A une autre époque, il y débuta dans la carrière des histrions, devant la populace et les soldats. Tout impudent qu'il était, il n'avait osé braver ses remords aux yeux des Romains, ni se donner en spectacle sur leurs théâtres. Les voluptés de Naples lui promettaient plus d'indulgence; et l'origine grecque de cette ville rehaussait l'éclat des vils succès qu'il convoitait. Alors les citoyens opulens recherchaient le séjour de la Campanie. Cette contrée réunissait toutes les jouissances du luxe et de la mollesse. On citait surtout sa capitale pour les délices de son oisiveté.

In otia natam Parthenopen [1],

---

[1] Parthénope féconde en doux loisirs.

dit Ovide. Horace qui y place le siége des sortiléges de Canidie, ajoute :

Et otiosa credidit Neapolis [1].

Adrien y fit beaucoup d'embellissemens. Au tems de Constantin, elle était au rang des principales villes de l'empire. Victime, avec l'Italie entière, de l'irruption des Barbares du Nord, elle tomba sous la domination d'Odoacre, et plus tard sous celle de Théodoric roi des Goths. En 167 elle entra au pouvoir de l'empire d'Orient, sous le gouvernement des exarques de Ravenne.

Jusqu'en 1016, que les provinces napolitaines prennent une nouvelle forme politique, leurs peuples éprouvent toutes les vicissitudes de la lutte des Lombards et des Sarrazins. Six ans après (1022), l'empereur Henri II aidé des Normands, s'en fait déclarer le souverain. Une suite de rois de la maison de Souabe les gouverne pendant plus de deux siècles, à travers de fréquentes alternatives d'indépendance et de

---

[1] Hor., liv. v, od. 5.

Le peuple oisif dont Naple est la patrie
A cru.....
(*Trad. de* Daru.)

soumission. L'extinction de cette souche impériale favorisa l'établissement de nouveaux droits sur ce royaume.

En 1265, le pape Clément IV donna l'investiture de Naples et de Sicile sous la condition d'un tribut, à Charles, comte d'Anjou et de Provence, frère de St.-Louis. Jean, possesseur de l'île de Procida, que ce dernier monarque en avait dépouillé, se vengea de lui en fomentant en Sicile, une révolution qui amena le massacre de tous les Français, connu sous le nom de Vêpres Siciliennes. Pierre d'Arragon, allié aux précédens maîtres de Naples, devint roi de Sicile; et les deux royaumes demeurèrent distincts jusqu'au commencement du seizième siècle (1504). Durant cette période, la France et l'Espagne luttèrent pour la possession des deux couronnes, qui demeura enfin aux Espagnols. Ceux-ci y régnaient par des vice-rois. La tyrannie du duc d'Arcoz, l'un d'eux, excita une émeute dans la populace (1647) qui choisit pour son chef Thomas Aniello d'Amalfi, un lazzarone qu'on nommait par corruption Masaniello. Son règne, commencé le 7 juillet, était fini le 16. Tout ce que l'ignorance, la faiblesse, la férocité et l'ivresse du pouvoir, peuvent suggérer d'assassinats et de pillage, s'exécuta dans ce peu de jours. Le chef périt par l'anarchie même à laquelle il devait son élévation. Il tomba percé de huit balles; et l'Espagne gouverna paisiblement, parce qu'elle y mit plus de mesure et de prudence.

Lorsque Louis XIV (1702) donna son petit-fils Philippe V au trône d'Espagne, Naples retomba indirectement sous la domination de la France. Durant la guerre de la succession, sa double couronne passa à l'Autriche par le traité de Bade. Ensuite celui d'Utrecht transmit la Sicile à la Savoie; mais cette île fut reprise par Philippe V, et de nouveau rendue à l'Autriche par le traité de 1720

Les affaires de la Pologne ayant rallumé la guerre entre l'empire et la France, l'Infant don Carlos, fils de Philippe V et d'Élizabeth Farnèse, profita de cette lutte pour se ressaisir des états napolitains. Le traité de Vienne le confirma dans cette possession (1736). Il régna sous le nom de Charles III. Les peuples, joyeux de voir parmi eux leur roi que cette résidence intéressait à faire chérir son administration, jouirent d'une heureuse tranquillité. Il aimait les sciences et les arts. Par lui furent commencées les fouilles d'Herculanum et de Pompéia. Il fit veiller à la conservation des monumens que l'on découvrait, et ordonna la construction de plusieurs édifices, dont la plupart se recommandent moins par leur utilité, que par leur étendue et leur magnificence.

Ferdinand VI, roi d'Espagne, mourut (1759). Charles III lui succédait. Il laissa sa couronne à son dernier fils Ferdinand IV, âgé seulement de 9 ans. « Avant de partir il créa une régence
» et confia la jeunesse du nouveau roi aux soins
» du prince Saint-Nicandre. Étranger à toute
» science littéraire, et dans l'impossibilité d'en-
» seigner à d'autres ce qu'il ne savait pas lui-
» même, le prince forma son royal élève à la
» pêche, à la chasse et à d'autres exercices cor-
» porels de cette nature. Le jeune Ferdinand y
» prit tant de goût, qu'il en fit dans la suite, et
» toute sa vie, l'objet de ses délassemens favo-
» ris. Mais il grandit avec peu de connaissance
» des choses les plus nécessaires à la vie civile,
» et au gouvernement des états. Néanmoins il
» aimait les savans, et savait profiter de leurs
» avis. Le hasard, qui protége aussi quelquefois
» les gens de bien, voulut qu'à la tête du con-

» seil royal se trouvât le marquis Tanucci,
» homme franc, zélé défenseur des prérogatives
» du trône, et très-opposé aux immunités ec-
» clésiastiques, surtout en matière criminelle.
» Le roi prêtait volontiers l'oreille à ses dis-
» cours; la prudence et la modération prési-
» daient ainsi au gouvernement de l'état. On
» espérait quelque adoucissement à la tyrannie
» féodale, qui, en aucune partie de l'Italie, ne
» s'était maintenue plus rigoureusement que
» dans le royaume de Naples, et principalement
» dans les Calabres....... En cultivant l'amitié
» de toutes les puissances étrangères, Tanucci
» penchait pour la France. Il déplut ainsi à la
» jeune épouse de Ferdinand, Caroline d'Au-
» triche, femme impérieuse et hautaine. Ta-
» nucci fut éloigné des affaires, et remplacé par
» Acton, ministre dont le caractère répondait
» davantage à celui de la reine. De ce moment
» l'influence de l'Autriche prévalut [1]. »

Cette influence ne fut pas de longue durée. La corruption, les séductions, toutes les passions qui agitent les cours, dirigeaient le gouvernement napolitain. Tour à tour l'Autriche,

---

[1] *Histoire d'Italie*, de 1789 à 1814, par Ch. Botta, liv. 1.

l'Angleterre, la France, y dominèrent. Quant à Ferdinand, devenu le premier sujet de sa femme, et le jouet des impulsions qu'elle lui communiquait après les avoir reçues elle-même, il n'était, pour ainsi dire, que sur les degrés de son trône. L'occupation de Rome par les troupes françaises, les retira tous du cercle d'intrigues dans lequel ils se mouvaient. Ils craignirent pour leur capitale, le même sort qu'éprouvait celle de la catholicité. La catastrophe d'Aboukir offrait une occasion favorable. Ferdinand arma. Sa marche ne fut presque qu'un triomphe. Il repoussa les Français jusque au-delà du Tibre. La même année, pourtant, vit naître et échouer cette entreprise. Il ne trouva plus qu'en Sicile un abri contre les foudres de la république française, et contre l'ardeur des novateurs de son propre royaume. Réfugié sur l'escadre anglaise, il était encore dans la rade pendant que ses arsenaux brûlaient par l'ordre de Nelson, et que Championnet entrait à Naples à la tête d'une armée irritée par une valeureuse résistance : c'était le 22 janvier 1799.

Le premier soin du général français fut de prémunir ses troupes contre les vengeances individuelles des habitans, et de pourvoir à la sûreté des personnes et des propriétés, menacée par des soldats ivres de leurs succès. Pour subvenir aux besoins de son armée, il imposa une contribution de guerre, dont la victoire pouvait seule justifier l'énormité. Puis, cédant à l'esprit de prosélytisme de cette époque, il appela quelques hommes recommandables à délibérer sur la constitution future du royaume de Naples. La république parthénopéenne fut proclamée; et l'on abolit l'aristocratie avec d'autant plus de violence que le régime des baronnies avait été plus oppressif. On songea à vendre les biens du clergé, et à diminuer, sinon à supprimer les fêtes religieuses. Ceux qui avaient reçu la mission d'approfondir ces matières importantes, n'étaient pas seuls à s'en occuper. Tout ce qu'il y avait d'hommes instruits prit part à leurs débats. On vit se renouveler ce qui s'était passé en France, au commencement de la révolution française. Dans les hautes classes de la société, les questions politiques devinrent le sujet de tous les entretiens. Les divers systèmes des républiques anciennes furent évoqués. On raisonnait sur la prééminence de chacune d'elles. Rarement dans ces discussions métaphysiques, où les plus sages comme les plus savans se laissaient entraîner, tenait-on compte de l'état actuel de la civilisation, de la corruption des mœurs publiques, et de la versatilité des esprits. On pensait faire revivre par des institutions, le dévouement civique sur lequel, au contraire, il aurait fallu être en mesure de les fonder. De là des erreurs, des illusions, embellies par les imaginations romanesques du pays. Les femmes mêmes parèrent du charme de leur langage, et exaltèrent par leur enthousiasme, des utopies inadmissibles, des rêves que dissipèrent les réalités d'un réveil affreux.

La douceur de caractère, et l'ame élevée de Championnet, ne convenaient pas à de si graves circonstances. Forcé de sévir contre les mécontens que suscitait le commissaire du directoire Faypoult, par l'exercice rigoureux de ses pouvoirs, il le chassa. Sa conduite fut calomniée quand il eût suffi de la diriger, si tant est que d'autres voies eussent pu être plus fructueuses. Quelque rival aussi, placé à ses côtés et jaloux de sa renommée, le desservit. Accusé d'avoir outre-passé sa mission, prolongé la durée de l'autorité militaire, et méconnu celle du gouvernement français, un arrêté le renvoya devant un conseil de guerre, et il se livra aux agens chargés de le conduire à Paris. On décida ensuite de le faire juger à Milan. Des changemens survenus en France le rétablirent dans ses fonctions. Nommé général en chef des armées d'Italie et des Alpes, il eut des succès : mais sa santé affaiblie par les chagrins et par les travaux, le força à signer sa démission. Il s'achemina vers Nice, et y mourut le 19 nivôse an VIII (8 janvier 1800), à peine âgé de 38 ans.

Macdonald, à qui il avait remis le commandement de l'occupation de Naples, ne voulut rien approuver sans l'appui d'un commissaire directorial. Faypoult reparut. Cependant après avoir prouvé leur omnipotence, les directeurs donnèrent satisfaction à l'opinion qui repoussait leur mandataire, et Abrial le remplaça. Autant le premier s'était fait détester par l'inflexibilité de son oppression, autant celui-ci se distinguait par sa modération, son équité, son désintéressement, vertus assez peu communes alors. La noblesse de ses sentimens eut une occasion de se signaler, dans laquelle Macdonald le seconda avec un empressement digne d'éloges. Des révoltes éclataient sur différens points. Elles menaçaient même la capitale. Une grande sévérité pouvait seule les apaiser ou y mettre un terme.

La ville de Sorrento qui a vu naître le Tasse, avait partagé celle de Sarno et de Salerne. Les troupes chargées de la punir étaient déjà parties. Abrial réclama du général en chef un sauf-conduit pour la maison du chantre de Godefroy. La famille qui l'habitait échappa aux horreurs du pillage. Pour prix de cette protection inespérée, elle offrit à Macdonald un portrait peint d'après nature, du poète immortel à qui elle devait son illustration. Celui-ci voulut que la reconnaissance s'adressât au premier bienfaiteur, qui ne fut connu que par cet acte de générosité également honorable, pour tous les deux.

L'amour de la liberté s'était emparé des esprits. Il inspira aux novateurs le désir de secouer le joug français. De son côté, la cour épiait l'occasion de reprendre l'offensive. Comptant encore des partisans nombreux sur la terre-ferme, elle résolut de tenter une contre-révolution. Il fallait faire un appel au fanatisme religieux et politique des habitans. Le cardinal Ruffo accepte cette mission. Il descend dans la Calabre. A sa voix les peuples se lèvent et courent aux armes. Les royalistes, les mécontens, les brigands, les vagabonds, se rangent sous ses ordres. Par son énergie, il régit ces masses indisciplinées. Il les enhardit par sa bravoure. La terreur le devance, l'accompagne, le suit. Bientôt sa marche inquiète le gouvernement républicain. Une armée franco-napolitaine est envoyée contre lui. Les nationaux se dirigent vers la Calabre, et les Français vers la Pouille. La défaite des premiers est à peine compensée par les succès des derniers. En même tems les îles d'Ischia et de Procida sont livrées aux Anglais. Les patriotes irrités de ces contre-tems, essaient de se maintenir par la terreur.

Sur ces entrefaites, l'armée française est rappelée. Macdonald, en se retirant, ne laisse que de faibles garnisons. Quatre cents Russes abordent dans la Pouille. Leur nombre est grossi par la voix publique. De ce moment les progrès de Ruffo deviennent rapides. Déjà il est à Torré-del-Gréco. Portici tombe de même en son pouvoir. Le 13 juin, un combat terrible s'engage au pont de la Madeleine. Après une résistance opiniâtre, la victoire reste aux royalistes. Parmi les républicains qui ont survécu, les uns cherchent leur salut dans la fuite, les autres dans les forts occupés par les Français. Mais la populace de Naples se joignant aussitôt aux vainqueurs, un massacre épouvantable commence dans la ville. Ni l'âge, ni le sexe, ni le rang, ni l'opulence, ni la misère, ne sont épargnés; et le général des bandes féroces qui ont allumé cette conflagration, laisse teindre du sang de ses concitoyens, la pourpre romaine dont il est revêtu.

Lorsque la soif du carnage fut assouvie, on consentit à traiter avec ceux qui continuaient de se défendre dans les forts. Les conditions qui intervinrent furent signées par le cardinal, et garanties par les otages qu'il livra. La reine Caroline s'opposa à leur ratification. Une autre femme, son amie et sa confidente, se chargea d'obtenir de l'amiral Nelson dont elle disposait, la rupture de la trève. L'Anglais céda après quelque hésitation; et l'arrivée du roi et du ministre Acton ranima la réaction monarchique. Les patriotes furent arrêtés, poursuivis, égorgés, sous les yeux de la garnison française, qui n'eût pu l'empêcher, lors même qu'elle en aurait eu la volonté. Cependant le besoin de donner à la vengeance une apparence de justice, finit par se faire sentir même dans les tourmentes révolutionnaires. Une junte d'état, sorte de cour prévotale, fut instituée pour prononcer sur le sort des ennemis de la royauté.

Entre les premiers membres de ce tribunal qui furent désignés, un seul accepta, *Speciale* qui eût mieux figuré parmi les bourreaux. On lui trouva à la fin des complices. Les échafauds furent dressés ; et là, comme à Paris pendant le règne de la terreur, la vertu, la science, la richesse charitable, l'honnête pauvreté, furent immolées sans distinction. Parmi les martyrs de cette époque sanglante, l'histoire compte une femme célèbre par son esprit et ses vertus, Éléonore Fonséca de Pimentel : son crime était d'avoir cru que la liberté pouvait contribuer au bonheur de son pays. Le célèbre Cimarosa, l'Orphée napolitain, avait composé un hymne en l'honneur de la république. Sa maison fut pillée. Il fut jeté dans un cachot, où il était depuis quatre mois quand des officiers russes vinrent l'en arracher. Réfugié à Venise, il y mourut le 10 janvier 1801, par suite des persécutions dont il avait failli à être la victime. Au sein de cette férocité, des héros se couvrirent de gloire. Manthone, ministre de la guerre de la république parthénopéenne, dédaigna de se défendre autrement que par les droits de la capitulation. Le docteur Cirillo, médecin et naturaliste, ne voulut point racheter sa vie par l'abjuration de ses principes politiques. Baffi, savant helléniste, refusa de se donner la mort pour n'être point taxé de lâcheté. Caracciolo, le meilleur officier de la marine de Naples, aimé et estimé du roi, périt également sans se démentir.

Pendant que ces exécutions se faisaient, les auteurs de la restauration recevaient des récompenses. Le roi dota le cardinal Ruffo, d'une abbaye, dont le revenu s'élevait à cinq mille ducats. A Palerme, Nelson entra le premier dans un temple qu'on avait élevé à la Gloire. Il y reçut avec le titre de duc de Bronté, le brevet d'une pension de six mille onces; et le prince Léopold le couronna de laurier. D'autres dons considérables furent distribués à ceux qui les avaient gagnés. Après avoir recouvré quelque sécurité contre les novateurs, le gouvernement pourvut aux moyens de se maintenir. La cruauté avait moins imposé que n'eût fait la justice. Le brigandage s'organisa de nouveau. Avec l'ancien régime revinrent ses anciens abus. Alors parurent sur la scène politique, le duc d'Ascoli et le chevalier Medici, hommes sages, instruits, dont les vues s'accordaient mieux avec le penchant naturel du roi, et qui rendirent moins de services qu'ils n'en avaient l'intention et la capacité. L'influence de Nelson et d'Acton qui avait éloigné Ruffo des affaires, échoua cette fois, contre la réputation intacte de ces deux ministres qui parvinrent à rétablir quelque apparence d'ordre et de repos. Les événemens de la guerre rapprochèrent la cour de Ferdinand et celle de Napoléon. Murat, envoyé à Naples pour confirmer cette bonne harmonie, y fut comblé d'honneurs et de présens. Les stipulations qui l'avaient amené, autorisaient le séjour d'une armée française dans la partie occidentale du royaume. Aucune difficulté ne s'éleva à ce sujet. Des ambassadeurs réciproques ne cessèrent de porter des paroles de paix. L'Espagne intervint pour obtenir la neutralité des deux Siciles. Elle la fit reconnaître par la France; et cet état de choses se maintint pendant quelque tems, non sans méfiance d'une part ni sans répugnance de l'autre.

La reine Caroline était à Vienne en 1805. Fidèle à sa haine comme à ses desseins, elle adhéra à la nouvelle coalition qui se formait. La guerre éclata, ou plutôt les triomphes de la grande nation prirent un nouvel essor. Trente-quatre mille Austro-Russes, qui, au mépris des traités, avaient débarqué sur le rivage napolitain, le quittèrent pour voler au secours des alliés. Nos troupes traversèrent l'Italie sans obstacle, et arrivèrent aux portes de Naples. Le cardinal Ruffo, chargé de conjurer cet orage, revint sans y avoir réussi. La cour s'éloigna, après avoir organisé une régence ; et, le lendemain, Joseph Bonaparte parut devant la capitale de Ferdinand IV, avec le général Masséna qui commandait en chef cette expédition. Leur entrée n'attira pas moins de curieux, et ne fut pas suivie de moins de fêtes qu'on n'en avait vu dans toutes les occasions semblables. A la tête de quelques troupes, le prince héréditaire protégea un moment la Calabre; l'occupation de Gaëte fit une diversion en sa faveur : mais, battu, repoussé, acculé sur le bord de la mer, il se retira en Sicile.

L'attention des nouveaux possesseurs du pays se fixa alors sur quelques mesures administratives, et sur la poursuite du siége de Gaëte. Cette place succomba au moment où les Anglais faisaient une descente en Calabre. Masséna marcha contre eux; rien ne lui résista; et il eut le tems de soumettre cette contrée, avant de partir pour le nord de l'Italie où il était appelé. Enfin, une dernière tentative de la cour de Palerme s'évanouit en présence du général Regnier, bien qu'elle fût commandée par le prince Hesse de Philipstad, qui avait si habilement défendu Gaëte.

C'est dans ces circonstances que Joseph fut nommé roi de Naples par un décret de Napoléon (1806). La noblesse lui témoigna le plus vif empressement; les courtisans le flattèrent; les ambitieux se groupèrent près de lui; les peuples l'accueillirent; et le cardinal Ruffo le reçut sous le dais, à la porte de son église. L'allégresse fut générale. Rien ne manqua à cette intronation, ni les fêtes, ni les cris de joie, ni les défections de l'ancienne cour, ni les protestations d'un dévouement sans bornes. La couronne de Sicile demeura à Ferdinand. Caroline seule, long-tems inébranlable, lasse enfin d'être dominée par les Anglais, résolut de se soustraire à leurs intrigues, et chercha, mais inutilement, à négocier avec Napoléon. Ils la forcèrent de quitter la Sicile. Des tempêtes la jetèrent sur les côtes de la Turquie; et, après un voyage périlleux et fécond en aventures, elle n'arriva près de sa famille, que pour l'embrasser, et mourir. Frappée d'une attaque d'apoplexie au château de Zezendorf, le 8 septembre 1814, elle cessa de vivre sans qu'on eût le tems de la secourir.

L'éducation politique de Joseph s'était faite à l'école de la diplomatie. Moins occupé des devoirs que des jouissances du rang où il se trouvait inopinément élevé, et plus sensible à l'exercice des droits qui lui étaient attribués, que propre à remplir la tâche difficile qu'il eût été, sans doute, bien éloigné de refuser, il se livra à son indolence naturelle, et suivit son penchant pour tous les genres de volupté. La volonté de son frère l'ayant ensuite assis sur le trône d'Espagne, il céda sa place à son beau-frère Murat, et ne laissa après lui que des institutions à peine ébauchées, et peu ou point de regrets.

Murat se présenta, resplendissant d'une gloire militaire qu'il devait plus à sa bravoure qu'à sa capacité. Chacun le connaissait déjà pour ses hauts faits d'armes, et pour la recherche inusitée de sa parure. Une sorte de prestige l'avait précédé. C'était un roi comme il convenait à un peuple susceptible de s'enthousiasmer pour tout ce qui brille aux yeux et exalte l'imagination. Son entrée à Naples fut pompeuse et solennelle : les grands, le clergé, la population entière se portèrent au-devant de lui. On ne voyait partout que guirlandes de laurier et d'olivier, arcs de triomphe, inscriptions, trophées, statues allégoriques. Quelques jours après, Caroline, sa femme, brillante de jeunesse et de beauté, fut reçue avec la même allégresse. On admira l'élégance de sa personne, la douce fierté de son maintien; on cherchait dans ses traits ceux de son frère : tous chantaient son bonheur, ses vertus, ses grâces. Quel commencement de la plus effroyable catastrophe! Et comment de telles leçons sont-elles constamment perdues? Aveuglé par l'éclat de son épée, accoutumé à croire qu'elle ne pouvait se briser dans sa main, Murat finit par se persuader qu'elle lui suffirait pour se maintenir au faîte des grandeurs, comme elle lui avait suffi pour y monter. Il fut entraîné dans les revers à jamais mémorables de la campagne de Russie. Dupe des Anglais, ingrat envers celui qui l'avait couronné, inconsidéré dans les secours tardifs et inopportuns qu'il voulut lui donner, après avoir prodigué sa vie, alors celle d'un roi, comme il avait fait les jours d'un soldat, il chercha vainement à rentrer dans ses états. Dès-lors son sceptre lui avait échappé; sa tête était dévouée aux bourreaux ; et il ne lui fut pas même permis de se réfugier dans l'obscurité d'où sa bravoure et la protection d'un grand homme l'avaient retiré.

Ferdinand ne tarda pas à traverser le détroit de Messine. Sans avoir combattu, il saisit sa part de l'immense butin laissé par l'empire français, et échangea les paisibles loisirs de la cour clandestine de Palerme, contre les distractions et les plaisirs de celle de Naples. Il est dans sa soixante-huitième année; on le dit valétudinaire et goutteux. Cependant il chasse à pied sept heures de suite, et fatigue les moins âgés de ses courtisans. Simple dans ses goûts, il repousse le faste et l'étalage du pouvoir suprême. Il sort sans gardes, et affecte une popularité qu'on voudrait voir moins exempte de dignité, et du respect qu'il doit lui-même à son rang. De grands événemens se sont passés sous son règne, dont il n'a été que simple spectateur. Aujourd'hui même qu'il a recouvré son autorité, c'est encore entre les mains du ministre Medici qu'il l'a laissée tomber, par une suite de l'inaptitude à toute occupation sérieuse, qu'il a contractée dès ses plus jeunes ans.

Mais la ville commence à s'émouvoir : j'attends que l'heure de l'ouverture des bureaux soit arrivée. Aussitôt qu'elle sonne, je cours, selon mon usage, chercher à la poste, des nouvelles de Paris ou du bonheur, car c'est pour moi la même chose. Trompé le plus souvent dans mon attente, je me résigne, et j'attends de nouveau. Qui pourrait se lasser de l'espérance, malgré ses *piperies*, pour me servir d'une expression de Montaigne? N'est-elle pas la sœur du sommeil qui suspend nos peines, et de la mort qui les finit? Le plaisir que je désire et qui m'est promis, je ne le devance point par de vaines illusions, ni ne m'en rebute pour quelques retards. Il me plaît de m'en ménager toute la surprise. J'ai appris à me réserver pour le jour où il se présente, non pas pourtant sans donner des regrets au tems perdu, lors même qu'il n'a pas dépendu de moi de le bien employer.

Si la vue de Naples, au milieu de la nuit, m'avait causé de l'étonnement, que devais-je éprouver en voyant cette ville en plein jour? La rue la plus bruyante de Paris est calme et silencieuse, auprès de celle de Tolédo, de la place du Palais-Royal, de celle du Château-Neuf, et de leurs aboutissans. Ce sont, à la vérité, les quartiers les plus fréquentés. L'étranger, emporté dans une calèche légère par deux petits chevaux qui ne quittent pas le galop, craint sans cesse d'être accroché, ou de blesser les passans. Néanmoins les accidens sont rares, et l'adresse avec laquelle chacun s'en défend, contribue sûrement moins que le hasard à les éviter. Partout et dans tous les sens, se croisent de fragiles cabriolets de place, dont la forme, et les divers accessoires ont une originalité tout-à-fait locale. On les nomme *curriculi*; et ce mot, abrégé par les crieurs qui les offrent, peint à la fois leur vitesse et leur exiguité. La caisse ressemble à une coquille, dont les bords seraient exhaussés : deux personnes n'y tiennent point à l'aise. Posée immédiatement sur les brancards, elle est presque toujours découverte, mais munie, pour les momens où il pleut, d'un soufflet et d'un tablier sales, déchirés, et bien trop pénétrables à l'eau. On y attelle un seul cheval, rarement deux. La bride est ordinairement surmontée d'un plumet rouge ou bleu, et quelquefois garnie de grelots. Peinte comme la voiture, d'une couleur vive et tranchante, la sellette est tellement élevée au-dessus du cheval, qu'il ne porte rien et ne fait que tirer. Le plus souvent ce sont des enfans qui mènent cet équipage. Tout petit qu'il est on n'y compte jamais moins de six, sept et huit individus : deux dedans ou à peu près, car la moitié de leur personne déborde en dehors ; deux derrière, debout sur une planche à laquelle on n'oserait confier un chien. En dessous, est cloué un mauvais hamac en jonc, dans lequel le cinquième se place, de telle sorte, que, si quelque partie de la frêle machine venait à se rompre, il serait écrasé par ses compagnons. Le sixième se tient sur le parquet de la caisse ; et chaque conducteur, sur chacun des brancards, une jambe pendante, l'autre appuyée sur le marche-pied. Joyeux de la rapidité avec laquelle ils roulent, ils sont là tous comme sur un théâtre, riant, chantant, criant, causant entre eux ou avec ceux qu'ils rencontrent, et excitant à l'envi les cochers et l'attelage. On y voit les réunions les plus grotesques, presque toujours des moines, et surtout des capucins qui s'y entassent sans scrupule, pêle-mêle avec les femmes de la dernière classe et de la plus mauvaise vie.

Entre cette multitude de voitures, de chevaux, de charrettes traînées par des bœufs ou des ânes qui vont quelquefois très-vite, circulent des piétons sans nombre, de tous les états, de tous les âges, indigènes, étrangers de toutes les nations, hommes, femmes, enfans, moines de différentes robes, abbés, filles de tous les étages, jésuites. Il n'est encore que dix heures du matin, et tout le monde est déjà en course. La foule abonde dans les cafés; les magasins de comestibles sont pleins d'acheteurs; le peuple se presse autour des marchands de macaronis, d'orangeade et d'eau à la glace. Je ne sais pourquoi la pudeur de Kotzebue s'est effarouchée des enseignes des limonadiers de place; il y trouve des emblêmes qui accusent plus l'obscénité de son imagination, que l'incurie de la police pour le maintien de la morale publique. La forme de ces cafés en plein air est à peu près pareille : deux planches de moyenne grandeur, posées horizontalement, sont soutenues par deux montans qui leur servent de pieds, et s'assemblent à hauteur d'homme avec un auvent cintré, sculpté grossièrement, et colorié de rouge, de jaune et de blanc. De chaque côté s'avancent deux poings fermés, dont le pouce est serré entre l'indicateur et le doigt du milieu, image de l'effort nécessaire pour exprimer le jus des citrons. Plus bas et tout à l'entour, sont suspendues des guirlandes de limons et de cédrats de toutes les grosseurs. Entre les jambages des deux montans, se meuvent sur un axe, deux barils, l'un rempli d'eau, et l'autre de limonade. Le fond supérieur est garni d'un robinet ouvert; de sorte qu'il suffit de retourner le baril pour servir les buveurs, et de l'abandonner ensuite à son propre poids pour qu'il reprenne sa place, ce qui se fait avec une promptitude extrême. Les verres sont environnés de pyramides d'oranges et de citrons. Le limonadier a pour se reposer un siége qui fait partie de cette boutique; et, sur la devanture de sa table, une peinture commune représente la Sainte Famille, quelque apparition de la Vierge, un vœu, une image quelconque de dévotion.

Sur les places, les marionnettes attirent déjà les spectateurs. Partout, et principalement au bord de la mer, on rencontre des *lazzaroni*. C'est une belle race d'hommes, qui semble étrangère au reste de la population napolitaine. Ils se font autant remarquer par la singularité de leur costume que par la vigueur de leurs formes et par leurs traits fortement prononcés. Un caleçon court, et une chemise de toile assez blanche, composent leur habillement. Si le tems est un peu froid, ils y ajoutent un gilet long à manches et à capuchon, de grosse étoffe brune bordée d'un passe-poil rouge, et chamarrée de quelques morceaux de drap vert ou jaune qu'ils cousent aux coudes, au collet et dans le dos. Le complément de cet accoutrement est un bonnet de laine écarlate, ou un chapeau de feutre blanc, en forme de pain de sucre, qu'ils ornent parfois d'une plume de coq ou d'une fleur, selon le caprice du moment. Fait-il chaud ? ils se contentent de jeter sur leurs épaules la large ceinture d'étamine ponceau, qu'ils nouent d'ordinaire autour de leur corps. La plupart ne possèdent rien. Il y en a qui ont un bateau dont ils se servent pour aller à la pêche. Revenus de cette expédition communément fort prompte, ils se battent d'abord pour en partager le produit. Puis chacun prépare et nétoie la portion qui lui est échue, étale avec art les morceaux de choix sur un plateau d'osier, et court les offrir et les vendre dans la ville avec une précipitation et des cris extraordinaires. Ce soin rempli, ils retournent sur la plage, cuisent le reste de leur poisson, ou le mangent cru. Ensuite ils errent sans souci comme sans occupation, jouent le gain de la journée, fument, sommeillent, se disputent, s'entretiennent dans toutes les attitudes du plus lâche désœuvrement; ou bien enfin ils se débarrassent réciproquement de la vermine qui les dévore. Quand vient la nuit, les uns se couchent dans l'endroit où ils se trouvent, sur un banc, à terre, dans le vestibule d'un palais, sur les degrés d'une église. Les autres mettent à sec leur embarcation. La famille éparse sur le port s'y rassemble, s'étend et dort; et les mêmes habitudes ramènent le lendemain la même vie oisive et frugale.

Le gouvernement de Murat passe pour avoir cherché et même réussi à en diminuer le nombre par des mesures violentes. Il n'y paraît guère. Ceux qui ont résisté à cette proscription n'en ont du moins gardé aucune rancune. Quelque effort qu'on ait fait pour les civiliser et leur créer une patrie, le succès est encore douteux. Leur existence presque nomade les montre toujours prêts à émigrer, et les rend étrangers au pays dont la protection semble leur être indifférente. On les prendrait sur leur rivage, pour des spectateurs complètement désintéressés de tout ce qui se passe autour d'eux. Ils ont conservé le souvenir des aventures de Murat. Sa bravoure et son extérieur théâtral n'ont pas cessé de les émerveiller. Ce spectacle, nouveau pour eux, les amusait; et la peur les contenait dans une sorte de devoir. Maintenant que ce mélange d'exaltation et de contrainte n'existe plus, ils ne font que végéter dans l'ordure qui est, pour ainsi dire, leur élément. Toutefois ils parlent de tems en tems de leur Renaud : c'est ainsi que le peuple napolitain nommait Murat. Ils lui comparent le roi actuel, dont ils censurent hautement la modestie et la familiarité. S'ils étaient capables d'agir, ce droit de juger les rois, qu'ils s'arrogent si librement, ne serait pas sans danger; mais on peut se reposer autant sur leur imperturbable paresse, que sur la mobilité de leurs sentimens.

La principale façade du théâtre de Saint-Charles, l'un des plus beaux et des plus vastes de l'Italie, donne sur un carrefour appelé *Largo di Castello*. Elle se compose d'un vestibule extérieur percé de trois grandes portes, surmonté d'une galerie fermée par une colonnade et couronnée par un fronton. Plus loin, vers la gauche, puis à droite, on descend sur la place du Château-Neuf. Entre les fontaines dont elle est ornée, celle de Médina est la plus remarquable. Du sein d'une conque portée par des satyres, sortent quatre chevaux marins, au-dessus desquels s'élève une statue de Neptune : les pointes du trident sur lequel il s'appuie, lancent des jets d'eau qui retombent sur ses épaules. Dans les jours d'été, où les chiens n'osent marcher sur les pavés brûlans, avec quelle envie les passans ne doivent-ils pas regarder cette pluie artificielle? Vis-à-vis, sous une espèce d'arc triomphal, on voit un marbre de Canova, image d'un coursier en liberté. La ville de Naples à laquelle il fait allusion, le doit au roi Murat. C'est une heureuse allégorie de ce peuple ardent, impétueux, sans frein, qui serait puissant si son courage répondait à son caractère, et qu'il fût susceptible de recevoir une bonne direction, mais dont l'insouciance est extrême quand aucun fanatisme ne l'agite. « Si nous avions deux vies, » disent les Napolitains, nous n'hésiterions pas » à en sacrifier une. » Cette locution vulgaire exprime leur pensée de tous les momens.

Le palais royal, plus imposant par sa masse que par son architecture, est bâti sur une place à laquelle il donne son nom, et que Murat se proposait de décorer d'un portique demi-circulaire. Il paraît que ces constructions qu'il avait entreprises, sont abandonnées ou du moins suspendues. Tout auprès est le port, dont quelques barques en radoub, trois ou quatre frégates dégréées et de mauvais transports, se partagent l'étroite enceinte. Ces parages sont délaissés par le commerce. Quelques Anglais seuls les fréquentent; et le peu de mouvement qui en interrompt la solitude, est occasioné par le départ ou l'arrivée des paquebots destinés aux communications avec la Sicile.

Cette vue est sans intérêt : mieux vaut en chercher dans les beautés naturelles des collines qui dominent le rivage. Retournons à *Chiaja*. Suivons la plage de Mergellina, qu'embellissent des maisons de plaisance. Arrêtons-nous un moment devant le palais de la reine Jeanne, dont l'architecture est à la fois gracieuse et légère. Ses étages à moitié terminés, lui donnent la forme d'une ruine, qui, de tous côtés, produit les effets les plus pittoresques. Une route sablée longe le promontoire de Pausilippe. Elle devait conduire à Pouzzole. Murat l'avait commencée. L'on n'en poursuit point les travaux; mais elle est devenue le but d'une promenade délicieuse. On y va chaque soir respirer la brise de la mer, et jouir de l'aspect du golfe et de ses bords charmans. Au pied du coteau où elle s'arrête, et à une petite distance de la côte, on aperçoit l'île de Nisita. Elle sert de lazaret pour les vaisseaux qui relâchent à Naples. Sur la droite se développe la baie de Pouzzole. Nous ne pouvons pas nous arrêter pour la considérer. Il n'est pas rare d'être surpris en ce lieu par quelque orage. Le vent de tramontane vient de s'élever; il souffle avec fureur : déjà les flots s'émeuvent; une tempête se prépare; et, quelque diligence que nous fassions, nous ne pouvons échapper à la pluie battante qui tombe déjà, et menace de durer toute la nuit.

UN VOYAGE AU VÉSUVE. — RÉSINA.
LES GUIDES. — L'ERMITAGE. — LES APPROCHES DU CRATÈRE.
LE COURANT DE LAVE
L'ALBUM DES ERMITES. — LA FONTAINE VÉSUVIENNE.
LE THÉATRE DE SAINT-CHARLES.

Naples, 25 novembre 1819.

Dès le matin, la nouvelle d'une éruption du Vésuve s'est répandue. Après quelques commotions intérieures, dont le bruit ressemble à celui du canon dans l'éloignement, la lave avait commencé à couler. On en suivait la trace sur le flanc de la montagne, à la lueur des vapeurs enflammées qu'elle exhalait. Par intervalles des gerbes de cendre et de pierres s'élançaient violemment du cratère, et, poussées par le vent, descendaient en pluie de feu du côté opposé à la ville. Les habitans savent mesurer le danger de ce phénomène. Lorsqu'il n'en offre point, son apparition est une véritable fête. Les quais, les places publiques, les terrasses sont couverts de spectateurs. Les télescopes se dirigent vers le lieu de la scène. Les savans étudient les mouvemens secrets du volcan, calculent l'intensité de ses efforts, pourraient même dire la durée de son embrasement. Quant au peuple, il emploie la journée entière à en contempler le spectacle. Une sorte de terreur se mêle à sa curiosité. Chaque fois que la lave s'épanche avec plus d'abondance et reçoit une plus forte impulsion, il semble épier le moment de recourir aux saintes bannières et aux reliques qui passent pour avoir déjà préservé ses habitations et ses champs, et s'y prépare par quelques prières à voix haute. Plein de confiance dans ce palladium, il se livre aux transports de son admiration, avec un emportement qu'il serait impossible de décrire. Cet événement devient le sujet de tous les entretiens. Les curieux, les étrangers surtout, attendent la nuit avec impatience, pour se rendre au sommet de la montagne. Nous ne fûmes pas des derniers à entreprendre ce voyage. Quelques lettres de recommandation que je remis avant de partir, ne m'arrêtèrent pas long-tems. Naples n'a point hérité, du moins pour moi, des vertus que son origine grecque ferait supposer. L'antique hospitalité est peu familière à ses modernes habitans. Leur préoccupation toute personnelle, s'oppose à ce qu'ils perdent un seul instant, d'une vie que remplissent les jouissances les plus sensuelles. Quelque conversation s'établit-elle entre eux et vous? Il vous faut écouter les doléances du commerçant sur la stérilité de son négoce, et celles du propriétaire sur le vil prix de ses récoltes. Le politique se récrie contre la nullité du gouvernement. Le patriote se plaint du retard de la civilisation. Le clergé déplore la tiédeur de la foi; et l'homme instruit, les obstacles qui arrêtent le progrès des lumières. D'ailleurs ne comptez point sur un accueil amical, prévenant; ni qu'on vous fasse les honneurs de la ville et du pays; ni qu'on vous mette à même d'en admirer les beautés, d'en apprécier les richesses; ni enfin que l'on cherche à vous délasser de vos fatigues par cet intérêt bienveillant, qu'un voyageur trouve à Paris dans toutes les conditions de la société. Vous serez impitoyablement abandonné à ceux qui font le métier de *cicerone*. Je vais donc en prendre un, et le guider selon mon caprice et au gré des occasions et des circonstances. Allons d'abord au Vésuve.

On sort de la ville par le pont de la Madeleine, qui servait autrefois à passer le *Sebethus*, que les géographes nomment indifféremment Sébéto ou Fornello. Il est orné de deux statues, celle de Saint-Jean Népomucène, et celle de Saint-Janvier patron des Napolitains. La dernière y a été placée en témoignage d'un miracle. Lors de l'éruption de 1767, la lave menaçait de détruire la ville. On lui opposa les reliques de ce martyr; et elle recula devant la procession qui les portait. Voilà un de ces faits, sur lesquels il ne serait pas prudent d'élever ici le moindre doute. Le lit du fleuve est à sec. Un tremblement de terre tarit jadis sa source. Depuis, mais à des intervalles fort longs, il coule quelquefois. A quatre milles de Naples on traverse le village de Portici. La route passe dans l'enceinte de la maison royale qui y est située. Au-delà elle se prolonge à plusieurs toises au-dessus du sol antique, et mène à Résina, petite ville bâtie sur la lave qui couvre l'un des faubourgs d'*Herculanum*.

La principale industrie des habitans de Résina, consiste à conduire ceux qui vont visiter le Vésuve, au cratère du volcan dont ils connaissent les approches et savent éviter les dangers. A peine votre voiture est-elle arrêtée dans la cour de la seule hôtellerie du lieu, qu'un troupeau d'ânes sellés et bridés l'environne. Ils sont tellement serrés contre elle que vous ne pouvez en descendre. Leurs maîtres les présentent tous à la fois. Chacun d'eux vante à l'envi le sien, pour la sûreté de ses jambes, la finesse de sa bouche, la douceur de son allure, et décrie, en même tems, celui de son camarade. La jalousie ne tarde pas à les exciter les uns contre les autres. Une querelle s'allume. Les femmes et les enfans, d'abord simples spectateurs, entrent bientôt en scène. Aux reproches succèdent les injures. Des cris effroyables s'élèvent de toutes parts. La population entière prend parti contre la famille qui va gagner quelques *grani*, petite monnaie du pays. Durant cette lutte, les paisibles animaux qui en sont la cause innocente, tiraillés par la bride, poussés par la croupe, se mêlent, s'embarrassent, s'agitent; mais ils semblent familiarisés avec ce genre de tumulte, car aucun ne cherche à ruer ni à se défendre. Assourdi de tant de bruit, et pour pouvoir enfin mettre pied à terre, vous fixez votre choix qui tombe presque toujours sur la pire monture, parce que les efforts de celui à qui elle appartient, sont en raison inverse de ses droits à la préférence qu'il sollicite. Il en est même qui portent la hardiesse, et ceux-là sont les plus habiles, jusqu'à s'emparer de vous, et vous mettre, bon gré mal gré, à califourchon sur leur bête. Alors ils rient tous. Vous riez aussi. Le marché se trouvant ainsi conclu, le silence se rétablit comme par enchantement. Toute cette feinte colère s'apaise. Les interlocuteurs les plus furieux s'éloignent comme les autres. Aucune rancune ne demeure à personne. Ils se préparent à jouer la même comédie devant le premier arrivant. Le caractère du peuple de ces contrées s'y montre sans réserve : c'est un mélange de ruse, d'avidité, d'avarice, d'irascibilité et de poltronnerie.

Trois routes tracées sur le Vésuve aboutissent à son sommet : la première au nord passe par Saint-Sébastien; la seconde au levant, par Ottajano; la troisième est au couchant et part de Résina. C'est la moins difficile et par conséquent la plus fréquentée. Pour peu que l'on ne craigne point la fatigue, il est plus sûr d'aller à pied. La caravane se compose d'un guide qui la précède, affectant un air capable, hardi et aventureux; des voyageurs montés sur les ânes, ou les laissant marcher la bride sur le cou; et des âniers qui suivent, causant entre eux nonchalamment, ajustant la mèche de leurs fouets, attentifs à tout ce qui pourra leur révéler le plus ou moins de générosité de ceux dont ils attendent leur salaire, et disposant par avance du gain de la journée. Chemin faisant, le guide s'arrête pour étaler sa science vésuvienne. Il appartient à une corporation dont le chef, nommé Salvador, est cité pour son courage et pour sa probité. Chargé de rendre au roi de Naples, un compte journalier de l'état du Vésuve, celui-ci se trouvait retenu à la ville pour l'accomplissement de ce devoir. Il a fallu se contenter de l'un de ses subordonnés, sans doute le plus lâche de tous, car il a témoigné, dès le moment du départ, les plus vives inquiétudes sur le ciel qui était orageux, sur la possibilité d'être surpris par une tourmente ou par la neige, sur l'heure tardive qu'il était, sur le volcan, sur l'incertitude du courant de la lave, sur tout. Nous nous sommes bientôt lassés de l'écouter. Aussi bien convient-il de s'occuper des difficultés du voyage. Quoique peu rapide encore, l'ascension est pénible. Des pierres aiguës et mobiles roulent sous les pieds et les blessent souvent. On rencontre de loin à loin de pauvres chaumières ombragées par quelques figuiers. Elles sont contiguës à de petits héritages fermés de murailles sèches, construites avec des débris volcaniques. Entre ces clôtures, croît le vin fameux de Lacryma-Christi. Plus haut le sol change de nature. Ce n'est plus qu'une terre noire et brûlée, mêlée de scories. La vigne y vient bien encore; mais les ceps plus rares ne jettent que des pampres grêles et comme étiolés. La misère des habitans augmente dans la même proportion, et inspire la pitié.

Après une heure et demie de marche on se trouve sur un plateau qui domine Naples, la mer et la campagne. Cerné par des ravins profonds et situé du côté opposé à l'inclinaison du cratère, il est exposé à de moindres dangers. Trois ormes, plantés à l'une de ses extrémités, ombragent un banc d'où l'on contemple à l'aise les divers aspects des alentours. Tout auprès est une auberge. La solitude qui l'environne et les privations qu'elle impose à ses habitans, la rendent propre à la vie monacale : on la nomme l'Ermitage. En dedans les murs sont couverts d'images de dévotion. Deux hommes vêtus d'un froc, y demeurent et passent pour y exercer l'hospitalité. Dispensés de la donner aux pauvres, qu'un pélerinage trop peu profitable n'engage point à venir si loin demander une chétive aumône, ils la vendent fort cher aux curieux qui se succèdent dans leur maison. La qualité de leurs provisions ne répond pas non plus à l'éloge qu'ils ont soin d'en faire : des œufs douteux, de mauvais fromage, quelques poissons salés, des viandes conservées tant bien que mal, sont servis par eux, de très-bonne foi peut-être, comme des mets recherchés. En viennent-ils au Lacryma-Christi dont ils vous abreuvent, c'est à qui des deux se récriera davantage sur son ancienneté et sa saveur. Chaque flacon est apporté avec une précaution risible; de peur d'en troubler le contenu, on le débouche lentement : vaines simagrées qui n'empêchent pas de trouver détestable ce breuvage épais, à la fois doux et amer, et presque nauséabonde. Bien que propres en apparence, les chambres et les lits n'invitent à faire aucun séjour dans ce refuge. Aussi ceux qui y prennent en passant quelque nourriture et du repos, ne tardent-ils pas à s'acheminer de nouveau vers le terme de leur course.

On fait de plain-pied une demi-lieue environ, dans la petite vallée qui sépare le double sommet du Vésuve. Des buissons épars, quelques fleurs des champs se montrent par intervalles. Tout faibles qu'ils sont, ces restes de végétation récréent la vue. Laissant à gauche la Somma, volcan éteint qui s'élève du côté du nord, on s'avance vers le cône stérile et noirâtre dont la cime brûle dans ce moment. Nous arrivons enfin au pied de cette pyramide de cendres et de laves. Les aspérités des anciens courans qui la sillonnent, figurent comme autant de degrés inégaux et perpendiculaires pour y monter. Ici le secours des guides devient quelquefois nécessaire. Deux sentiers se présentent : l'un à travers les cendres, long, fatigant, impraticable à cause de leur excessive mobilité; l'autre sur les pointes de la lave, plus escarpé, plus susceptible de donner des vertiges, mais solide, direct et par conséquent plus court. On prend communément le dernier. La nuit approchait. Le vent ne permettait pas d'allumer les torches dont nous nous étions munis. Les nuages s'épaississaient. Quelques flocons de neige commençaient à voltiger. Bientôt un givre aigu s'y est mêlé. L'air était glacial. Il n'eût pas été prudent de se laisser surprendre par la nuit dans un trajet si hasardeux. Je me hâtais. Mes habits trempés de sueur, se refroidissaient. Le contraste de l'atmosphère avec ma propre température, me devenait presque douloureux. A l'alternative de chaleur excessive et de froid piquant que je ressentais, se joignait l'ennui de devancer mon compagnon de voyage, qui avait perdu beaucoup de tems à essayer du chemin frayé dans la cendre. J'étais en outre importuné par la longueur de cette espèce d'échelle à laquelle je montais déjà depuis longtems, sans presque m'apercevoir de l'espace que j'avais parcouru. S'arrêter, ralentir seulement le pas, eût été dangereux. De nouveaux efforts m'ont fait franchir les derniers obstacles; et je suis parvenu à une petite distance du cratère. Il était impossible d'en approcher de plus près. Les pierres ardentes que le volcan lançait à chaque instant, pleuvaient de toutes parts. Mon compagnon est arrivé. Quelques provisions apportées par un enfant, nous ont ranimés. La lave coulait à quelques pas de nous, et décrivait une ligne de feu. On estime que son épanchement actuel est de quelques pieds cubes par minute. De sa source, elle tombe à vingt pieds au-dessous dans un bassin qu'elle a creusé, et où elle bouillonne comme l'eau d'une cascade. Puis après avoir suivi le penchant plus ou moins rapide de la montagne, elle s'élance de nouveau perpendiculairement à quarante pieds plus bas, se perd sous d'anciens courans, reparaît plus loin, et continue son cours jusqu'à ce que refroidie elle n'ait plus de fluidité. Je cherchais des yeux, la trace de ce torrent enflammé. J'en examinais les détours et les accidens divers. Des blocs de scories flottaient à sa surface et passaient devant moi. Debout sur l'un d'eux, le guide s'abandonnait à leur impulsion. Je me suis placé près de lui, et laissé de même entraîner pendant quelques instans. Ce mouvement d'une navigation presque insensible, la chaleur que l'on éprouve, le bruit aigu des feuillets de lave que l'on entend se briser sur les bords, semblable à celui du verre qui se casse, captivent l'attention. Mais les masses noires qui me portaient m'avaient trompé. Elles étaient brûlantes; et je n'ai pu m'y tenir long-tems, quoique je fusse pourvu d'une forte chaussure. Retournant vers les hommes qui nous accompagnaient, je les ai trouvés assis devant une fournaise qu'ils avaient ouverte avec leurs bâtons, près de l'endroit que je venais de quitter. Ils se chauffaient, cuisaient des pommes, se reposaient et mangeaient, ce qui est dans ce pays le comble du bonheur.

La nuit était venue. Que faire encore parmi ces cendres et ces débris calcinés? Le tems ne permettait pas d'attendre le lever du soleil. Nous voyions à peine à quelques pas de nous. Le silence et l'obscurité n'étaient interrompus, que par l'explosion des matières incandescentes qui s'échappaient des entrailles du volcan. Force a été de revenir sur nos pas. Toutefois la vue de ce phénomène redoutable fait sur l'ame et les sens une telle impression, qu'on répugne à s'en séparer. Quoique les effets en soient uniformes, on espère sans cesse en voir de nouveaux. Notre cortége s'éloignait. Je me suis enfin décidé à le rejoindre : et comme je me disposais à descendre avec précaution, le guide m'a engagé à le suivre. Puis courant à grands pas sur la cendre qui s'éboulait sous ses pieds, après quelques secondes, je l'ai aperçu au-dessous de moi, sur le plateau de l'Ermitage. Vainement j'ai voulu l'imiter. Ne me sentant retenu par aucun appui, je craignais de culbuter, soit en avant, soit en arrière. « Tenez la tête haute, m'a crié une autre voix; voyez comme je fais. » En même tems, celui qui me parlait a passé comme un trait à mes côtés, et je l'ai vu près de son camarade. Enhardi par cette double leçon, je me suis hasardé et les ai atteints aussitôt, fort surpris de la facilité et du charme de cet exercice, qui ne peut se comparer qu'à celui de patiner sur la glace. A chaque enjambée la cendre vous porte à plus de vingt pieds. Vous fendez l'air. Il vous semble voler; et l'élan de cette course aérienne vous emporte long-tems après qu'elle est finie. On a de la peine à s'arrêter; mais cette sensation est si agréable et si vive qu'on prendrait volontiers la peine de remonter, pour se la procurer de nouveau.

Les ermites conservent un album, où ils prient ceux qui les visitent de laisser un souvenir de leur passage. Quelques voyageurs se sont contentés d'écrire leurs noms : affectation puérile pour soi; soin fort inutile pour les autres. Le plus grand nombre se croit obligé de confier à ce registre l'effet que la vue du Vésuve et de ses feux a produit sur lui. La surprise, l'admiration, la peur, l'enthousiasme, y sont peints de mille couleurs, selon l'imagination et le caractère de ceux qui y ont consigné l'expression de ces divers sentimens. Chacun n'aurait pas écrit dans sa propre langue, qu'on reconnaîtrait l'Italien à son exagération; l'Allemand, à sa métaphysique embarrassée de je ne sais quelle sensibilité vague et platonique qu'il mêle à toutes choses; l'Anglais, à son exaltation raisonnée et tant soit peu empreinte de sécheresse, qu'il donne plutôt comme un précepte, que comme la description de ce qu'il a éprouvé; le Français enfin, à des comparaisons inattendues, plus folles que réfléchies, plus gaies que sentimentales, accompagnées le plus souvent de souvenirs de patrie, d'amour ou d'amitié. Un Espagnol, nommé G......, réfugié à Naples sous la protection du roi de Bavière, y a inscrit l'historique d'une fontaine factice, établie par lui auprès du cratère du Vésuve. Amateur passionné des sciences naturelles, il avait déjà condensé par des appareils chimiques, les vapeurs de diverses sources thermales, et obtenu de cette condensation une eau limpide et potable. Son expérience répétée ici a eu les mêmes résultats. Quelques fumées du volcan, rassemblées sous un récipient, et forcées de parcourir une certaine étendue de tuyaux de canne, donnent à l'extrémité opposée de quoi désaltérer le voyageur. Invention singulière, bien appropriée au lieu où son auteur est venu la porter! Mais les habitans de ce désert qui spéculent sur la curiosité publique, et qui vendraient, s'ils le pouvaient, l'air ambiant de leur montagne, permettront-ils que ce fragile alambic continue d'offrir un verre d'eau, à ceux qu'ils voudraient gorger de leur vin si détestable et si cher? Au centre de ces commotions continuelles, de ces fréquens ébranlemens, sur cette terre qui tremble et bouillonne sans cesse, et que recouvre à tout moment une pluie de cendres et de pierres, comment espérer que quelques roseaux mis l'un au bout de l'autre, ne se disjoindront ou ne se briseront pas? Un gouvernement protecteur des sciences, hospitalier, soigneux de l'humanité, aurait déjà tenté de mettre à profit cette découverte. Quelques précautions seraient prises pour préserver la fontaine vésuvienne, et l'appareil d'où elle tire sa source. Ici, ne cherchez rien de semblable. La nature a tant fait pour cette voluptueuse Naples, qu'on se croit dispensé d'y rien ajouter. Ailleurs et dans des lieux moins favorisés, en est-il donc autrement? D'autres tems amèneront peut-être d'autres mœurs. Monté sur mon âne qui ne m'a pas encore servi, je m'achemine vers Résina.

Il bronche à chaque pas. Fatigué de soutenir sa tête pesante, je fais le reste de la route à pied. Voilà ma calèche! Je retrouve mes petits chevaux napolitains remplis d'ardeur et de courage. Ils m'emportent comme si on ne les tenait pas; et j'arrive promptement à la ville.

Je vais passer au théâtre de Saint-Charles le reste de la soirée et une partie de la nuit. Après la Scala de Milan, on croirait qu'aucune salle de spectacle ne peut mériter d'être admirée. Celle de Naples ne le cède à sa rivale, ni pour l'étendue, ni pour l'élégante simplicité de sa coupe, ni pour la richesse de ses ornemens. Un lustre immense et d'une belle forme l'éclaire. Elle est peinte en blanc et en or. Tant d'éclat et de magnificence effacent peut-être un peu le teint et la parure des dames. Les loges sont spacieuses, commodes. On voit et on entend également bien de toutes les places. Le parterre est assis. De larges stalles en divisent les banquettes. Quoique l'usage y admette les femmes, elles y vont rarement. De la représentation du jour, il ne restait, quand je suis entré, que le ballet, froide imitation de *la Partie de Chasse* de Collé. La pantomime et la danse m'ont paru extrêmement négligées. Peut-être le climat nuit-il à l'étude qu'elles exigent. L'orchestre jouait à satiété, les airs de *Gabrielle* et du *Diable à Quatre qui fut un vert galant*. Malgré la restauration de leur ancienne dynastie, issue de Henri IV et du grand roi, les spectateurs se sont montrés peu sensibles à ces ritournelles royales ; et ils sifflaient en sortant.

LA ROUTE DE NAPLES A POMPÉIA. — TORRÉ-DEL-GRÉCO.
TORRÉ DELLA NUNZIATA. — POMPÉIA. — SON CIRQUE. — LA VILLE.
LES TOMBEAUX. — LES CAUSES DE LA RUINE DE POMPÉIA.
LE THÉATRE DEL FONDO.

Naples, 26 novembre 1819.

Pompéia est à douze milles de Naples. Pour s'y rendre, on passe à Portici. Le tems favorisait cette excursion intéressante. Un vent du nord assez vif avait refroidi l'atmosphère, et promettait une belle journée qui ne s'est point démentie. J'ai revu Résina; puis, laissant le Vésuve à gauche, j'ai suivi la côte à une petite distance de la mer. Dès-lors le pays est coupé par des laves éteintes, dont les courans se croisent dans tous les sens. Des produits volcaniques couvrent le sol. L'industrie s'en est emparée, et les approprie à divers usages. On les exploite comme une carrière. Les pierres bleuâtres qui en sont extraites servent à bâtir les maisons, ou à paver les rues et les chemins. Elles ont la dureté du marbre, et sont susceptibles d'en prendre le poli. Taillées artistement et liées par un ciment très-fin, elles se prêtent à tous les dessins de l'architecture. On les emploie brutes pour faire les murailles sèches qui entourent les jardins et les héritages. Les chaussées sont entretenues et raccommodées avec les scories, qui, écrasées par les roues des voitures, s'amalgament, et prennent une grande consistance. Les cendres entrent dans la composition d'un enduit imperméable, qui remplace le plomb pour les toitures et les terrasses. C'est ce que l'on appelle de la *pouzzolane*, parceque celle de Pouzzole a le plus d'adhérence, et forme une espèce de stuc qui durcit à l'eau, lui résiste, et la repousse.

Le premier village, après Résina, se nomme Torré-del-Gréco; le second Torré-della-Nunziata. C'est ici que l'on s'arrête pour laisser souffler les chevaux, quoique le terme du voyage soit peu éloigné. On descend à une vaste auberge où la propreté n'invite ni ne retient personne. La cuisine se fait dans un hangar ouvert sur la rue, et dépourvu de portes et de fenêtres. On y mange d'excellent poisson, avec des macaronis assaisonnés d'une saumure détestable. Le vin est fort et doucereux; il se mêle mal avec l'eau, et ne désaltère point. Pendant les apprêts de ce repas servi par des marmitons crasseux, et uniformément offert à tous les passans, on se chauffe devant des charbons allumés dans un grand vase de cuivre. Pour moi, je m'amusais à regarder les travaux auxquels les habitans se livraient sur les terrasses de leurs maisons. Les uns étendaient du froment; les autres, du blé de Turquie, qu'ils détachaient des épis par des procédés peu industrieux et surtout fort lents. Quelques jeunes filles brisaient avec leurs pieds, des capsules de cotonnier cueillies dans les champs voisins : c'est le moment de la récolte du coton. On en voit encore sur pied la majeure partie. Il réussit à merveille. Il est court, mais abondant. Les Français en encourageaient les plantations. Ceux qui les avaient entreprises en retiraient beaucoup de profit. Le gouvernement actuel a mis cette branche d'agriculture en concurrence avec le commerce anglais; et le pays commence à l'abandonner.

Hâtons-nous d'arriver à Pompéia. Cette ville était bâtie sur le penchant d'une colline, non loin de la côte à laquelle elle donnait son nom. Elle avait un port fréquenté, l'entrepôt et le débouché de Nola, Nocéra, Accerra et de toute la contrée. La douceur du climat, la fertilité du sol, concouraient aussi à y attirer une population considérable. Elle était entourée de sites agréables qu'embellissait la proximité de la mer. Des étrangers opulens les avaient choisis pour bâtir des maisons de plaisance. Dans ses lettres familières, Cicéron vante les charmes de ce séjour. Tite-Live fait débarquer à Pompéia la flotte romaine commandée par Publius Cornélius, après la défaite des Fourches-Caudines. Sénèque la cite pour les nombreux avantages de sa position. Tacite parle de sa puissance, de la pompe de ses jeux, de la jalousie qu'ils inspiraient aux peuples du voisinage, d'une rixe violente qui s'ensuivit, et d'un décret du sénat qui défendit aux Pompéiens de donner, pendant dix ans, aucun spectacle de gladiateurs. Ailleurs, il rapporte qu'un violent tremblement de terre détruisit presque entièrement cette cité, dans la 63e année de l'ère chrétienne. Les édifices publics et particuliers en furent tous ébranlés. Seize ans après, en 79, pendant que les magistrats et les citoyens travaillaient à réparer ces dommages, une éruption du Vésuve engloutit, sous un limon composé d'eau, de cendres et de pierres calcinées, Pompéia, Herculanum, et la plus grande partie de la côte méridionale du golfe de Naples. Pline le jeune met la ville de Stabia au nombre de celles qui furent détruites. Soit que les renseignemens sur la situation exacte de Pompéia fussent insuffisans, soit qu'on mît à la découvrir peu de curiosité, en aucun tems on n'avait cherché à en reconnaître l'emplacement. Vers le milieu du siècle dernier, un laboureur le trouva par hasard, en heurtant des débris avec le soc de sa charrue. Charles III régnait alors. Il s'empressa d'ordonner des fouilles. Ferdinand les continua faiblement. Murat leur donna l'activité qu'il mettait à toutes choses. Sept cents hommes y furent employés; et la ville entière eût été exhumée. Maintenant l'on n'y compte plus qu'une dizaine d'ouvriers. En remontant sur son trône, Ferdinand a supprimé la presque totalité de la somme affectée à cette dépense.

On met pied à terre devant une grille de bois. Tout auprès était jadis la porte de la mer. Quelques soldats et des guides accueillent les visiteurs. Les premiers ont pour consigne de ne pas laisser emporter le moindre fragment de pierre ou de marbre, de veiller à ce qu'on ne prenne ni notes ni croquis. Les autres se chargent de vous promener dans les rues, d'en dire les noms, et d'indiquer la demeure et la profession des anciens habitans. Mais d'abord on vous fait parcourir la partie de la muraille d'enceinte qu'on est parvenu à déblayer. Après un mille de marche, vous arrivez à un amphithéâtre de forme elliptique. Sa construction est tellement régulière, que, de l'une des extrémités à l'autre, en parlant à voix basse, on se fait entendre distinctement. Il est parfaitement conservé. Voici les principales entrées, les couloirs de dégagement, les passages particuliers, la place des magistrats, celle des chevaliers, celle des vestales, les gradins réservés pour les femmes, ceux qu'occupait le peuple. Diverses issues sont ménagées autour de l'arène : celles-ci étaient exclusivement à l'usage des athlètes. De ce côté sont les loges des bêtes féroces. C'est par ces vomitoires qu'elles s'élançaient au combat. Un corridor étroit servait aux esclaves pour emporter les morts. Des images grossièrement tracées sur le mur, représentent des lutteurs de tout genre et des animaux. En voyant ce cirque ainsi disposé, on se figure qu'il n'est pas encore l'heure de venir au spectacle, et que la foule accourra plus tard pour y assister. Les peuples voisins ne s'y rendront-ils pas aussi ? Quelque riche citoyen donne peut-être aujourd'hui des jeux. Quels sont les gladiateurs qui doivent ensanglanter l'arène? leur nom est-il fameux ? ou bien le décret d'interdiction prononcé par le sénat, est-il encore en vigueur ? Si je le lisais sur les tables des actes de l'autorité, je me croirais transporté à l'époque où il fut rendu. Je m'attendrais à rencontrer quelqu'un des citoyens de cette ville antique, ennemie du nom romain, impatiente du joug de la république-reine, et toujours prête à se révolter. Mais un profond silence règne dans ses murs abandonnés. Les champs qui l'environnent sont presque déserts. Quelques paysans y passent-ils ? Comme ils n'ont rien de grec ni de romain, l'illusion que je me plaisais à nourrir s'efface par degrés. L'idée que je m'étais faite de la proximité d'une population nombreuse, active et commerçante, s'évanouit. Ce repos, cette solitude me ramènent malgré moi aux déplorables réalités du tems actuel ; et les stupides soldats, et les guides intéressés que je retrouve au retour, achèvent de rompre mon enchantement.

Entrons : c'était ici l'un des marchés publics. Il a la forme d'un parallélogramme rectangle.

Une colonnade soutient la voûte du portique sous lequel s'ouvraient des boutiques diverses. Les marchands logeaient au-dessus dans l'entresol. Pour abriter la garde, un des angles de cet édifice vient d'être reconstruit sur les plans anciens, et donne un aperçu de son ensemble. Le moulin à huile qui est resté contre le fût d'une colonne, se compose d'un bloc de granit creusé circulairement, dans lequel se meuvent deux segmens sphériques de même matière, réunis par un axe. Les olives étaient broyées par la pesanteur et le frottement des deux parties de cette machine, qui marchait à l'aide d'une manivelle, ou qu'un âne mettait en mouvement. Plus loin, s'est conservé un amas de sculptures en marbre, plus ou moins terminées, remarquables pour la pureté du dessin et le fini du travail. Elles attendaient qu'on les employât aux réparations commencées après le tremblement de terre de l'an 63. On entre dans les chambres basses où les prisonniers étaient enfermés. La ville fut si promptement envahie, qu'on ne songea point à eux. Leurs ossemens ont été trouvés dans les fers qu'ils n'étaient condamnés à porter que quelques heures peut-être. Approchons de la fontaine. Il y en avait une semblable dans chaque carrefour.

L'eau a été reconduite dans celle-ci; la source des autres est perdue.

Plusieurs rues aboutissaient à ce marché : les unes étroites, inaccessibles à la chaleur du jour, munies de loin à loin de pierres transversales, pour donner la facilité d'aller à pied sec, d'un côté à l'autre, quand il pleuvait; les autres, consulaires, larges, propres à la circulation des chars et des voitures de toute espèce, et garnies de trottoirs pour les piétons. Les dernières sont sillonnées d'ornières profondes. Le long de ces rues s'alignent de petites maisons, à peu près semblables par leurs dimensions, mais différemment décorées. La plupart n'ont plus que leur rez-de-chaussée et un premier étage; toutes ont perdu leur toiture. A l'extérieur, le nom et la profession de ceux qui les habitaient sont écrits en longues lettres d'un gros rouge. On reconnaît les divers métiers à quelques enseignes, aux compartimens de la devanture des boutiques, à la distribution des ateliers et des laboratoires, aux ustensiles, aux outils, aux instrumens qui s'y sont trouvés. Ici demeurait un charron; là, un maréchal; ailleurs, un restaurateur. Nous sommes maintenant chez un sculpteur. A combien d'ouvrages il travaillait en même tems! ceux-ci étaient presque achevés ; ceux-là, moins avancés. Il y en a qui ne sont que des ébauches. Sans doute il aimait son art, puisqu'il l'exerçait avec talent. Remarquez-vous combien son ciseau est moelleux et délié ? Un goût pur a composé les ornemens de cette frise. Que cette guirlande est bien jetée ! avec quelle adresse les fleurs et le feuillage ont été fouillés ! comme ils se détachent entre eux et sur le fond ! L'artiste qui vivait ici était laborieux ; on l'employait beaucoup. Ses ouvrages, destinés à orner quelque monument, lui promettaient de la renommée. Le marbre aurait transmis son nom à la postérité. Durant les courts momens de ses loisirs, il se berçait de cette espérance, et elle l'encourageait au travail. L'objet de sa vie entière ne fut point rempli. Elle finit par une épouvantable catastrophe, qui ensevelit à la fois l'œuvre et l'ouvrier, et son nom, et sa gloire.

La boutique suivante est celle d'un marchand. Il vendait de l'huile, et la conservait dans les vases de terre cuite que vous voyez sur cette table de marbre, où est imprimée la trace des pots qui servaient à la mesurer. Après, vient un de ces lieux publics, nommés *Thermopolia*, où se réunissaient les citoyens qui n'avaient pas de ménage, comme aujourd'hui nous fréquentons les cafés. On y prenait des boissons chaudes, dont le goût s'était changé en une véritable passion chez les Romains. L'empreinte des coupes dans lesquelles on les offrait aux habitués, est également restée sur plusieurs tables. La cheminée où on les chauffait est d'une construction particulière, et ressemble à un large fourneau. A la peinture qui représente un serpent mordant une pomme, vous reconnaissez le laboratoire d'un pharmacien. Le bas-relief qui vous montre une chèvre aux mamelles gonflées, est l'enseigne d'une laiterie. Un chirurgien habitait la maison prochaine : son cabinet renfermait une multitude d'instrumens de chirurgie. Vous vous arrêtez ensuite devant une fabrique de savon. Les auges de marbre, dans lesquelles se mêlaient les ingrédiens et les parfums, subsistent encore. Enfin, levez les yeux sur le Phallus incrusté au-dessus de cette porte. Il indique la demeure d'un joaillier qui avait un grand débit de ces simulacres licencieux, dont on avait fait le symbole de la fécondité. La superstition les avait convertis en amulettes, auxquels elle attribuait la vertu de préserver de certains maléfices. La pudeur n'en était nullement blessée. On les portait suspendus au col, sans affectation comme sans indécence, et même avec une sorte de vénération.

Le plan des maisons et leur distribution variaient peu. L'hospitalité semblait en faire les honneurs. Le mot *salve*, tracé en mosaïque sur le seuil de la porte, promettait un accueil favorable à ceux qui s'y présentaient : peut-être, pour n'y pas mettre autant d'étalage, ne sommes-nous pas moins hospitaliers. On entrait par un vestibule, dans une première, puis dans une seconde cour, communiquant entre elles à l'aide d'une galerie. Chacune de ces cours était ouverte dans le haut pour éclairer l'intérieur, et environnée d'un portique couvert. Autour de la première, se trouvaient les pièces nécessaires au service du ménage avec leurs dépendances. Le centre était pavé. Une citerne recevait les eaux pluviales. On les puisait par une ouverture pratiquée dans l'un des angles du péristyle, et garnie d'une margelle cannelée en dedans pour retenir la corde ou la chaîne. Les logemens de la famille donnaient sur la seconde cour, qui n'était le plus souvent qu'un jardin, ou que du moins on remplissait de fleurs.

Chez les riches, l'emplacement est plus considérable; le nombre des appartemens de luxe se multiplie; la décoration est plus recherchée. Le marbre remplace la pierre et la brique. Les mosaïques sont d'un travail plus fin, et mieux assorties. Des peintures analogues indiquent la destination de chacune des pièces, et se distinguent par le choix des sujets, l'éclat des couleurs et le talent du peintre. Sur les murs des cuisines, on voit des tableaux de viandes toutes préparées, de jambons, de saucissons, de sanglier, de gibier de toute espèce. Des oiseaux, des poissons, des fruits, des fleurs, couvrent ceux de la salle à manger. Les plus riches ornemens de la sculpture, la dorure et les arabesques, sont réservés pour les salons. Viennent ensuite des compositions empruntées à la mythologie. Dans les chambres à coucher, car il y en avait pour les différentes saisons, Diane et ses nymphes forment des groupes gracieux. La nuit étend ses ailes et son voile parsemé d'or. Un coq et des brebis noires lui sont offertes en sacrifice. Le Silence, un bandeau sur la bouche, une branche de pêcher à la main, invite au sommeil et le protége. Morphée agite et répand ses pavots. Des figures aériennes retracent ou appellent d'heureux songes. Au-delà, sont les retraites mystérieuses consacrées à la volupté. Le jour les éclaire à peine. Aucun regard indiscret n'y pourrait pénétrer. Elles sont tendues de draperies dont les reflets favorisent la beauté. Vénus et les Grâces s'y montrent dans les plus molles attitudes. Pâris donne la pomme. Une bergère la reçoit de son amant; et dans ses yeux humides, se peignent la surprise et le plaisir. Dans ces lieux l'Amour est partout, avec son arc, son carquois, ses flèches et son flambeau. Tout y annonce sa puissance. Enfin, des jardins, une bibliothèque, des bains, des galeries consacrées aux beaux-arts, des chapelles domestiques vouées au culte des dieux lares ou même à des dieux étrangers, embellissaient les demeures des citoyens opulens.

Entre les palais, on distingue ceux de Sallustius et d'Arrius Diomédès. Le luxe et la sensualité avaient présidé à la construction et à la décoration du premier. Le second était plus vaste. Il touche à la porte qui conduisait à Herculanum. Du sommet de la colline à laquelle il est adossé, on voit une campagne pittoresque et la mer. C'est là que devait être située cette villa de Cicéron, qu'il était si heureux d'habiter. Il la comparait à celle de Tusculum, et

parlait avec ravissement des plaisirs qu'il y goûtait. « Pour la bâtir, écrivait-il à Atticus, j'ai
» contracté des dettes sans nombre, moi qui ai
» empêché autrefois que l'état ne fît une ban-
» queroute générale. » Il n'en reste qu'un amas
de briques, un champ inculte; et l'on ne peut
cependant s'éloigner de ce site si cher à l'orateur immortel, témoin et confident de son
amour pour la gloire, de son ambition, de ses
faiblesses, de ses peines, et des consolations si
souvent impuissantes de sa philosophie. On raconte qu'à côté de la porte du palais de Diomédès, deux squelettes furent trouvés. L'un portait
une bourse pleine de monnaie et un trousseau
de clefs; à côté de l'autre, étaient quelques vases
en argent. On a supposé que Diomédès luimême et un esclave fidèle, chargés d'objets
précieux, cherchaient à gagner le rivage. Hélas! à quel signe aurait-on pu les reconnaître,
égaux comme la mort les avait faits? Ils fuyaient.
Le tems leur manqua; et ils périrent victimes
d'une vaine espérance et de leur avarice. Une
femme avait eu comme eux, l'espoir de se sauver. Elle s'était réfugiée dans les caves. Le limon qui l'atteignit et l'enveloppa, a laissé sur
le mur, l'empreinte du corps de cette infortu-

née. A côté, sont quelques amphores, debout, à moitié enfoncées dans le sable, et qui eussent mis le comble à la joie des festins de cette heureuse famille. Ce spectacle de vie et de mort, cette surprise d'une ville toute vivante, engloutie en un instant, touchent l'ame et causent une sorte d'effroi.

Des établissemens publics, des monumens se mêlent aux habitations particulières. Dans l'une des grandes rues, il y avait un four banal; ailleurs, un tribunal et un bureau de pesage; plus loin, un moulin commun en granit et de la forme d'une clepsydre : la partie supérieure recevait le grain; l'inférieure, qui s'enchasse et se meut dans un cône tronqué, en tournant moulait le blé; et la farine tombait au-dessous.

Près du marché est un théâtre comique; tout auprès, vers la gauche, un autre théâtre pour la tragédie. Plus haut, un portique commençait à s'élever. Vous pouvez entrer dans les temples de Vénus, de Vesta, d'Esculape. Voyez surtout celui d'Isis : les détails en sont charmans. Deux dessinateurs en prennent des vues. Ils y sont expressément autorisés par le roi. Celui-ci copie la façade; celui-là, les figures de nymphes dont les frises et quelques-uns des méplats sont ornés. Voilà l'autel des sacrifices, la pierre sur laquelle on brûlait les victimes, le puits destiné à recueillir leurs cendres, l'enceinte dans laquelle les prêtres se purifiaient, la porte secrète qui les introduisait au milieu du sanctuaire, et leur permettait de se substituer à la divinité et de prononcer ses oracles.

On ne peut toutefois s'empêcher d'observer combien sont bornées les dimensions de toutes ces constructions publiques et privées. L'axiome *parva sed apta* semble avoir été fait pour elles. C'est la miniature d'une ville, plutôt qu'une cité riche et puissante par sa population et par son commerce. On croirait qu'elle ne fut bâtie que pour des enfans. Comment se trouver à l'aise sous ces portiques étroits, dans ces jardins si peu étendus, dans ces petits appartemens? Mais, ce qui frappe surtout, c'est le contraste d'une solitude complète, avec ces habitations diverses, et cet assortiment entier des édifices nécessaires à un peuple nombreux. Tout est prêt pour l'usage des citoyens. Vous croyez que les proclamations des magistrats les ont appelés au Forum, au cirque, au théâtre, pour des affaires, des jeux, des fêtes; vous les cherchez au détour de chaque rue, sur les places, dans les boutiques, sur les portes. C'est une contrariété continuelle que de n'en point rencontrer.

On sort de Pompéia par la porte d'Herculanum. A gauche, est un corps-de-garde où l'on a trouvé des lances et des épées, et dont les murs sont barbouillés de figures, de dessins bizarres, et de noms de soldats, comme on en voit dans les nôtres. Hors la ville, sur le bord de la route, deux hémicycles de marbre blanc attendent encore les promeneurs qui étaient dans l'usage de s'y asseoir. Un grand nombre de tombeaux viennent à la suite. Celui de la famille de Diomédès se fait remarquer par la beauté et la richesse de son architecture. Un autre, qui ne porte aucune inscription, renferme des urnes cinéraires. On en indique un dont la reine Caroline Murat fit ouvrir les portes. Il contenait un anneau et un camée qui passent pour être fort précieux. Enfin, il en est un dernier que ses accessoires désignent comme ayant servi, ou seulement comme destiné à la sépulture de quelques gladiateurs fameux. Sa forme élégante et les ornemens qu'on y a prodigués, ne s'accordent guère avec le préjugé ou l'opinion dont les anciens flétrissaient ces athlètes.

De tems en tems le guide qui m'accompagnait se livrait à des digressions étrangères à ma curiosité, et que je n'écoutais pas toujours. Soit qu'il voulût intéresser ma générosité, ou qu'en effet il regrettât la domination de la France, il m'a conté qu'il avait été militaire; que dans nos rangs il avait l'espoir de commander; que, sous la restauration napolitaine, il n'eût été que soldat; et qu'il a préféré le métier auquel il s'est livré, parce qu'il lui fait quelquefois rencontrer des Français, et lui permet de parler sans danger de ses regrets. Avec un homme de cette espèce, on peut à bon droit suspecter la sincérité de pareils discours. Je me contentais d'y répondre vaguement. Une autre pensée m'occupait. On ne s'accorde point sur les causes de la ruine de Pompéia. Des géologues veulent que cette ville ait péri par un déluge, qui, entraînant les terres du haut des montagnes, les roula dans la plaine sous la forme d'un limon épais, et y laissa un dépôt de plusieurs toises d'épaisseur. Ils se fondent sur l'état actuel des montagnes, sur l'analogie de l'humus qui en couvre encore quelques parties avec celui que les fouilles ont fait connaître. Selon eux, les pierres calcinées qui y sont mêlées, proviendraient d'éruptions antérieures. Ils soutiennent d'ailleurs qu'elles n'ont point d'homogénéité avec les matières volcaniques produites par le Vésuve. Leur objecte-t-on que l'irrégularité des couches s'oppose à leur système? Ils répondent qu'une tempête occasiona l'invasion qu'ils conjecturent; qu'elle dut balancer les courans avec violence, et donner ainsi aux élémens dont ils étaient composés des directions qui se contrariaient. D'autres pensent que de premières fouilles faites peu de tems après ce désastre, et bientôt abandonnées, ont pu intervertir l'ordre primitif. Cependant Pline le jeune vivait. Il écrivit à Tacite des détails qui laissent peu de doutes, et doivent mettre les savans en défaut, si tant est que leur autorité pût atténuer un semblable témoignage. Sa lettre est remplie de ce touchant intérêt qu'il donne à tout ce qu'il écrit. Écoutons-le lui-même.

« Vous voulez que je vous dise les circons-
» tances qui ont accompagné la mort de mon
» oncle, pour que vous les transmettiez plus
» fidèlement à la postérité. Je vous en remer-
» cie; car, si vous en parlez, une gloire éter-
» nelle lui est réservée. Quoique son nom doive
» vivre à jamais, puisque, par une fatalité mé-

» morable, il se trouve, avec des villes et des
» peuples entiers, enveloppé dans une catas-
» trophe qui a ravagé les plus riches contrées ;
» quoique lui-même ait fait plusieurs ouvra-
» ges qui ne périront pas, quelques lignes de
» vous le conduiront plus sûrement à l'immor-
» talité. Ceux-là sont heureux sans doute, à qui
» les dieux ont accordé une vie digne qu'on en
» recueille les traits, ou qu'ils ont doués du ta-
» lent d'écrire des choses qui méritent d'être
» lues. Mais le plus grand bonheur, selon moi,
» est de réunir ce double avantage. Mon on-
» cle le devra à vos écrits et aux siens. Aussi
» j'accepte bien volontiers la faveur que vous
» daignez me faire, et même je vous la de-
» mande.

» Il était à Misène, et commandait la flotte
» en personne. Le 9 des calendes de septembre,
» vers la septième heure, ma mère lui fit re-
» marquer un nuage d'une étendue et d'une
» forme extraordinaires. Après s'être chauffé au
» soleil, il avait pris un bain frais et un peu de
» repos. Il était couché, et se livrait à l'étude.
» On lui donne ses sandales. Il monte en un lieu
» d'où il pouvait mieux voir ce qui se passait. De
» loin, nul n'aurait pu dire alors de quelle mon-

» tagne sortait le nuage : on sut plus tard que
» c'était du Vésuve. Il ressemblait à un pin.
» Droit, élancé comme un tronc d'arbre jusqu'à
» une hauteur prodigieuse, il se partageait à
» son sommet en une infinité de branches. Je
» suppose que, poussé d'abord par une grande
» force, soit qu'elle l'abandonnât ensuite ou qu'il
» cédât à son propre poids, sa largeur devait
» naturellement augmenter. Il paraissait blanc,
» noir, ou mélangé de ces diverses couleurs,
» selon qu'il était chargé de pierres, de cendre
» ou de terre. La profonde science de mon oncle
» lui révéla la grandeur de ce phénomène, et
» lui inspira le désir de l'examiner de près. Il
» commanda qu'on préparât un petit bâtiment
» de guerre, et me permit de l'accompagner si
» je le voulais. Je répondis que j'aimais mieux
» étudier : il m'avait lui-même donné, par ha-
» sard, quelques transcriptions à faire. Comme il
» sortait, tenant ses tablettes à la main, les ma-
» rins de Rétina, effrayés du danger qui mena-
» çait leurs maisons et leurs campagnes, le sup-
» plièrent de ne point s'y exposer : déjà en effet
» les habitans de ce rivage paraissaient n'avoir
» de moyen de salut qu'en fuyant à bord des vais-
» seaux. Il change alors d'avis: Le projet qu'il

» avait conçu par pure curiosité, il l'exécute par
» grandeur d'ame. Il fait sortir les galères, monte
» sur l'une d'elles, et va porter secours, non
» seulement à Rétina, mais à toute la côte qui
» est fort peuplée, à cause de la douceur de sa
» température. Tandis que d'autres s'éloignent
» de ces lieux, il se hâte d'y arriver. Son gou-
» vernail dirige invariablement la flotte vers le
» point le plus périlleux. La crainte le préoc-
» cupe si peu, qu'il dicte ou écrit de sa main,
» les observations que lui suggèrent les progrès
» de ce fléau, et les diverses formes qu'il prend
» à ses yeux.

» Bientôt la cendre tomba plus chaude et plus
» épaisse à bord des embarcations qui s'étaient
» le plus avancées. Il s'y mêlait des cailloux cal-
» cinés, des pierres noircies, brûlées ou pulvé-
» risées par le feu. Tout-à-coup la mer reflue
» sur elle-même; et la plage se couvre des dé-
» bris de la montagne. Après avoir réfléchi un
» instant s'il retournerait en arrière, mon oncle
» dit au pilote qui le lui conseillait : « Non ; la
» fortune seconde le courage : menez-moi chez
» Pomponianus. » Cet ami de notre famille était
» à Stabia, non loin d'une petite anse que la côte
» forme en cet endroit, par une multitude de

» sinuosités. Là, le danger, bien qu'éloigné en-
» core, était néanmoins imminent; et pour peu
» qu'il augmentât, il devenait inévitable. Pom-
» ponianus avait déjà fait porter sur des barques,
» ses meubles les plus précieux, certain de se
» sauver, si le vent, qui était contraire, venait
» à changer. Mon oncle, dont ce même vent fa-
» vorisait l'abordage, arrive sur ces entrefaites,
» embrasse son ami tremblant, l'encourage, le
» console. Pour calmer par sa sécurité la crainte
» qu'il lui voit, il se fait conduire au bain : puis
» il se met à table et soupe gaiement; ou plutôt
» il feint sa gaieté accoutumée, ce qui montre
» également la fermeté de son ame.

» Cependant un vaste incendie et des flam-
» mes innombrables parcouraient le sommet du
» Vésuve. L'éclat de ces feux s'augmentait de
» l'obscurité de la nuit. Pour lui, voulant ras-
» surer ceux qui l'entouraient, il cherchait à
» leur persuader que c'étaient des maisons ou
» des hameaux qui brûlaient, parce que, dans
» leur effroi, les villageois, en les abandonnant,
» avaient négligé d'éteindre leurs foyers. Se li-
» vrant ensuite au repos, il dormit d'un profond
» sommeil. Ceux qui étaient couchés près de
» sa porte entendaient sa respiration, que sa

» forte corpulence rendait très-bruyante. Mais
» la cour qui conduisait à son appartement, était
» tellement obstruée de cendres et de débris
» du volcan, qu'il ne lui eût plus été possible
» d'en sortir, s'il y fût resté davantage. On l'é-
» veille : il se hâte de rejoindre Pomponianus
» et ceux qui avaient veillé. Tous consultent
» ensemble s'ils resteront dans l'intérieur de la
» maison, ou s'ils erreront au dehors. De fré-
» quentes et terribles secousses ébranlaient les
» toitures. On eût dit que, se séparant de leurs
» appuis, elles fussent alternativement empor-
» tées et remises aussitôt à leur place. Bien
» qu'en plein air il y eût à craindre une pluie
» de pierres, il fut résolu que l'on s'y exposerait
» de préférence. La prudence détermina mon
» oncle : les autres se confièrent au danger qui
» les effrayait le moins. Coiffés de coussins qu'ils
» attachèrent avec des bandelettes de toile, ils
» tentèrent de se préserver de ce qui tombait
» sur leur tête.

» Déjà il faisait jour ailleurs. Là, régnait une
» nuit profonde, la plus obscure de toutes les
» nuits, éclairée seulement de loin à loin par
» des torches allumées et diverses autres lu-
» mières. On s'approche du rivage pour voir ce

» que la mer permettait d'entreprendre; mais
» elle était encore contraire et très-houleuse.
» Couché sur une couverture, mon oncle de-
» manda de l'eau à deux reprises différentes, et
» la but. Alors, les flammes et une odeur de
» soufre qui les devançait, mirent en fuite ceux
» qui, jusque-là, s'étaient tenus près de lui. Il
» se leva en s'aidant de deux jeunes esclaves,
» et retomba inanimé. Probablement le jeu de
» ses poumons se trouva comprimé par une va-
» peur plus dense, d'autant qu'il avait naturel-
» lement la poitrine faible, étroite, et qu'il ne
» respirait qu'avec difficulté. Trois jours après,
» au retour de la lumière, on trouva son corps
» entier, sain, et enveloppé de la même robe
» qu'il avait en mourant. Il semblait plutôt
» sommeiller qu'avoir cessé de vivre. J'étais à
» Misène avec ma mère : mais ceci n'a plus rien
» d'historique, et vous n'avez voulu connaître
» que les détails de cette mort. Je m'arrête. Je
» n'ajouterai qu'une seule chose, c'est que je
» ne vous ai rien dit que je n'aie vu, ou entendu
» raconter de conforme à la plus exacte vérité.
» Vous choisirez dans ce récit, les particularités
» qui vous intéresseront davantage : vous savez
» qu'il est bien différent de faire une lettre ou

» un livre d'histoire, d'écrire à un ami ou pour
» la postérité. Adieu [1]. »

Revenons à Naples. L'heure nous appelle au théâtre *del Fondo*. On y représente l'opéra-buffa et des ballets. L'ensemble de la troupe est peu satisfaisant. Ce soir on donnait une pièce dans laquelle il y a un mélomane sourd qui veut enseigner la musique à tous ceux qu'il rencontre. Cette opposition est des plus bouffonnes. Le rôle du mélomane était joué par un acteur, nommé Casacciello, qui y répandait un comique parfait. Ses prétentions musicales, ses gestes et ses lazzi étaient extrêmement plaisans. Les Napolitains, et le roi surtout, vont l'entendre avec une grande assiduité. Le sujet du ballet qui a terminé le spectacle était trivial et licencieux. Les spectateurs ont paru goûter des farces et des obscénités qui seraient indignes de nos tréteaux.

[1] PLINE le jeune, liv. VI, *Lett.* 16, à *Tacite*.

ANNIVERSAIRE DU MARIAGE DE FERDINAND IV.
LE MUSÉE BOURBON. — SES MARBRES. — SES BRONZES.
SON IMPRIMERIE. — LES PAPYRI. — MEUBLES, USTENSILES, ARMES,
PROVISIONS, OBJETS DIVERS TROUVÉS DANS LES FOUILLES
DES VILLES RUINÉES PAR LES ÉRUPTIONS VOLCANIQUES.
L'ÉGLISE DE SAINT-JANVIER.
THÉATRE DE SAINT-CHARLES. — BALLETS.

Naples, 27 novembre 1819.

Il y avait aujourd'hui gala diplomatique à la cour, pour célébrer l'anniversaire du second mariage du roi. L'invitation portait qu'on y serait admis en frac : non que l'étiquette des costumes n'exerce ici un grand empire; mais il y a des secrets dans tous les ménages; et, par respect pour sa couronne, S. M. ne se permet point de solenniser *in fiocchi*, le jour de ses noces. Sa femme n'est point déclarée, reconnue ou avouée. Il faut choisir entre ces expressions, celle qui signifie qu'il s'en cache officiellement et non en particulier. C'est une manière d'égards publics, sous lesquels il voile le dénouement de son petit roman révolutionnaire; car il s'est mésallié à Palerme pendant son interrègne. Une princesse sicilienne, veuve du prince Partano, peu fortunée, déjà dans la maturité de l'âge, mère de deux grands fils et douée sans doute de qualités aimables, l'avait charmé, et le consolait, par ses doux entretiens et les grâces de sa personne, des royales douleurs, et des chagrins domestiques qui ne lui étaient pas épargnés. Heureux de la chaîne qu'il portait, et se reposant sur le nombre de ses années pour désarmer la médisance, il ne dissimulait point son bonheur. Caroline vivait alors. Elle conçut une violente jalousie; et, cédant à l'emportement de son humeur, elle la manifesta par des éclats. Un peu moins d'indiscrétion fut tout ce qu'elle obtint. Cette contrainte, loin de relâcher les liens d'une union si tendre, les resserra au contraire, comme il arrive toujours. La reine mourut; et la conscience et l'inclination de Ferdinand se réunirent pour le déterminer à effacer, par le mariage, le scandale qu'il se reprochait d'avoir causé. Le peuple nomme familièrement sa nouvelle reine, *la Partana,* du nom sans doute de son premier mari. Pour la cour et la haute société, elle est duchesse de Floridia : on ne lui donne point le titre de majesté. A la ville, elle habite avec ses enfans un palais séparé. Il n'en est pas de même ailleurs. Elle a ses appartemens à Caserte, à Persano, à Portici, dans toutes les maisons royales. Le roi se plaît à y vivre conjugalement avec elle; et ces rapprochemens momentanés sont peut-être d'autant plus agréables, qu'une sorte de mystère les enveloppe. Toutefois, le tribut qu'il paie aux convenances de son rang, ne lui concilie ni plus ni moins de respect. Les affaires de son royaume n'en vont ni mieux ni plus mal. Peut-être aussi se lasse-t-il d'une retenue qui n'a plus d'objet. A quoi bon, en effet, taire un secret, quand il n'est ignoré de personne? S'il y a de l'effronterie à l'afficher, il serait ridicule de s'en défendre. L'an dernier encore, le souvenir de ces noces se célébrait à la campagne. On a saisi le prétexte de la saison pour le fêter au palais. Il y a eu spectacle au théâtre de Saint-Charles. La cour et la ville s'y sont rendues. On a remarqué que la loge de la duchesse était illuminée comme celle du roi. C'est une innovation dont la publicité a singulièrement augmenté l'importance. On préjuge que de nouvelles concessions ou prérogatives suivront cette première infraction de l'étiquette. Les petites passions des courtisans s'y rattachent déjà; et leur ambition s'éveille à l'aurore d'un crédit qui, surtout depuis la restauration, paraissait devoir exercer moins d'influence, et plutôt diminuer que s'accroître.

En attendant les petites révolutions d'antichambre qui pourront s'ensuivre, et interrompre la monotonie de cette cour vieillie dans l'exil, le premier ministre conseille de tems en tems à Ferdinand des actes propres à donner à son règne quelque illustration. C'est ainsi qu'il a qualifié du nom de Musée Bourbon, le palais des études où se tenaient jadis les écoles des sciences et des beaux-arts. Ce palais est un des plus somptueux édifices de Naples. Commencé par le duc d'Ossuna en 1587, continué par le comte de Lémos, et agrandi par Charles III, il a reçu du roi actuel de nouveaux accroissemens et de nouvelles distributions. La façade impose par sa masse et par sa régularité. On monte au rez-de-chaussée par une pente douce. Du vestibule on entre, à droite et à gauche, dans des salles et des galeries également bien éclairées, et qui se communiquent entre elles comme celles du Vatican. Chacune emprunte son nom, de l'objet d'art le plus remarquable qui y a été placé. Tout ce que les fouilles des jardins Farnèse, d'Herculanum, de

Pompéia, de Stabia, du royaume entier de Naples, ont fait découvrir de chefs-d'œuvre et de curiosités, s'y trouve exposé avec méthode et dans le jour le plus avantageux. La dépouille des peuples ensevelis sous les éruptions des volcans, répand sur ce monument, le plus vif intérêt. En voyant les images de leurs dieux, les instrumens de leur culte, leurs meubles, leurs ustensiles, quelques-uns de leurs alimens tout préparés, c'est presque comme si l'on vivait un moment parmi eux. Les leçons de leur philosophie vous éclairent. Leurs mœurs vous sont révélées. Vous vous instruisez de leurs habitudes, de leurs usages; et leurs goûts simples vous plaisent. Ils sont, en un mot, présens à votre imagination. — Rappelons quelques souvenirs de cette collection précieuse.

La plupart des marbres qu'on y a rassemblés, datent des meilleurs tems de la statuaire grecque et romaine. On les reconnaît à la franchise de l'expression, à la naïveté des attitudes, à la pureté et à la beauté des traits, à un tout qui peint la vie et le sentiment. Pour n'appartenir pas à une époque si féconde en grands maîtres, il en est qui ne sont pas moins estimés. D'autres ne se recommandent que par leur antiquité, ou seulement par l'incertitude et l'obscurité de leur origine. Ceux-ci n'obtiennent pas toujours le suffrage des artistes. Quant aux simples amateurs, leurs préférences se déterminent le plus souvent par des aperçus étrangers à la science : car le goût a besoin d'une sorte de liberté. Les règles l'embarrassent plus qu'elles ne le guident. Il a ses écarts comme le génie ; et quelquefois les arrêts qu'il rend sont justes, sans qu'on en puisse expliquer les motifs. Mais je vois deux fragmens de sculpture qui n'exciteront aucune controverse. On les attribue à Phidias et à Praxitèle. L'un, plus grand que nature, est le torse d'un jeune homme ; l'autre, de grandeur naturelle, celui d'une jeune femme. Sous quelque aspect qu'on les regarde, ils ne laissent rien à reprendre. Les contours du premier sont arrêtés sans dureté : ils offrent le mélange harmonieux de force et de souplesse, qui caractérise l'adolescence. La pose a de l'aisance ; et l'action musculaire y est savamment développée. Dans le torse féminin, je ne sais ce qu'il faut le plus admirer, de l'élégance de ses proportions ou de son mouvement gracieux. L'illusion est si complète, qu'on achève en idée cette figure ravissante. Ses traits devaient avoir une expression amoureuse. Une jambe déliée, un joli pied, accompagnaient ce genou si fin, cette cuisse arrondie, ces hanches moelleuses, ce corps svelte, et ces épaules si heureusement modelées.

En présence de l'Hercule Farnèse, vous partagerez sûrement l'admiration dont il frappe les artistes, et, sur leur foi, les connaisseurs. « C'est la force en repos, vous dira-t-on. Considérez la mâle beauté de ces muscles. Comme ils s'attachent naturellement! que de sang coule dans ces veines! Bien que d'une grande stature, ce n'est point un colosse. Son inaction n'est-elle pas pleine d'énergie? Qu'il veuille, et la puissance de son bras sera irrésistible; et les miracles d'une vigueur surhumaine vont s'opérer. »

Nous ne passerons pas si rapidement, devant une Vénus dont l'ensemble est à la fois noble et voluptueux. Celle-là est vraiment digne de l'Olympe; et son modèle n'existe que parmi les divinités. Elle est droite, le genou gauche un peu plié, les reins tournés avec grâce. D'une main, elle écarte et relève sa tunique, qui ne couvre plus que ses épaules; et, légèrement inclinée en arrière, elle retourne sa tête, baisse les yeux et promène complaisamment son regard, sur les formes qui se dessinent au-dessous de sa taille.

Faites-la mouvoir sur le pivot qui la retient. La lumière pénètre dans les plis de sa draperie et semble les agiter. Vous espérez qu'en se déroulant, ils découvriront quelques-unes des nudités charmantes qu'ils vous dérobent. Entre celles qui s'éclairent tour à tour, lesquelles préférez-vous ? Toutes vous séduisent de même. N'est-ce point cette statue qui eut un amant ? Pour moi, je le croirais ; et je m'étonne qu'elle n'en ait pas eu plusieurs. On la distingue par le surnom de *callipyge*, qui signifie *aux belles fesses*. Près d'elle, on a placé un grand nombre d'autres Vénus, dans toutes sortes d'attitudes. A quelle distance ne les laisse-t-elle pas ! Elle est la reine de ce concours. Toutes se cachent quelque chose, et vous inspirent peu de curiosité. Exceptons cependant celle qui est accroupie, et qui joue avec l'Amour, quoique je n'aime pas la manière dont elle est posée. Cette jambe et cette cuisse, qui s'appuient l'une sur l'autre et se compriment si fortement, sont disgracieuses. La gorge s'enlaidit également à être ainsi contrainte. Mais le dos a de la souplesse. En s'arrondissant, il n'a rien perdu de son élasticité. Les contours en sont fins ; et l'on regrette que l'artiste ne les ait pas montrés sous un aspect plus favorable. La physionomie de cette déesse est spirituelle. On connaît à son air, que les jeux de l'Amour lui sont familiers, et qu'elle y prend du plaisir. Elle met aussi de la précaution à se défendre de lui, pour ne point courir le risque de le rebuter.

La Flore colossale est citée pour la légèreté et le jet facile de sa tunique. Comme l'Hercule Farnèse, elle est sortie des thermes de Caracalla. Son origine grecque n'est point contestée. Cependant, l'absence de tout emblème qui la fît reconnaître, a laissé du doute sur le nom qu'il convenait de lui donner.

Arrêtons-nous devant un Faune qui porte Bacchus enfant, sur son épaule gauche. Ils se regardent l'un l'autre en souriant : le premier, avec amour; le second, avec malice. Le Faune est nu. Il tient des cymbales, et se dispose à les faire résonner. Le jeune dieu, pour s'empêcher de tomber, d'une main se cramponne à la chevelure du Faune; et de l'autre, il lui présente une grappe de raisin, qu'il retirera dès que celui-ci voudra la saisir. La petite malice de cette espièglerie est rendue avec une vérité surprenante. Des thyrses, des amphores, des coupes, des tambours, des clairons, enlacés de branches de lierre et de pampres de vigne, composent les accessoires de ce groupe.

Parmi les marbres que nous venons de voir, on a placé deux figures de grandeur naturelle et en terre cuite, extraites des ruines de Pompéia. Elles représentent Jupiter et Junon. Ce sont peut-être de belles statues : leur principal mérite est de n'avoir point été déformées par le feu, malgré leurs dimensions. Ce n'est pas seulement un hasard heureux qui amène le succès de ce genre d'ouvrages. Il y a de l'habileté à les préparer et à les conduire; et il fallait que l'art de la construction des fours et celui de la cuisson fussent portés à un haut degré de perfection, pour produire de semblables résultats.

Quittons l'Olympe et ses dieux, pour une mortelle célèbre par son amour conjugal et par l'inflexibilité de son caractère. Elle est négligemment assise sur une chaise. Ses pieds sont croisés. Ses mains jointes reposent sur ses genoux. Des habits de deuil l'enveloppent. Sa tête, qu'elle lève avec dignité, regarde à droite. Ses yeux sont fixes. Immobile, elle médite profondément. Toute sa contenance exprime de longs regrets. Un crime lui a ravi son époux.

L'urne qui en renferme les cendres adorées était tout à l'heure entre ses mains : elle l'arrosait de larmes, et déplorait son malheur et le sort de ses enfans. L'espoir de se venger lui échappe; et la résignation ne peut entrer dans son ame. Ce combat l'irrite : il envenime sa douleur. N'avez-vous pas nommé la veuve de Germanicus? cette Agrippine qui suivit son époux dans les camps, apaisa des séditions, effraya Tibère de l'empire qu'elle exerçait sur les soldats? Combien elle conserve encore de fierté! Elle mourra: mais les persécutions de ses ennemis n'abattront point son courage.

Passons dans la salle des bronzes : ici, la matière, le travail et l'exécution méritent une attention égale. Le vernis d'antiquité qui couvre ces monumens, en augmente le prix. Des volumes ne suffiraient pas pour les décrire, avec les détails qu'exigeraient le sujet, l'auteur et l'origine de chacun de ces chefs-d'œuvre. Dans le peu d'instans qu'un voyageur peut donner à leur examen, il en garde à peine quelques souvenirs. Deux joueurs de boule m'ont frappé. Ils sont penchés en avant, et viennent de lancer leur boule. D'un œil attentif, ils la suivent. Chacune de ses révolutions semble leur imprimer à eux-mêmes du mouvement. En les voyant, vous vous associez à leur jeu. Tous les deux vous intéressent. Les craintes, les espérances qui les agitent, vous les partagez; et vous vous surprenez à attendre la fin de leur partie, comme si le but était là, et qu'elle dût finir. Toutefois quelque illusion qu'ils fassent, elle n'approche pas de ce que l'on éprouve à la vue d'un faune renversé sur une outre, et dont le vin commence à troubler les sens. Ses efforts pour se relever seraient inutiles : l'ivresse a passé dans ses jambes. Une flexibilité involontaire le rend incapable de résistance. Il céderait au moindre poids, à la moindre impulsion. L'expression de ses traits fait envier son sort. Les vapeurs des coupes qu'il a vidées obscurcissent sa vue, égarent sa raison. Une hilarité folle le transporte. Rien ne saurait l'émouvoir. Il s'abandonne au dieu qui le possède. Sans souci du passé, imprévoyant de l'avenir, insensible au présent dont il ne se souviendra pas, il vous regarde d'un air moqueur, et fait claquer ensemble le pouce et le doigt du milieu, d'une main qu'il n'a pas la force de soutenir.

Le musée Bourbon n'est pas seulement consacré aux beaux-arts. Il renferme une imprimerie dont les presses et les caractères jouissent de quelque renommée, une bibliothèque considérable, et de nombreux manuscrits sur papyrus, exhumés des fouilles du pays. La difficulté de lire ces pages antiques, ne vient pas tant de la manière dont elles sont écrites, que du dommage que la plupart d'entre elles ont souffert dans la terre, où elles étaient enfouies depuis tant de siècles. Avant de les ouvrir, on les prendrait pour des bâtons vermoulus. Le feu, l'eau, la privation de tout contact avec l'air, mille accidens ont contribué à les effacer, à les trouer, à y faire beaucoup de lacunes. Mais le désir de recouvrer les fragmens perdus des ouvrages de philosophie, d'histoire et de poésie que nous admirons, protégé ces rouleaux. On a perfectionné l'art de les développer. A leur surface et sur l'extrémité de la feuille, on colle de petits morceaux de parchemin ou de baudruche, afin de maintenir les parties détériorées, et de remplacer celles qui ont été détruites. Ces espèces d'onglets sont attachés à des rubans fixés sur un cylindre horizontal dont l'axe passe entre deux montans. On meut ce cylindre, par le moyen d'une cheville semblable à celles d'un instrument à cordes. En même tems, aidés d'une petite spatule et d'un poinçon, des hommes exercés séparent les parties adhérentes, contiennent celles qui pourraient se déchirer : et, avec une patience incroyable, ils parviennent à étendre des feuilles, qu'on croirait au premier coup-d'œil dépourvues de toute consistance. Comme elles ne sont écrites que d'un côté on les met sous verre; et après qu'elles ont été classées par ordre de matières, les savans s'en emparent, lisent les fragmens interrompus par des vides nombreux, et en font des traductions. Puis, connaissant le sujet, la tournure des idées de l'auteur et sa manière d'écrire, ils suppléent à ce qui manque, selon leurs conjectures, et, je le suppose, avec une méfiance qui doit nuire beaucoup à la fidélité du texte. Ainsi rajustés, ces écrits passent à l'impression. J'en ai parcouru deux volumes in-folio, où les additions sont indiquées par des caractères en encre rouge. Pour juger du mérite de ce travail, supposons que la puissance ultramontaine envahissant tout à coup le globe, ordonnât la destruction de toutes les éditions de Voltaire. Quelque exemplaire échapperait sans doute. D'autres tems succéderaient à ceux qui auraient vu cette stupide proscription : et voilà qu'un jour on viendrait à découvrir des débris de *la Pucelle*, et que des érudits de cette époque en compléteraient les chants. Qui serait le plus plaisant, de celui qui aurait eu cette présomption, ou de celui qui croirait ensuite lire l'original? Je crains qu'il n'en soit de même des arrangeurs et des lecteurs des papyri. Au reste ces feuilles compensent rarement la peine qu'on a eue à les déchiffrer. J'en ai pris une au hasard, et j'en ai lu plusieurs passages. Elle traitait du charme de la musique et de ses effets. La latinité en est commune. Elle ne se fait non plus remarquer ni par l'étendue de la pensée, ni par le mérite de l'expression. On n'aurait aucune raison de regretter qu'elle n'eût pas été trouvée.

Des curiosités d'un autre genre nous attendent. Deux siéges consulaires s'offrent d'abord, signes révérés de l'autorité publique. Ils sont dorés et d'un beau dessin. Quelles ambitions n'ont-ils pas excitées? combien de brigues, de cabales, de sollicitations ou de bassesses, pour obtenir le droit de s'y asseoir! avec quels regrets n'en descendait-on pas! et furent-ils toujours dignement occupés? — Des trophées d'armes et de boucliers les environnent. Ils rappellent la gloire de Rome, ses guerres, ses héros et sa domination.

A qui appartenaient ces armures? Dans quels rangs ces lances et ces épées ont-elles combattu? Défendaient-elles les aigles romaines? ou bien, délaissées sur les champs de bataille, après les révoltes fréquentes des alliés contre la république, sont-elles teintes encore

De ce sang précieux
Qu'on ne pouvait verser sans offenser les dieux?

— Un travail exquis ornait les instrumens du culte. Quelques-uns sont couverts d'une feuille d'or ou d'argent; d'autres, enrichis de sujets ciselés, analogues à leur destination. Vous voyez les couteaux qui frappaient les victimes. Le sang coulait dans ces urnes sacrées. Sur cette table, les prêtres consultaient les entrailles fumantes des animaux qu'ils avaient immolés. Ils les brûlaient sur ces autels, que vous touchez sans les profaner désormais. Voici les coupes d'où s'épanchait la liqueur des libations. Remarquez combien les trépieds où l'on brûlait l'encens, sont légers et solides. Les traverses mobiles qui unissent leurs supports, permettent de les hausser et de les baisser à volonté. Il y en a aussi qui se plient de manière à ne faire qu'un faisceau cylindrique, et propre à être transporté d'un lieu à un autre : dans ceux-ci, le réchaud n'est point adhérent. Les vases qui recevaient les débris des sacrifices, ressemblent à des corbeilles ovales. Leurs anses sont élastiques. Quand on les presse, elles sortent des anneaux qui les retiennent. Relevées, elles se joignent, s'arcboutent et n'en forment qu'une seule semblable à celle d'un panier.

Il faudrait être plus instruit que je ne le suis, pour juger des progrès qu'avait faits la chirurgie, par les instrumens qu'on en a recueillis. J'entends dire autour de moi, que, de nos jours, plusieurs sont restés tels qu'ils étaient, l'expérience n'ayant pu y rien innover. — Il en est de même d'une grande partie de l'attirail pharmaceutique. Les mortiers, les pilons des pharmaciens ne diffèrent point de ceux de nos laboratoires. Leurs fioles évasées par le bas et garnies d'un goulot long et étroit, n'ont point changé de forme. Quelques-unes contiennent des restes de drogues et de médicamens.

Plus loin sont des couleurs. On y reconnaît les tons brillans qui se voient sur les murs des maisons de Pompéia, et dans les peintures qui datent du tems où cette ville florissait. Pourrait-on soupçonner que l'analyse n'en a pas été tentée?

Rien n'est plus vrai cependant : et lorsque nous déplorons la perte de tableaux précieux, dont le coloris n'a pu résister à quelques années; lorsque chaque peintre cherche au hasard, sur sa palette, des teintes qu'il croit durables et qui n'ont que quelques jours d'éclat, on néglige de s'approprier des découvertes toutes faites, et confirmées par une durée de plusieurs siècles.

Enfin une multitude d'outils de tous les métiers, et des ustensiles d'un usage habituel, vont attirer successivement notre attention. L'esprit s'exerce à rechercher le degré de perfection qu'ils avaient atteint. — Les balances, par exemple, étaient d'une sensibilité et d'une justesse extrêmes. Il y en avait de deux sortes : les unes, à deux plateaux ; les autres, connues depuis sous le nom de *romaines*. Leur précision donne carrière aux conjectures. Est-elle un indice de la probité des marchands, ou bien de la méfiance qu'ils inspiraient? Pourquoi pas de toutes les deux à la fois? La cupidité eut toujours les mêmes ruses, comme elle suggéra les mêmes précautions; et les vertus de l'antiquité ne la combattaient pas plus sûrement, que nos mœurs et nos lois municipales ne nous protègent contre elle.
— La poterie la plus commune était d'un goût

parfait. La finesse de la pâte et la pureté des formes, en ont fait des modèles que nous ne réussissons point à imiter. — Une cuisine portative en fer, prouve à quel point s'étendait l'économie domestique. Elle est carrée, et divisée, sur les côtés, en plusieurs compartimens. On allume le feu dans le milieu. Tout autour sont des fourneaux dont on l'approche plus ou moins, selon ce que l'on veut cuire ou seulement chauffer. A l'un des angles, s'adapte une bouilloire qui donne de l'eau par un robinet. Nos perfectionnemens n'ont rien créé de si simple ni de si commode. — Pour les lampes, il ne paraît pas que l'industrie fût aussi avancée. Elles sont généralement oblongues, munies d'une anse et d'un bec, et pareilles à celles que l'on trouve dans les tombeaux. Le combustible n'y était point épargné. Dans leur agencement, rien n'obviait aux inconvéniens de la fumée. Elles ne différaient entre elles que par leur support, qui admettait plus ou moins de luxe. Tantôt elles étaient portées par une colonne, tantôt sur une tige à coulisse qui donnait la facilité de s'éclairer à différentes hauteurs. En voici plusieurs suspendues par des chaînes, aux branches d'un arbre effeuillé dont les racines s'étendent sur un plateau : c'est un emblême de l'hiver et de ses longues veilles. — Dans un crampon de fer attaché au mur, passaient un disque de bronze évidé circulairement, et une verge de ce même métal en forme de battant de cloche. Au moindre ébranlement, leur choc rend un son éclatant et argentin, que n'ont pas nos timbres les plus aigus. Était-ce donc pour s'avertir ou pour s'appeler, qu'on employait des instrumens si sonores ? Ce bruit aigre et retentissant ne s'accorde guère, avec le soin que chacun se donnait pour que rien ne troublât le silence et le repos de sa demeure.

Les objets qui nous restent à voir tiennent de plus près à l'intérieur du ménage et aux habitudes de la vie.—Voilà d'abord quelques provisions qui avaient été préparées pour les repas de la journée : du pain; des graines, parmi lesquelles un peu de blé; du vin; des œufs dans une coupe de verre charmante; des gâteaux; des pignons; des figues avec leurs longues veines diversement nuancées. On ne peut se lasser de regarder ces restes échappés à une si grande catastrophe, et qui comptent plus de dix-huit siècles.—L'art de corriger la laideur, d'embellir la beauté et de nourrir de tendres sentimens n'avait pas, dans ces tems reculés, moins de vogue que de nos jours. Voyez de combien de petits instrumens les dames se servaient pour leur toilette, et dont maintenant nous ignorons l'utilité. Des flacons rayés d'opale et d'azur, renfermaient des parfums dont le mélange avait quelque chose de voluptueux. Comme aujourd'hui, c'était un talent que de les marier. Quelque pâleur altérait-elle l'incarnat de la jeunesse et de la santé, un rouge fin et rosé, contenu dans des boîtes d'os ou d'ivoire, lui rendait son éclat et sa fraîcheur. De longues aiguilles d'or ou d'argent, relevaient et retenaient les tresses des cheveux. Les manteaux se drapaient avec des fibules, espèces d'agrafes dont les ornemens et la matière admettaient une grande variété : en voici qui étaient enrichies de pierres précieuses. Les dames portaient aussi des bijoux : toutes n'étaient pas des Cornélies, pour se vanter de n'en avoir point d'autres que leurs enfans. Combien de chaînes d'or, de boucles d'oreilles, d'anneaux, la plupart grossièrement travaillés ! Entre les anneaux, il en est de gravés qui dérobaient peut-être quelque doux mystère. D'autres s'ouvrent, où furent sans doute déposés des gages d'amour souvent caressés, quelquefois le sujet de larmes amères et de longues peines. Qui pourrait dire quels romans ils ont commencés ou finis? — Maintenant, la coquetterie et l'artifice cessent. Il ne s'agit plus que des occupations du beau sexe. Les femmes employaient plusieurs heures de la journée à faire des ouvrages légers, et la musique tenait lieu de délassement. On vous montre parmi les débris des villes détruites par le Vésuve, plusieurs petits métiers d'un usage entièrement inconnu, et des instrumens à cordes qui, certes, n'approchent guère de ceux que nous possédons.

En sortant du palais des études, je ne me sens guère disposé à visiter l'église de Saint-Janvier. Que dire de son ancienneté? et qu'importe que Constantin ait bâti sur les ruines d'un temple d'Apollon, celle à laquelle elle est accolée? Telle qu'elle est aujourd'hui, elle n'approche ni pour son architecture ni pour sa richesse, de la plupart de celles de Rome. Je n'ai pu voir ni le trésor, ni le sang qui se liquéfie; et un jeune clerc qui me servait de *cicerone*, ne m'a point inspiré le désir d'y retourner pour cela, ou d'attendre le moment opportun.

Les ballets du théâtre de Saint-Charles sont

mauvais de composition et d'exécution. Le moderne Vestris qui les fait et les dirige, n'a point le génie de la chorégraphie, comme son origine le comporterait. Dans je ne sais quelle scène où Flore joue le premier rôle, il place des nymphes qui sautent dans des chaînes de fleurs, comme les écoliers dans une corde. Le mouvement de leurs bras pour faire tourner ces guirlandes, leur donne de la roideur et de la disgrâce. Elles finissent par s'entraver et ne plus pouvoir danser. Ces petits tours de force, indignes des suivantes de Terpsychore, n'ont pas même le mérite d'exciter la surprise par le moindre danger ni par aucune adresse.

LETTRES DE RECOMMANDATION.
LA DUCHESSE DE C........
LA DUCHESSE D'A....— LE CHEVALIER DE L.........

Naples, 28 novembre 1819.

J'étais porteur de lettres d'introduction près de deux dames napolitaines de haut parage. Je les tenais du comte Stanislas de Girardin, qui fut un des principaux officiers de la cour de Joseph Bonaparte. Son intimité avec ce roi de quelques jours, et plus encore la finesse de son esprit et la bonté de son caractère, l'avaient fait rechercher pendant son séjour à Naples. Les relations amicales qu'il y entretenait, me faisaient espérer une réception favorable. Il m'adressait à la duchesse de C......, qui passait pour une femme aimable, et à la duchesse d'A..., que l'on citait pour sa rare beauté. Mon impatience de les voir était extrême. Je désirais aussi d'être admis dans la société, et de prendre une esquisse de ses usages.

Ma première visite a été pour la duchesse de C....... Un domestique négligemment et salement vêtu, m'a conduit près d'elle, à travers des appartemens dont l'ameublement mesquin et incomplet annonce peu de goût pour ce genre de jouissance. Qu'elle ait eu une figure agréable, une taille distinguée, des yeux et des regards à l'italienne; hélas! il n'y paraît plus guère. L'âge moyen qui embellit souvent plus que ne fait la jeunesse, parce que l'art et le besoin de plaire lui sont mieux connus, est déjà passé pour elle. S'il lui reste des grâces, elle n'en a plus que dans l'esprit : et ce ne sont pas celles-là qui s'aperçoivent à la première rencontre. Cependant le repos de sa physionomie intéresse. Il semble que le tumulte des passions ne l'ait jamais altéré. La froideur de son abord est tempérée par un air de bienveillance qui bannit toute gêne. Le son de sa voix est doux et mélancolique. Elle veut s'excuser de n'être plus jeune, et rachète ce dommage irréparable, par les avantages de l'âge mur. Qu'il est difficile de savoir vieillir! pour les femmes d'abord; et les hommes en général n'y sont guère plus experts ni résignés. Les traits changent-ils? c'est d'une manière si insensible qu'à peine s'en aperçoit-on, et qu'on peut se dispenser de le remarquer. Si les cheveux blanchissent; combien n'en voit-on pas d'exemples dans la jeunesse! Les ressources de la toilette aident à dissimuler l'abandon des formes qui s'accroît de jour en jour. Enfin les prétextes ne manquent point. On essaie de se tromper ainsi soi-même et de tromper les autres : mais au fond nul n'est dupe de cette illusion, bien que chacun feigne de s'y laisser prendre.

Nous étions seuls. Après les premiers complimens, elle a décacheté la lettre que je lui avais remise. Quels souvenirs lui rappelait-elle? Je l'ignore; et je le cherchais dans ses yeux. De tems en tems un léger sourire effleurait ses lèvres. Elle m'a fait, touchant la famille de mon ami, de nombreuses questions, parmi lesquelles je pouvais entrevoir quelques regrets du passé. Puis la conversation est tombée sur Naples, ses amusemens, ses spectacles. « Vous êtes venu trop tôt. C'est pendant le carnaval qu'il convient de visiter notre capitale. Les théâtres ne sont bons à fréquenter qu'à cette époque. Il y a peu de monde à la ville. On n'a pas encore quitté la campagne. Vous faites un bien court séjour parmi nous. Il faudrait y rester plus long-tems pour connaître et partager nos plaisirs. » Ses discours n'ont été qu'une revue de tous les lieux communs qui se débitent en pareille occurrence, et où se mêlait sans cesse le reproche d'avoir mal choisi le moment de mon voyage. Au soin qu'elle prenait pour m'en bien avertir, j'ai jugé qu'elle se trouvait complètement dispensée des devoirs d'hospitalité, qu'aurait pu lui imposer la recommandation dont j'étais porteur. Je n'ai pas tardé à comprendre qu'elle ne m'ouvrirait point sa maison, et qu'il me fallait renoncer à la revoir. Après avoir épuisé toutes les vagues politesses, toutes les offres accompagnées de réticences, que je m'amusais à lui faire répéter, et qu'avec quelque susceptibilité j'aurais trouvées fort inciviles, il lui restait bien peu de chose à dire. C'est une façon d'abréger les visites, dont chacun use le plus souvent, sans se soucier d'en devenir l'objet. Certaine de m'avoir persuadé que je ne trouverais actuellement à Naples que de l'ennui, la duchesse de C...... a murmuré quelques invitations, faites de façon à s'assurer d'un refus. C'était à moi de feindre que je ne les avais point entendues; et je n'y ai pas manqué. Pendant cet entretien, un jeune homme ne cessait d'entrer dans le salon où nous étions, et d'en sortir. Un homme âgé, avec une figure de maître, est survenu et s'est assis un moment. Je l'ai pris pour le duc de C...... lui-même. Il n'a rien dit; et sa gravité fort étrange rappelait celle des quakers les plus concentrés. De tems en tems, par la fente d'une porte entrebâillée, se montrait une fille jolie, curieuse et timide. Enfin le fils de la maison est arrivé. Bien qu'il soit encore fort jeune, il joint à des manières affectueuses, une aisance et une franchise qui préviennent en sa faveur. Il m'a reconduit jusque sur l'escalier avec cérémonie, mais sans affectation. Je ne reverrai plus ni lui ni ses parens; et quoique un peu découragé de rendre des visites, je vais remettre ma seconde lettre à la duchesse d'A..., au risque de n'être pas mieux accueilli.

« Celle-ci, me disais-je chemin faisant, est belle. Elle fut l'ornement de la cour du roi Joseph. Près d'elle il oubliait l'éclat de sa couronne, pour des illusions non moins trompeuses. Le règne de Murat la trouva de même accessible aux hommages d'une jeunesse belliqueuse et brillante. Elle a vécu, pour ainsi dire, dans nos rangs : je lui serai comme un compatriote.

La pensée qu'elle ne m'est point inconnue, la rapprochera de moi. Elle voudra que je lui parle de ses amis, qui sont les miens. Ignorant les confidences qu'on a pu me faire, elle me croira mieux informé que je ne le suis. Il lui suffira de se montrer, pour se justifier des piéges que l'amour lui a tendus, et de ceux qu'elle n'a pas évités : notre conversation en aura d'autant moins de réserve. Nous serons presque d'anciennes connaissances. Elle joindra de l'enjouement à cette sorte de familiarité. L'humeur ne convient qu'aux laides. Comment seraient-elles bien disposées pour autrui, lorsqu'elles s'en veulent tant à elles-mêmes d'être si mal partagées ? car il n'est pas exact que toutes sachent donner à leurs défauts, des noms qui les pallient ; et trouver du piquant et de l'originalité, dans les difformités ou les disgrâces qu'elles s'efforcent de dissimuler. »

J'arrive à la porte du palais qu'elle habite : elle loge à l'entresol. Je sonne plusieurs fois et à d'assez longs intervalles. Personne ne répond. Un ouvrier qui descend, se charge de prévenir les domestiques : ils déjeûnent, et ne se dérangent jamais de leurs repas. Enfin, la porte s'ouvre. J'entre dans une antichambre qui sert de salle à manger. Les meubles épars, un balai renversé contre une chaise, un plumeau jeté sur une table, des ordures amoncelées au milieu de la pièce, à terre un matelas et un oreiller en taffetas chiné et à moitié pliés, tout indique une maison dont la maîtresse a peu d'ordre ou se fait mal servir. On va l'avertir qu'un étranger désire de la voir, et lui apporte une lettre de France. J'attends encore. Celui que j'avais chargé de ce message revient pourtant. Il avait l'air fort embarrassé. Une confusion, dont je ne pouvais expliquer la cause, lui laissait à peine la faculté de me répondre. Il m'a dit tout bas que la femme de chambre de madame la duchesse le suivait; et il s'est tenu immobile à mes côtés, dans un singulier état de stupéfaction.

J'entendais en effet accourir quelqu'un du fond d'un corridor obscur. Une grosse, courte soubrette s'est avancée vers moi. Elle a environ trente ans, de l'embonpoint, et une carnation rembrunie. De belles couleurs animent son teint. Ses yeux étincellent de finesse et de vivacité. Aux charmes de la jeunesse, elle joint ce je ne sais quoi que les femmes apprennent si vite, qui n'est plus de l'ingénuité et ne doit jamais être de la hardiesse; cette promptitude à deviner ce qu'on pourrait leur demander, et à feindre plus ou moins long-tems de ne le pas comprendre, selon le moment, l'occasion, le goût, le penchant, et mille circonstances que les plus heureux savent faire naître, tandis qu'elles échappent aux malheureux ou aux maladroits. « De qui vient cette lettre ? » m'a-t-elle dit familièrement et de la voix la plus douce. « D'un ami qui me recommande à votre maîtresse. — Y aurait-il de l'indiscrétion à vouloir connaître le nom de cet ami ?—Non, certainement : c'est M. le comte de Girardin. — Est-ce qu'il a été ici ?—Il était premier écuyer du roi Joseph. » Son inquiétude augmentait à mesure qu'elle me parlait. Le domestique qui m'avait annoncé, nous écoutait. D'un signe impérieux elle lui a ordonné de s'éloigner, et il a disparu. Tant de précaution et de mystère avait beaucoup de quoi m'étonner.

« C'est que, voyez-vous, mon cher monsieur, *mio carissimo signore*, cet imprudent s'est acquitté de votre message en présence de M. le duc d'A... — Il n'y a pas grand mal à cela, je vous jure. — Si, si, toujours : écoutez, a-t-elle ajouté en se rapprochant de moi, et posant sa main sur mon bras : *favorisca* (expression amicale et caressante dans la bouche d'une femme), qu'est-ce qu'il y a dans cette lettre? —En vérité, je n'en sais rien. C'est probablement une manière de me présenter à l'une des plus jolies et des plus aimables dames de Naples. —Mais, dites-moi, est-ce que son mari peut la lire ou non? Parlez-moi librement; » et elle me lançait des regards d'intelligence qui me divertissaient beaucoup. « Oui, sans doute, il le peut : je le présume du moins. —Ces dernières paroles sont de trop. C'est que... c'est que... » et elle retournait ma lettre dans tous les sens. Je ne conçois pas comment ses yeux ne voyaient pas sous l'enveloppe, tant ils cherchaient à percer au travers. « C'est qu'encore une fois M. le duc d'A... est prévenu de votre arrivée, et de tout cela. » Elle aurait voulu apprendre de moi ce que j'ignorais moi-même. Mon silence la désolait. Elle m'encourageait aux confidences, et s'impatientait que je ne lui en fisse aucune, ou que je n'en eusse pas à lui faire. « Enfin, mademoiselle, puis-je espérer de voir votre maîtresse ou non? —Eh! mon Dieu, non..... pas aujourd'hui..... Elle est un peu malade; et puis..... son mari est près d'elle. Il faudrait revenir..... Attendez..... » Elle a réfléchi un moment. « Demain, par exemple..... à...... — Je vais écrire mon nom et le sujet qui m'amène. — Ah! oui, voilà qui est bien. — Et vous remettrez mon billet à votre maîtresse?—*Si, signore; si, certo*.—Et vous lui demanderez de permettre que je vienne chercher sa réponse? — Sans y manquer. » Son visage à romans s'épanouissait de joie, parce que je n'insistais plus; qu'elle m'éconduisait sans me blesser; et qu'elle avait du tems devant elle, pour réparer la faute bien innocente de son camarade, dont elle exagérait à plaisir les conséquences. Cependant, j'avais achevé d'écrire mon billet, et je le fermais. « Vous avez mis votre nom? » a-t-elle repris avec un empressement qui témoignait qu'elle croyait me connaître; et j'aurais bien voulu savoir pour qui elle me prenait. « Oui, mademoiselle. — Et votre adresse? —Oui.— C'est à merveille! elle vous répondra. Je me chargerai de sa lettre. Ne vous inquiétez de rien. Je vous suis bien obligée. » A ces mots, elle s'est enfuie, en me faisant les yeux les plus tendres.

Quel air d'aventure! Quelle était donc la tournure accoutumée des idées de cette cameriste, pour donner tant d'importance à la démarche la plus simple? ou bien quelles habitudes avait cette maison, si l'arrivée d'un étranger porteur d'une lettre y causait un tel émoi ? Comment la présence d'un mari italien était-elle si redoutable et si redoutée ? J'en viendrai apprendre davantage, si je le peux ; et je tenterai de nouveau, de voir cette belle duchesse dont la femme de chambre cache si soigneusement la correspondance, et montre un zèle si suspect.

Ma dernière visite a été pour le chevalier de L......., ambassadeur d'Espagne à la cour des Deux-Siciles. C'est un Espagnol-modèle, grave, digne, réfléchi, cérémonieux, et plus causeur que ne le comportent son caractère et ses fonctions. Il servait Charles IV. Ferdinand VII l'employa lors de son usurpation. Il a passé du père au fils, et ne se rend pas bien compte encore de cette transition. En abandonnant son ancien maître dont l'abdication ne fut nullement volontaire, il craint d'avoir un peu forfait à la légitimité. De secrètes inquiétudes paraissent l'agiter : peut-être prévoit-il, non sans juste raison, que des dissentions politiques menacent son pays. Loin du lieu de la scène, la peur de se tromper de rôle altère, malgré lui, sa contenance physique et morale. En effet, son ambition, pour rusée qu'elle soit, pourrait être renversée, par la moindre méprise entre le Ferdinand du jour et celui du lendemain qui se ressemblent rarement. Aussi ses discours ont-ils une mesure, une circonspection que la prudence la plus méticuleuse ne désavouerait pas. Toutefois, la place qu'il occupe est une faveur, puisque une ambassade de famille est regardée comme un signe de prédilection de la part du souverain qui la donne. M. le chevalier de L........ a assisté à la fête annuelle des noces du roi de Naples. Malgré la réserve qu'il s'impose, il en conte ironiquement les détails, sans s'écarter pourtant de la révérence due à une tête couronnée. Que conclure de ce droit d'examen et de censure que chacun s'arroge aujourd'hui, et qui ne s'arrête pas même au pied du trône? si ce n'est que les supériorités sociales ne peuvent plus se justifier et se maintenir, que par le respect de l'opinion publique et de soi-même.

LE DUC DE N. P..... — SUITE DU MUSÉE BOURBON.
LA BIBLIOTHÈQUE. — LA GALERIE DES TABLEAUX.
LES MONUMENS OBSCÈNES. — LE MONT SAINT-ELME.
LE CHATEAU SAINT-ELME. — LA CHARTREUSE. — LE MONT PAUSILIPPE.
LE TOMBEAU DE SANNAZAR. — CELUI DE VIRGILE.
FUORI-DI-GROTTA.

Naples, 29 novembre 1819.

L'ambassadeur de France à Naples se nomme le duc de N. P.... Sa taille est moyenne; sa maigreur, extrême; et sa figure, fort disgracieuse. Au premier abord, rien ne prévient en sa faveur. Lui-même éprouve quelque gêne, du peu d'avantages extérieurs qu'il se sent pour représenter convenablement. Sa timidité passe de son maintien dans le son de sa voix, et jusque dans son langage. Elle raccourcit ses gestes, contraint son attitude, nuit à l'expression de ses traits, et vous communique son embarras. Comme lui, vous désirez, en l'approchant pour la première fois, que les préliminaires de cette présentation finissent, et que la connaissance soit faite. De son côté, il n'épargne rien pour s'y prêter. Son accueil devient bientôt obligeant, puis amical, puis familier. Il se hâte de vous donner de la liberté, pour en prendre lui-même. Alors son élocution acquiert insensiblement plus de facilité, plus d'abondance. Vous ne tardez pas à lui trouver un esprit aimable et fin. Le plaisir de rencontrer des Français, peu commun maintenant dans ce pays, se mêle à tout ce qu'il dit. Il y joint une politesse parfaite. On ne le quitte qu'à regret, et avec la volonté de le revoir. Il en offre lui-même l'occasion avec empressement. Nous devons dîner chez lui demain; et son invitation était si pressante, qu'il eût été incivil de ne pas nous y rendre.

Nous n'avons visité hier qu'une partie du musée Bourbon. Retournons-y; et parcourons la bibliothèque. Elle a la forme d'une nef d'église, dont quelques cabinets distribués à l'entour, seraient les chapelles. On y compte quarante mille volumes et mille manuscrits. L'ordre bibliographique qui y règne, ne suppose pas dans les bibliothécaires, toute l'instruction qu'exigent de semblables emplois. Personne ne s'occupe d'indiquer aux amateurs les livres rares. Leur curiosité n'est ni stimulée ni satisfaite.

Elle se borne à la vue de longs rayons chargés de livres, entre lesquels j'ai remarqué notre *Encyclopédie Méthodique;* la *Bibliothèque Britannique,* ouvrage fort libéral et fort estimé, publié à Genève; et la *Bibliothèque Universelle de France,* rédigée dans le même esprit avec moins de talent, et dont je crois que l'entreprise a été abandonnée. Les globes céleste et terrestre, ameublement obligé de ce genre d'établissement public, sont d'un si petit diamètre, qu'ils n'apprendraient rien à ceux qui voudraient les consulter. Une salle assez vaste attend et reçoit les lecteurs, dont le nombre est peu considérable. Elle a son entrée particulière, et communique avec la bibliothèque, par une arcade fermée à hauteur d'appui, à travers laquelle on demande les ouvrages dont on a besoin.

La galerie de peinture est plus fréquentée, et confiée à des custodes plus complaisans. Des échafauds mobiles s'élèvent de toutes parts; et de jeunes artistes, placés à diverses hauteurs, copient les tableaux vers lesquels l'instinct de leur talent les appelle. Dans ces imitations, la plupart fort approchées, on trouve souvent le sentiment du maître, sa touche et quelques étincelles de son génie. Aussi le spectacle de cet atelier public est-il d'un grand intérêt. Tour à tour vous voyez s'animer, s'attendrir, s'irriter les regards de l'élève, selon le sujet qui l'occupe. Il est sous le charme de son modèle. La foule oisive se presse ou s'écoule inaperçue auprès de lui. Ses yeux passent rapidement de l'original sur sa palette. Impatient, il cherche le ton souvent inimitable qu'il se croit près de saisir. Son pinceau le dépose sur la toile à moitié couverte. Il compare avec attention, et désespère encore d'atteindre la vigueur ou la vérité qu'il admire. De nouveaux efforts suivent les premiers; et si enfin le succès vient à couronner ce travail opiniâtre, sa joie éclate. Il a surpris un secret de son art. Quelques pas de plus dans la carrière, et il essaiera ses propres forces. Ses ouvrages se ressentiront des leçons puisées parmi tant de chefs-d'œuvre. Quelque célébrité s'attachera à ses pinceaux. Un laurier ceindra son front..... Cette illusion d'un moment vient de traverser son imagination ardente. Il apercevait un rayon de gloire qui s'est aussitôt évanoui; car je le vois qui étudie de nouveaux traits et de nouvelles couleurs, et se révolte de ne pouvoir les reproduire.

Les tableaux sont distribués par école. Ceux du

même auteur se suivent immédiatement. Cette ordonnance tend à donner une idée plus exacte et plus arrêtée de sa manière, et du genre qu'il cultivait. Elle fait mieux connaître les diverses périodes de son talent, les alternatives de son génie, la variété de ses inspirations souvent si opposées, et presque toujours rendues avec le même degré d'énergie. C'est ainsi que dans la travée occupée par le Titien, Madeleine pénitente est mise en pendant avec une Danaé exposée à la pluie d'or. La sainte est au milieu d'une forêt. Le livre sacré, la tête de mort, la croix, ses accessoires usités, l'accompagnent. Danaé, couchée sur un lit de repos, dans un boudoir élégant, se tourne mollement vers le ciel. La bure dont l'une est plutôt couverte que vêtue, résiste à la souplesse de ses formes, et laisse entrevoir des appas, juste sujet des hommages qu'elle ne repoussait point avant sa pénitence. L'autre est nue, belle, jeune, fraîche, et tellement en relief qu'on s'y tromperait. Toutes les deux ont le regard perdu. Elles sourient. Une sorte d'ivresse les égare. Mais quelles nuances délicates n'offrent pas ces sentimens presque pareils! et combien il était difficile de les rendre! On devine que la première était susceptible de connaître, bien qu'un peu tard, la vanité de ses égaremens; que le pardon a récompensé ses larmes et son amour; qu'elle n'a plus à se repentir; que son ame n'appartient point à la terre : l'extase qu'elle éprouve est innocente et pure; et la pâleur qu'elle a contractée dans ses austérités, lui prête un nouveau charme. Toute mondaine, au contraire, Danaé se livre à son amant divin. Loin de se soustraire à ses atteintes, elle les recherche. Elle savoure les voluptés qui la pénètrent; et le trouble de ses sens anime ses chairs, les colore et les embellit. Elle n'abjurerait pas ses dieux, lors même que l'occasion pourrait lui en être offerte. Le contraste de ces deux figures intéresse, attache. Plus on les compare et plus on leur trouve de perfections différentes. — Mais avec quel dégout ne s'éloigne-t-on pas d'un beau portrait du hideux Philippe II, par le même maître! Se peut-il que de si brillans pinceaux aient tracé l'image de ce mauvais roi? Sous un coloris si vrai, je ne découvre que la lèpre et la vermine dont la colère céleste voulut punir les crimes de ce despote fanatique; et puissent tous ceux qui l'imiteront subir le même sort!

Entre les œuvres du Dominiquin, je m'arrête devant celle qui représente l'Adolescence, protégée par un ange gardien contre l'influence des démons. La tête du jeune homme, sa pose et son ensemble, sont admirables d'expression et de beauté. Debout, il hésite entre le vice et la vertu; mais la vertu triomphera. Un ange est descendu du ciel. Ses ailes sont déployées. A l'aide d'un bouclier, il dérobe à son protégé, la vue de l'ennemi qui est accroupi près de lui, et qui semble sortir des entrailles de la terre. Cette allégorie catholique est rendue trop matériellement. L'on s'étonne du singulier effet des ailes de l'ange, semblables à celles d'un perroquet; de son égide, qu'on prendrait pour une claie d'osier; et des cornes et de la peau brûlée de l'esprit infernal. Dans le siècle du Dominiquin, les opinions religieuses rehaussaient peut-être le mérite de ce genre de composition : la crédulité adoptait ces images sensibles d'objets purement métaphysiques. Il n'en serait pas de même aujourd'hui. Ce n'est pas que la supposition d'un tuteur donné aux hommes par la divinité, n'ait quelque chose de touchant. La raison se plaît à l'admettre et à la parer de moralités consolantes, en même tems qu'elle repousse toute allusion qui la soumettrait à la grossièreté des sens. Les philosophes de l'antiquité se l'étaient appropriée; mais ils en faisaient une règle de conduite, et non un article de foi. « Il faut, dit » Épicure, faire choix d'un homme de bien, ne » le perdre jamais de vue, toujours vivre comme » en sa présence, toujours agir comme sous ses » yeux. » Sénèque veut que l'ame ait besoin de quelqu'un qui lui impose, et dont l'autorité purifie jusqu'à ses pensées les plus secrètes. Ce n'est point à l'aide d'êtres imaginaires que ces sages invitent à suivre le chemin de la vertu, à ne point enfreindre les lois de l'honneur. Ils demandent à l'humanité même, des secours et des exemples. Par là, ils encouragent à la fois celui qui, sans se montrer, corrige un de ses semblables ou l'empêche de faillir, et celui à qui il est offert pour modèle. De ces rapprochemens résulte une rivalité de bonnes actions et de bonne renommée, qui tourne au profit de la société entière.

Comment passer devant le Corrège, sans admirer la grâce qui le caractérise, l'harmonie de sa couleur, la suavité de ses figures, la pureté de son dessin? Voici deux scènes de la Sainte-Famille, qui suffiraient pour l'immortaliser. Qu'il y a de noblesse et de simplicité dans ces vierges! Elles n'ont ni les mêmes traits, ni le même air de tête; et l'on prendrait chacune d'elles pour le modèle unique de la pureté virginale. Que d'innocence, de candeur, de modestie dans leur regard! Quelle onction maternelle! Quelle tendre sollicitude! La paix de l'ame, l'amour de la famille, la joie d'un heureux père, éclatent dans toute la personne de Joseph; et l'enfant Jésus est divin. A côté se voit une tête de Christ, qu'on cite comme le beau idéal de la face nazaréenne. Son expression est en effet surnaturelle. On y reconnaît l'homme-dieu. Toutefois les chairs sont un peu pleines et d'un coloris trop rosé.

Achevons cette revue par une Annonciation de Raphaël. Marie priait à genoux. Gabriel est près d'elle. Il vient de s'acquitter de sa mission céleste; et elle se retourne pour lui répondre : « Voici la servante du Seigneur; qu'il me soit fait selon votre parole [1]. » Sous la figure d'un vieillard vénérable, Dieu le père domine cette scène. Le Saint-Esprit, en forme de colombe, s'élance de son sein, et les rayons de sa gloire s'étendent jusque sur la tête de la Vierge, et

---

[1] La SAINTE-BIBLE, *trad. de* Le Maistre de Saci. *Év. de J.-C. selon Saint-Luc*, ch. 1, v. 38.

l'enveloppent. La modeste demeure de Joseph en est illuminée. Cependant ces détails ne fixent pas long-tems l'attention. J'oserais affirmer que Raphaël a manqué le but qu'il se proposait. On oublie les ailes de l'ange et l'auréole de la Vierge, pour ne voir que deux personnages d'un sujet de boudoir, qui ne s'attendaient pas à l'impression que cette entrevue produirait sur eux. A la surprise que Marie témoigne, se joint une trop tendre émotion, causée sans doute par la beauté du messager céleste. Il y a, dans son attitude et dans ses yeux, sinon de la coquetterie, au moins un secret contentement de posséder des charmes qui justifient son heureuse destinée. Quant à Gabriel, plongé dans le ravissement, il admire, il convoite, il aime. Beau comme l'Amour, ailé comme lui, ce n'est pas à l'Amour timide, ingénu, réservé, qu'il ressemble, mais à celui qu'on nous peint malin, connaisseur, hardi, je dirais presque libertin. Tout est mondain dans cette rencontre; et il le faut bien, pour que j'ose me permettre de censurer une œuvre de Raphaël. Loin d'y voir de la sainteté, le doigt de Dieu, un miracle, l'esprit le plus simple n'en conçoit que des idées profanes de plaisir et de volupté.

Nous arrivons devant une porte qui ne s'ouvre ni à l'enfance, ni à la jeunesse. Elle donne accès dans un cabinet qu'on nomme le Musée des monumens obscènes. Le marbre et le bronze y reproduisent à l'envi, les jeux de l'Amour et les orgies de Bacchus. On dirait un temple consacré à ces divinités. De toutes parts s'offrent les vives peintures de leurs mystères, de leurs débauches sacrées, de leurs sacrifices licencieux. Des autels, des coupes, des trépieds, sont couverts de leurs emblêmes. Est-ce que de semblables sujets inspiraient plus énergiquement le génie des artistes de l'antiquité ? Dans aucun des chefs-d'œuvre qui leur ont survécu, on ne trouve ni la même vérité, ni autant de mouvement, ni une verve aussi surprenante. N'était-ce en eux qu'un dévergondage d'esprit secondé par la connaissance profonde de leur art, ou bien l'élan d'un enthousiasme religieux? On conçoit qu'un culte né des passions humaines, et où toutes les facultés physiques et morales étaient divinisées, se prêtait merveilleusement à exalter l'imagination. Le désordre des sens favorisait les efforts de la pensée. De là ces images de tous les genres de voluptés, purifiées peut-être, dans les tems anciens, par la présence des dieux, et qui maintenant, sont regardées comme une profanation de la dignité de l'homme. On les prodiguait tellement, et les mœurs s'en alarmaient si peu, qu'elles entraient même dans la décoration des tombeaux. Voici un sarcophage antique, dont le principal bas-relief représente un sacrifice à Bacchus. A voir les prêtres et leur cortége, les libations n'ont pas été épargnées. Ils sont environnés de jeunes gens et d'enfans des deux sexes, qui semblent possédés d'une sorte de fureur. Des satyres, des faunes, des bacchantes, les précèdent ou les suivent, frappant sur des tambours, faisant retentir des cymbales, agitant leurs thyrses dans les airs, se mêlant, s'excitant les uns les autres : on croit entendre les voix, les rires, le tumulte de cette foule ivre de vin et de désirs. Mais quels que fussent le respect pour les temples, l'autorité du sacerdoce et le secret qui couvrait ces saturnales, il dut arriver cependant que la pudeur publique se trouva blessée d'un culte si étrange, et que les magistrats se firent un devoir d'en arrêter les progrès. Telles étaient sûrement les initiations cachées qui, sous le consulat de Sp. Posthumius Albinus et de G. Marcius Philippus, causèrent à Rome de sérieuses inquiétudes et devinrent l'objet des plus grandes sévérités. L'amour d'une affranchie pour le fils d'un chevalier romain, en amena la révélation. Le peuple, les consuls, le sénat se réunirent pour découvrir les coupables. Des peines rigoureuses furent prononcées contre eux. Ils les subirent; et une révolution morale et religieuse s'opéra dans la république.

La visite d'un musée est une espèce de travail et d'étude, qui finit par troubler la vue et confondre les idées. La variété des objets donne à l'esprit une activité fatigante, à la mémoire une action continuelle. Malgré moi je m'y laisse arrêter trop long-tems. Allons faire une promenade qui nous rendra à nous-mêmes, et nous laissera rêver sans contrainte sur le premier sujet qui s'offrira. Dirigeons-nous vers la Chartreuse située sur le mont Saint-Elme, et au-dessous du château fort qui porte le même nom. La montée est rapide. Le soleil brille dans l'azur le plus profond des cieux. Cherchons l'ombre, car la chaleur est extrême. A mesure que nous nous élevons, n'entendez-vous pas les cris de la populace de Naples, comme si ses flots s'écoulaient autour de vous? La ville se déploie successivement. Ses places, ses rues, ses palais se dessinent sous nos yeux. Quelle vue admirable! la mer qui baigne le rivage, les îles qui s'élèvent à sa surface, la chaîne de montagnes qui borne l'horizon, le Vésuve, ses feux, ses cendres et sa colonne de fumée qui se perd dans les nuages, le riant aspect des coteaux de Pausilippe et de Capo-di-Monté, et cette riche Campanie qui s'étend au levant jusqu'à Caserte, tout concourt à embellir ce site enchanteur. Ah! s'il était possible de devenir infidèle à la patrie! Mais de semblables liens ne peuvent se rompre; et ce n'est pas quand elle gémit sur ses lauriers indignement flétris, qu'il serait excusable de l'abandonner. Quelque charmante que soit une nouvelle maîtresse, renonce-t-on pour elle, à d'anciennes affections dont la longue et douce habitude est devenue nécessaire, indispensable à l'existence? Serait-ce d'ailleurs la peine de changer à mon âge, et pour si peu de tems?

Le château Saint-Elme est défendu par sa position et par de hautes murailles. Le créateur de cette forteresse a peu compté sur le courage des soldats : elle est inabordable. Un pays de braves devrait être tout ouvert. Le système stratégique introduit par Napoléon, et considérablement augmenté par les rois de l'Europe, vient à l'appui de cette opinion. Depuis que les nations entrent en campagne à la fois, pour se ruer sur celle qui leur a commandé, de quel secours peuvent être des citadelles, dans lesquelles une poignée d'hommes s'évertue à mourir d'inanition, pour avoir en fin de cause, l'honneur de montrer sur un glacis, des malades, des convalescens, et des spectres exténués par la faim, tandis que leurs champs ont été ravagés, leurs chaumières brûlées et leurs filles violées, sans que l'honneur leur ait permis d'aller les défendre? La portion de l'armée française, qui s'illustrait ainsi derrière les remparts des soixante-treize villes que nous perdîmes en un jour, aurait suffi pour chasser à jamais de notre territoire, les barbares qui l'envahirent, et pour refouler chez eux la dévastation et l'incendie qui les accompagnaient. On ne pénètre pas dans le château Saint-Elme, sans la permission des autorités militaires. Le gouvernement napolitain en cache les secrets, avec plus de soin qu'un manufacturier anglais n'en met à garder ceux de son industrie.

Quant à l'ancienne Chartreuse, elle est ouverte à tous venans. Quelques *carlini*, moyenne monnaie de Naples, suffisent pour vous y introduire. Cinquante moines habitaient autrefois ce couvent, dont les revenus s'élevaient à huit cent mille livres. Murat en fit un Hôtel des Invalides, pour les soldats blessés dans les combats ou vieillis dans les armées; et sa nouvelle destination n'a point été changée par Ferdinand. Plusieurs des guerriers qui l'habitent sont aveugles. Lorsqu'on leur demande la cause de leur cécité, ils répondent qu'ils ont fait les guerres d'Espagne et de Russie. Ils sont bien vêtus. Leur nourriture est suffisante et saine. Ils respirent un air pur. La règle à laquelle ils sont soumis, leur laisse beaucoup de liberté. Néanmoins ils ne paraissent ni gais ni heureux. L'influence de ces lieux, consacrés autrefois à de saintes austérités, les aurait-elle saisis? On les voit sortir de leurs chambres qui furent des cellules, traverser les cloîtres, passer le long du cimetière, jeter un regard mélancolique sur quelques croix de bois qui indiquent des sépultures, non moins silencieux que leurs devanciers, car ils n'osent parler des victoires auxquelles ils prirent part; non moins humbles, car ils cachent les lauriers qu'ils cueillirent près des Français. La montagne est dépourvue d'eau vive. Cinquante citernes reçoivent celle de la pluie, pour le service commun de la maison. Il y a en outre un immense réservoir de marbre, que les chartreux remplissaient à grands frais avec l'eau de la fontaine du roi, et qui, lorsqu'il était plein, les abreuvait pendant deux ans. J'ignore si l'on va puiser encore à cette source royale, pour l'usage des invalides. Les appartemens les mieux situés sont occupés par des officiers sans fortune, dont la plupart appartiennent à la classe plébéienne. Ceux-là ont gagné leurs grades sur le champ de bataille. En d'autres tems ils regretteraient que leurs blessures les aient mis hors d'état de servir : mais ils ont perdu leur chef; et sans doute quelques-uns le pleurent en secret. Du reste, aucune ambition ne les agite. C'est toutefois un spectacle curieux, à côté de la prééminence nobiliaire qui, depuis la restauration, a envahi toutes les fonctions civiles, judiciaires et militaires, que ces ruines vivantes d'un régime d'égalité, qui avait donné de l'émulation à des hommes essentiellement paresseux, et développé en eux des vertus inconnues auparavant.

L'église des chartreux est restée telle que ces moines l'avaient laissée. Leur couvent communiquait avec elle, par des galeries et des salles lambrissées, et ornées de sculptures en bois qui représentent des sujets tirés de l'Ancien et du Nouveau-Testament. La nef, le chœur, le sanctuaire, les murs, sont revêtus de marbres symétriquement assortis. Des mosaïques enrichies de pierres dures plus ou moins précieuses, couvrent la devanture de plusieurs autels. Des tableaux, des fresques retracent les principaux événemens de la vie de Saint-Bruno. Lanfranc, le chevalier d'Arpin, le Guide, Carle Maratte, Jordan, y ont déployé la magie de leurs pinceaux. C'est un musée saint, consacré à des maîtres célèbres, et dans lequel l'Espagnolet tient le premier rang. On voit dans la sacristie, un Reniement de Saint-Pierre et un Christ mort, où il s'est montré, en quelque sorte, supérieur à lui-même. Il choisissait de préférence les scènes d'horreur : ici, c'est l'expression et le pathétique qui dominent. — La tête de Saint-Pierre peint les divers sentimens qu'il éprouve. Le repentir de sa faiblesse commence. La douleur d'avoir renié son maître s'empare de lui. Des remords vont l'assaillir ; et sa contenance trahit le désordre de ses pensées. — Quant au Christ, sa pose abandonnée, ses traits inanimés, la prostration entière de ses muscles, inspirent à la fois la terreur et la pitié. Tout le drame de son supplice se retrace dans ce triste dénouement. Plus on le considère et plus l'illusion augmente. Vous croyez avoir assisté à la descente de la croix, et que la garde du mort vous a été confiée.

On revient ordinairement de la Chartreuse, par les hauteurs du mont Pausilippe, où se trouvent deux tombeaux célèbres, celui de Sannazar et celui de Virgile. Le premier est dans l'église de Sainte-Marie-de-l'Enfantement, derrière le maître autel. Les uns veulent que cette église ait été autrefois, une dépendance de la maison de campagne qui avait été donnée à Sannazar, par Frédéric II d'Arragon; d'autres, que Sannazar l'ait fait bâtir, après que cette maison eut été détruite par les ordres de Philibert comte de Nassau, général de l'armée impériale. Sannazar naquit à Naples en 1458. La douceur de son caractère et la supériorité de son esprit, lui concilièrent l'amitié du roi Frédéric qui le combla de biens. Lorsque ce prince fut chassé de ses états, le poète le suivit en France, et reçut son dernier soupir. Rentré dans sa patrie, la vue de son petit domaine ravagé pendant son absence, en haine de sa fidélité au malheur, lui causa une maladie de langueur dont il mourut. Sa dépouille mortelle fut déposée dans le tombeau dont il avait lui-même dirigé la construction. C'est un sarcophage de marbre blanc, élevé sur un socle de plusieurs pieds de haut, et décoré d'un bas-relief où l'on voit des faunes, des nymphes et des bergers, chantant et dansant au son de divers instrumens. D'un côté est la statue de Minerve; de l'autre, celle d'Apollon. Le buste du favori des Muses, couronné de laurier, accompagné de deux génies funèbres qui tiennent dans leurs mains des branches de cyprès, surmonte le monument. On y lit une épitaphe latine du cardinal Bembo : elle invite à répandre des fleurs sur cette cendre sacrée ; et le poète vénitien, trompé par le jeu d'idées ou de mots, que lui offrait la proximité du tombeau de Virgile, ne craignit pas d'assimiler le talent de Sannazar au génie du chantre d'Énée.

Da sacro cineri flores : hic ille Maroni
Sincerus, musâ proximus et tumulo [1].

Mais l'église était consacrée à la Vierge. Des moines la desservaient. La décoration profane

---

[1] Répandez des fleurs sur la cendre de ce poète : il n'est pas moins près de Virgile par ses talens, que par le lieu de sa sépulture.

du mausolée de Sannazar ne s'accordant pas avec les saints mystères qu'ils célébraient, ils substituèrent le nom de Judith à celui de Minerve, et le nom de David à celui d'Apollon. Satisfaits de cette ridicule transformation, qui n'est ignorée de personne, et que le custode ne manque pas de raconter, ils laissèrent subsister le bas-relief dont le sujet n'est pas moins déplacé dans un temple catholique, et n'a certes aucune analogie avec les personnages de la Bible qu'ils lui ont accolés.

Les sinuosités d'un sentier difficile et ombragé nous conduiront au tombeau de Virgile. Dès les premiers pas, le souvenir de ses poésies immortelles revient à la mémoire. Il se lie aux études de la jeunesse, qui laissent des traces si profondes. Je me rappelle encore l'impression que produisaient sur moi, les jeux presque toujours innocens de ses bergers, leurs combats poétiques, et la joie pure des vainqueurs qui recevaient pour prix de la victoire, une belle chèvre parée de festons et de guirlandes de fleurs, une coupe ornée de lierre, de pampres et de raisins. Quand ensuite je pus comprendre les *Géorgiques*, la description des travaux de la campagne, de ses moissons, de ses plaisirs, ouvrit mon ame au goût des occupations champêtres. La grêle, les orages venaient-ils à détruire les espérances du laboureur? je déplorais ses revers; je m'associais à ses regrets; j'aurais voulu réparer ses pertes : et maintenant que j'ai le bonheur de goûter quelquefois le repos de la vie des champs, j'y retrouve les mêmes charmes qu'elle me promettait alors. Parlerai-je des malheurs de Didon? Hors Énée, qui pourrait y être insensible et les oublier? Quel écolier n'a pas reçu de cette reine infortunée, les premières leçons de l'amour, et, la voyant si ardemment éprise de son froid amant, n'a pas donné des larmes à sa destinée? On lit, on relit sans cesse les beaux vers qui retracent les détails de cette passion dont la fin fut si cruelle : ils réchauffent la vieillesse elle-même, la raniment et l'émeuvent. A toutes les époques de la vie, on admire le poète dont la muse féconde embrassa tant de sujets divers, et les rendit d'une manière inimitable; et si ses restes ont été recueillis par quelque main amie, on voudrait que tous les arts se fussent réunis pour décorer l'étroite enceinte qui les renferme.

J'arrive à l'entrée d'un petit enclos. Le jardinier à qui il appartient, me conduit à travers les allées de son potager, dans un souterrain carré, dont les murs tombent en ruines, et qui n'est éclairé que par des soupiraux. Une inscription scellée dans la pierre, en face de la porte, annonce qu'ici est le tombeau de Virgile. Des racines pendent de toutes parts, entre les joints de la voûte et des parois. Quelques arbrisseaux, des herbes sauvages croissent au-dessus et à l'entour. Au sommet un jeune laurier se renouvelle, à mesure que les voyageurs le dépouillent de ses feuilles, croyant emporter un fragment de la couronne virgilienne. De loin peut-être ce monticule, que hérissent des portions de murailles entremêlées de touffes de verdure, peut paraître pittoresque : mais qui voudrait reconnaître dans cette cave obscure, le monument consacré au cygne de Mantoue? L'histoire d'ailleurs est douteuse à ce sujet. Virgile mourut à Brindes le 22 septembre de l'an 19 de J.-C., âgé de cinquante-un ans. Il aimait le séjour de Naples. Ses cendres y furent portées par ordre d'Auguste; et on les déposa sur la route de Pouzzole, entre la première et la dernière borne. C'est sur ce renseignement vague, que se fondent les conjectures des antiquaires touchant le prétendu tombeau que nous visitons. Non loin de là, sur un banc de pierre, le chevalier de L..., général au service de Murat, a fait graver des vers inspirés par l'ombre de Virgile. L'expression poétique de son enthousiasme ne vous persuadera point; et vous refuserez, comme moi, la feuille de laurier que le gardien ne manquera pas de vous offrir.

Plus bas est un faubourg nommé Fuori-di-Grotta. La rue qui le traverse aboutit à l'entrée de la grotte de Pausilippe. Cette grotte ouvre le grand chemin qui va directement de Naples à Pouzzole. Elle est longue de plus de trois cents toises et pavée de lave. La lumière n'y pénètre que par des ouvertures pratiquées à chacune de ses extrémités, et par deux grands trous circulaires faits au sommet de la voûte. Malgré la grande fréquentation de ce passage, l'obscurité qui y règne le rendrait dangereux, si, dans la partie la plus sombre, on n'entretenait des réverbères allumés. Pour surcroît de sûreté, le gouvernement y tolère de distance en distance, des capucins qui mendient. Une chapelle, une lampe qui brûle devant quelques hideuses figures auxquelles ils ont donné des noms de saints, sont le prétexte d'une sorte d'impôt levé sur les passans, et qui devient le salaire de ces gardes d'une nouvelle espèce. Cet usage est assez commun : nous l'avons déjà trouvé ailleurs. Il a pour objet d'éloigner les malfaiteurs, des lieux favorables aux brigandages.

FIN DU DEUXIÈME VOLUME.

TABLE

DU DEUXIÈME VOLUME

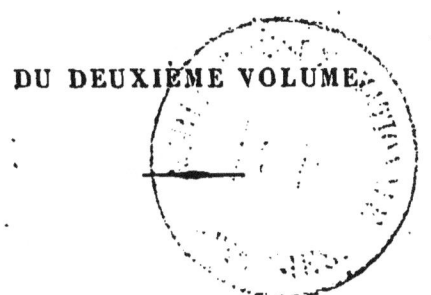

	Pages.
Rome.........13 novembre 1819...............	1
Rome.........14.............................	21
Rome.........15.............................	36
Rome.........16.............................	74
Rome.........17.............................	89
Rome.........18.............................	106
Rome.........19.............................	133
Rome.........20.............................	171
Rome.........21.............................	192
Terracine.....22............................	198
Naples........23............................	221
Naples........24............................	251
Naples........25............................	286
Naples........26............................	304
Naples........27............................	331
Naples........28............................	354
Naples........29............................	366

FIN DE LA TABLE DU DEUXIÈME VOLUME.

www.ingramcontent.com/pod-product-compliance
Lightning Source LLC
Chambersburg PA
CBHW060552170426
43201CB00009B/753